세상에서 가장 용기 있는 자는
세가지 능력을 가지고 있다.
도움을 청하고, 질문을 하고, 견해를 바꾸는 일이다.

사장의 하루는 매번 다른 하루이기에
매일 새로운 용기를 내야 한다.

이 책이 당신에게 용기를 주기 바란다.

김승호

세기의 책들 20선,
천년의 지혜 시리즈

스노우폭스북스는

100년 이상의 세월을 넘어
30개 이상의 언어와 2800회 넘는 개정판으로
최소 200만에서 최대 1000만 부 이상 판매된 책.

시대와 세대를 넘어 현재까지 절판 되지 않고
세계 여러 나라에서 오랫동안 읽히고 있는 고전 중의 고전.

위대한 지혜와 불멸의 통찰을 담은
'세기의 책들 20선 천년의 지혜 시리즈'를 출간합니다.

2023년 12월부터 2025년 3월까지
총 5회에 걸쳐 5개 분야 (경제경영/자기계발/철학/인문/에세이)의
20종의 책을 여러분께 진심을 가득 담아 전해드리고자 합니다.

천년의 지혜 시리즈
경제경영편

천년의 지혜 시리즈 NO.1

5000년의 부

원제 The Richest Man in Babylon
조지 사무엘 클라손 (George Samuel Clason)
최초 출간일 1926년

가장 쉽고, 가장 확실하며,
가장 빠르게 즉시 가난에서 벗어날 방법이 담긴 5천 년 전 유물

23년
12월 13일
출간 완료

천년의 지혜 시리즈 NO.2

불멸의 지혜

원제 The Science of Getting Rich
월러스 워틀스 (Wallace Wattles)
최초 출간일 1910년

"만약 단 한 권의 책만 읽는다면 나는 이 책을 읽겠다"

23년
12월 13일
출간 완료

천년의 지혜 시리즈 NO.3

부의 기본기技

원제 The art of money getting : golden rules for making money
피니어스 테일러 바넘 (Phin eas Taylor Barnum)
최초 출간일 1880년

'비범함은 평범한 기본기를 지속하는 것의
또 다른 이름일 뿐이다'

23년
12월 13일
출간 완료

천년의 지혜 시리즈 NO.4

결코, 배불리 먹지 말 것

원제 相法極意修身綠
미즈노 남보쿠 (水野南北/mizuno namboku)
최초 출간일 1812년

200년 동안 왜 이 책은 절판되지 않았을까?
〈돈의 속성〉, 〈사장학개론〉의 저자 김승호가 강력 추천한 책!

23년
12월 13일
출간 완료

개인을 넘어
기업가로 가는 길,
모두가 묻고 싶은 120가지 주제를 담은

사장학개론

AN INTRODUCTION
TO BUSINESS
MANAGEMENT

"지금 어떻게 하면 될까요?"

평생을 사장으로 살아온 사장에게 3천 명의 사장이 물었다.
그들은 청년, 주부, 개인사업자,
수백 명의 직원을 둔 사장이었다.

**내 삶의 주도권을 '오직 나 스스로' 갖고 싶은 당신과
이 시대 9백 만 명의 사장을 위한
김승호 회장 경영철학의 집대성**

SNOWFOX

이 책은 한국과 미국, 전 세계를 오가며 '사장을 가르치는 사장'으로 알려진 『돈의 속성』의 저자 김승호 회장의 신간이다. 평생 사장으로 살아온 경영철학 모두를 10여 년에 걸쳐 정리해 온 그는, 이번 『사장학개론』 책을 통해 120가지 주제로 그 내용을 모두 담아 완성했다.

지난 7년간 3천 명의 사장 제자들을 만나 사장학 수업을 진행하며 현실에서 겪는 다양한 문제에 더해, 사장들이 묻는 공통적인 어려움이 존재했다. 이 책은 그 문제들을 목차로 구성해 방향제시를 더했다.

KCA한국사장학교에 합격하고 저자를 기다리는 사장들을 만나기 위해 미국에 거주하는 기업인인 저자는 일 년에 두 번, 한국을 방문해왔다. 하지만 한정된 기회와 한정된 인원으로 제한되는 상황이 지속돼 사장학수업 내용 전체를 담아 『사장학개론』 책으로 출판을 결정하게 되었다.

책은 6가지 각각의 경우의 대상자들이 더 집중해 볼 수 있는 장으로 구성됐다. 1장에서는 가장 현실적으로 시급하게 배워야 할 것들에 대한 주제들이다. 자신이 지금 장사를 하고 있는지, 사업을 하고 있는지에 대한 기준과 사람을 써서 매출을 올릴 것인지, 매출을 올려서 사람을 쓸 것인지. 함께 창업한 개국공신들의 반란과, 사업이 망해가는 징조 등 '지금 어떻게 하면 좋을지' 묻고 싶었던 폭넓고 다양한 질문에 대한 저자의 경영철학을 담았다. 2장은 오래, 더 멀리, 지속해 갈 수 있는 내면이 힘을 키우는 데 필요한 주제들이다. 훌륭한 경쟁자를 왜 축복으로 여겨야 하는지, 규모에 따라 변해야 하는 사장의 태도, 비난에 단단해지는 태도, 정리, 정돈, 청소와 청결이라는 기본을 지키는 것으로 깊은 내면을 지닌 사장으로 거듭날 수 있는 조언에 집중했다.

3장은 거의 모든 사장, 중간급 간부 이상이라면 모두가 어려운, 직원 운영 전반의 해결 제시가 담겼다. 사업하면서 가장 힘들고 지속되는 어려움인 직원 관리에 대한 조언으로만 구성돼 있으며 누구를 승진시켜야 하는지, 좋은 직원은 어떻게 구할 수 있는지, 가장 경계해야 할 직원과 지금 즉시 해고해야 할 직원을 가려내는 방법, 더불어 회사의 언어로 보고가 이뤄지고 소통될 수 있도록 가르치는 업무 보고 방식 등, 현장에서 곧바로 필요했던 문제의 해결 방법을 찾을 수 있다. 4장과 5장은 사장에서 기업인으로 거듭나기 위한 단계에 있는 사장을 위한 장이며 마지막 6장은 사장을 준비하고 있거나, 사장이 되려는 꿈을 가진 이들을 위한 내용에 집중되었다.

『사장학개론』 도서는 국내 25%, 9백만 명에 이르는 사장 모두가 회사의 규모에 따라, 상황에 따라 각각 펼쳐 읽어 볼 수 있도록 집필하는 동시에, 평생을 사장으로 살아온 경험 많은 선배 경영인의 조언을 직접 듣고 싶어 했던 모든 사장들을 위한 책이다.

이 책은 사장이라는 어려운 길을 걷고 있는 사장들을 위한 실무지 침서입니다. 사장으로서 겪는 많은 문제에 해결과 방안을 제시하는 책입니다. 꼭 사장이 아니라도 사업을 준비하고 있거나, 언젠가는 은 퇴와 독립을 거쳐 창업 전선에 합류하게 될 미래의 사장이 필요로 하 는 내용입니다.

저는 2015년 중앙대학교를 시작으로 〈KCA 한국사장학교〉를 통해 지난 7년간 3,000여 명 남짓의 사업가 제자를 가르칠 기회가 있었습니다. 작은 점포를 혼자 운영하는 젊은 청년부터 수백 개의 프랜차이즈 매장을 운영하는 회사나 상장사 대표들을 만났습니다. 직종도 다양해서 전문직, 의사, 변호사, 외식업, 금융업, 교육업, 농업, 수산업, 제조업 등 거의 모든 업종의 대표들이었습니다.

이들을 가르치는 과정에서 얻게 된 많은 질문과 경험은 해가 지나면서 '사장학개론'이라는 사장 전문교육 과정으로 자리매김하게 되었습니다. 그렇게 만난 사장 제자들로부터 사업의 규모, 영역에 관계 없이 모두가 비슷한 고민과 질문이 존재하고 있음을 알게 되었습니다.

이 과정을 통해 20대부터 지금까지 사장이었던 사람으로 여러 사장을 만나 가르치며 〈사장학〉이라는 과정을 매년 더 정교하고 가치 있게 만들어 간 기회에 자부심을 느낍니다.

사장은 혼자 무엇을 해결해 나가기로 마음먹은 사람입니다. 경쟁사의 사장은 사장 개개인의 가장 훌륭한 선생이지만 현실에서 직접 만나 배울 기회를 얻는 것은 거의 불가능합니다. 때문에 고민을 가진 사장들을 모아 〈KCA 한국사장학교〉를 통해 '사장학개론' 수업을 시작하게 되었습니다. 하지만 수업에 참여할 수 있는 연간 등록자가 한정돼 그 수요를 감당하지 못하고 있습니다. 자영업 비율이 25%가 넘는 한국 시장 상황을 고려해 실제 〈한국사장학교〉에서 사용했던 수업 자료를 책으로 엮어 수업에 오지 못한 모든 분들에게 공개하기로 마음 먹었습니다.

저는 이 책이 사업을 시작하려는 분들이나, 현재 사업을 하는 분들에게 사장학 교과서처럼 사용되기를 바랍니다. 교재처럼 생각하며 쓴 책이지만 쉽게 이해할 수 있도록 비유와 설명을 많이 넣었습니다. 1인 기업이든, 수백 명의 직원을 거느린 대표든, 공감되는 내용에서 다른 사장 역시 같은 문제를 고민하고 해결해 냈다는 사실로 자신을 위로할 수 있기를 바랍니다. 경험하지 않았거나 다소 이해가 어려운 내용은 앞으로 있을 일을 미리 경험한다는 마음으로 읽기를 권합니다.

『김밥 파는 CEO』,『생각의 비밀』,『돈의 속성』내용에서 사장에게
도움 될 필수 내용들은 추려서 다시 한번 언급했습니다.

이 책에서 사용되는 사장 혹은 경영자, 리더라는 단어는 대부분 모
두 동일한 의미로 사용하고 있습니다. 이 책은 사업을 처음 시작하려
는 사람부터 이미 사업의 완성도에 들어간 사람의 출구전략까지 사
업의 시작과 끝을 모두 다뤘습니다. 따라서 내용이 많고 많은 사례와
여러 상황이 언급됩니다. 큰 주제 아래로 주요 상황들을 가능한 한 많
이 수록했습니다. 이런 하나하나의 상황이 누군가의 실패를 막아내
고, 방향을 제시하거나, 격려되기를 진심으로 바랍니다.

세상의 모든 사장들의 성공을 기원하며 이 책을 시작합니다.

2022년 12월 5일

주의 1

이 책의 각 글에서 소개하는 몇 가지 분류나 법칙, 규칙은 실제로는 그것을 설명할 방법이 없어서 유사하게나마 설명해 보겠다는 의도 입니다. 사실 몇 가지 원칙, '~ 하는 법" 같은 규칙은 그걸 쓴 사람이 실제로 잘 모른다는 말일 수 있습니다. 그러니 문장 그대로 받아들이면 안 됩니다. 정답이라고 생각하셔도 안 됩니다. '그냥 이런 방법도 있구나' 정도로 이해하셔야 합니다. 언제나, 어느 곳에나 옳은 사업적 진리는 없습니다. 어쩌면 내가 가르치는 것의 반대로 하셔야 될 수도 있습니다.

주의 2

이 책은 현직 사장 혹은, 사장을 하려는 창업예비자들을 위한 사장학 교재입니다. 따라서 이 내용의 전부가 사장 입장에서 쓴 글입니다. 일부 내용들은 너무 디테일한 부분이라 직원들이 이 책을 보는 것은 권하지 않습니다. 이 책을 직원에게 주면 퇴사 후 창업 할 확률이 높습니다. 사장학 교육에 간부 직원들을 보낸 사장 중에 지금도 같이 일하는 사람을 거의 본 적이 없습니다.

주의 3

이 책은 사장학의 기초입니다. 이 책을 읽고 각각의 단편에 소개되는 지식은 전문가들의 서적을 참조하시기 바랍니다. 회계, 지리, 수학, 통계학, 아젠다, 색깔, 글씨체 같은 세부적이고 전문적인 서적이 많이 있으니 이들 책을 찾아 자세한 내용을 공부하기를 권합니다.

| 목차 |

책 소개	6
프롤로그	8
이 책을 읽기 전에	12

1장 가장 현실적이며 시급하게 묻다
"지금 어떻게 하면 좋을까요?"

001 나는 장사를 하는가? 사업을 하는가?	23
002 수입의 네 가지 경로	28
003 당신 사업의 PER는 얼마인가?	31
004 명령, 지시를 정확하게 하라	34
005 나쁜 지시와 올바른 지시	37
006 매출이 오르면 사람을 쓸까? 사람을 써서 매출을 올릴까?	39
007 내 경쟁자 100% 이기는 법	43
008 결정을 내리기 쉽지 않을 때	46
009 중요한 결정을 처리하는 법	48
010 또 실패하면 그다음 날 해야 할 일	51
011 사업이 커지면서 생기는 함정 다섯 가지	56
012 개국 공신의 반란, 그리고 토사구팽	63
013 사업이 망해가는 12가지 징조	68
014 진짜 부자가 되는 4가지 능력	72
015 내가 괜찮은 사장이 돼 가는지 알 수 있는 몇 가지 징조들	75

016 충고를 무시해야 할 때 78

017 아내의 절대적 지지를 얻는 법 81

018 문자로 질문 혹은 요청할 때 주의할 것 6가지 85

019 회사 스토리 만드는 법 87

020 내 상품이나 서비스 가격을 정할 때 주의할 점 91

021 모든 비즈니스는 결국 부동산과 금융을 만난다 94

022 경영자가 주의해야 할 호칭들 98

2장 더 단단한 사장이 되는데 필요한 생각에 대한 '생각'
"오래, 멀리, 지속해 갈 수 있는 내면의 힘이 필요합니다"

023 칭찬과 비난을 대하는 태도   103

024 정리, 정돈, 청소, 청결의 힘   109

025 훌륭한 경쟁자는 축복   112

026 나의 독립기념일   115

027 누군가를 도와야 한다면   117

028 보편적 상식을 갖춘 사람을 구하라   120

029 프레임에서 벗어나기   124

030 모닥불 피우기와 사업의 유사점   128

031 나를 지키던 칼이 나의 목을 겨눈다   131

032 내 매장에서도 물건을 돈 주고 사라   135

033 행운을 만드는 15가지   137

034 왜 생각은 현실이 될까?   140

035 이유 없이 사람들이 나를 싫어하는 3가지 경우의 수   144

036 공생과 협력, 유기적 사업에 대하여   146

037 2년에 한 번씩 사장이 꼭 해야 할 일   149

038 사장이 되면 무슨 일이 생길까?   151

039 사장의 사치는 어디까지 허용되나?   153

040 규모가 커지면서 변해야 하는 것과 변하지 말아야 하는 사장의 태도   157

041 사장이 되면 친구들을 어떻게 할까?   165

042 나이별로 버는 돈의 모습   169

043 훌륭한 선생의 2가지 조건   171

044 사실을 찾는 방법   175

045 회사 이름으로 기부할 때와 개인 자격으로 기부할 때   177

3장 직원 - 그들은 누구인가!
"사업하면서 가장 힘들고 지속되는 어려움, 어떻게 하면 좋을까요?"

046 누구를 승진시킬 것인가?   181

047 좋은 직원을 구하는 법   185

048 좋은 직원인 것 같지만 가장 경계해야 할 직원의 4가지 유형   188

049 사장의 평가와 하급 직원의 평가가 다른 사람들   193

050 2인자 키우기   197

051 직원의 보고를 받는 3대 규칙   200

052 모든 지시의 끝은 마무리 보고   203

053 어차피 해고해야 할 직원과 해고하는 태도   206

054 직원을 해고하는 방법   211

055 직원들이 스스로 일하기를 원한다면   216

056 좋은 직원을 내 보내는 두 가지 경우   218

057 직원은 아랫사람이 아니다   220

058 모든 직원이 우수한 직원인 회사는 가능한가?   223

059 직원에게 존경받으려면   226

060 직원에게 절대 하지 말아야 하는 것 열 가지   228

061 직원을 힘들게 하는 사장의 패턴들   231

062 작은 친절과 불편한 친절   232

063 지분을 주기보다는 이익 배당이 낫다   235

064 급여를 많이 주면 좋은 직원들이 모일까?   237

065 직원을 향한 칭찬의 역설   239

066 한 명부터 백 명까지 직원 수에 따른 사장의 행동 변화   242

067 상대의 이름을 기억하는 것의 가치   246

068 직원을 친구로 만들면 안 되는 이유   250

4장 사업을 넘어 기업으로
"이 다음 단계, 어디로 가야 할까요?"

069 이 중에서 사장의 잘못이 아닌 것은?   255

070 혁명이냐 반란이냐   258

071 사장은 공포를 두려워하면 끝이다   261

072 임대료의 비밀   265

073 프랜차이즈의 성공 핵심 두 가지   268

074 산업의 2대 발달 과정- 대형화, 고급화   272

075 해외시장에 진출하려는 CEO가 꼭 배워야 할 두 가지   277

076 회사 브랜드가 만들어지는 과정   280

077 사업 이익의 종류   283

078 당신의 출구전략은 무엇인가?   285

079 흑자 도산   289

080 왜 우리 회사는 성장이 멈췄는가?   293

081 회사를 상장 시킬 때 미리 주의할 점들   296

082 사업 속에 숨겨진 다른 사업   300

083 사업가들은 어떻게 사기를 당할까?   303

084 미국에 진출해야 국제브랜드가 된다   306

085 한 가족이 가난에서 벗어나는 데 걸리는 시간   310

086 당신의 컬러는?   313

087 흰색의 위대함   316

088 모던 제품의 위력   319

089 고객은 최고의 인테리어   322

090 이익률과 이익   325

5장 자신만의 철학을 세워라

"몸과 마음, 모든 면의 균형이 중요한 때가 된 것 같습니다"

091 사장의 사춘기   331

092 착한 사장이 실패하는 7가지 이유   335

093 가족 안에서 가장 성공한 사람의 처신   338

094 중심은 가운데 있지 않다   344

095 실패와 친해져라   346

096 성공한 사업가들의 8가지 공통점   348

097 주변 설득을 위한 전체 과정   352

098 옆문 정책의 가치   355

099 성공한 사람과 크게 성공한 사람의 13가지 차이점   358

100 공은 버리고 실을 얻는 법   364

6장   사장이 되기로 결심한 그대
"꼭 사장으로 성공하고 싶습니다"

101 돈이 없어 사업을 못 한다는 사람에게   369

102 창업하기에 가장 좋은 나이는?   372

103 새로운 사업은 어떻게 찾는가?   375

104 성공할 사업과 실패할 사업 구분법 중 한 가지   379

105 사회적기업을 꿈꾸는 젊은이들의 오해   382

106 왜 사장을 해야 하는가?   386

107 이런 사람은 결국 사장이 답이다   388

108 동업을 잘하기 위한 두 가지 조건   392

109 회사의 이름을 짓는 방법   395

110 지우와 승우가 산타를 믿는 이유   399

111 잎사귀가 아닌 가지를 꺾어라   401

112 술 담배 하지 않고 사업할 수 있을까?   404

113 사업가 혹은 유명인과 소통하는 법   407

114 성공한 사람의 인생은 성공한 이후에 포장되어 평범한 사람의 인생을 망친다412

115 경영자들은 왜 늘 독서를 할까?   415

116 어이없이 회사를 말아먹는 마진율 계산법 실수   419

117 그래프 혹은 통계의 사기를 꿰뚫어 보는 사고   421

118 소득이 발생하는 원리   425

119 전문가들이 사업을 키우지 못하는 이유   427

120 한국음식의 특수성과 서양 고객의 변화   431

에필로그   436

1장
가장 현실적이며 시급하게 묻다
"지금 어떻게 하면 좋을까요?"

001
나는 장사를 하는가? 사업을 하는가?

흔히 장사는 이익을 위해 물건을 사서 파는 행위로, 사업은 지속적으로 경영하는 것을 말한다. 하지만 나는 장사와 사업의 기준을 다른 방식으로 구분해 정리하고 싶다. 내가 하는 사업이 장사냐, 사업이냐를 구분할 때 기준은 사업의 규모가 아니다. 장사와 사업을 나누는 주요한 특징은 세 가지가 있다.

첫째, 일에 대한 능력이다. 사장의 업무 능력이 직원들보다 뛰어나면 장사고, 직원들이 사장보다 뛰어나면 사업이다. 장사의 영역에 머무는 회사의 특징은 사장이 직원들보다 모든 업무를 월등하게 잘해서 모든 직원을 가르치는 입장에 있다. 직원들보다 테이블도 야무지게 잘 닦고, 음식도 잘 만들고, 홍보도 잘하면 장사다. 직원들보다 엑셀도 잘 다루고, 컴퓨터도 잘 고치고, 포스터 디자인도 잘하면 장사다. 직원들보다 지게차도 잘 다루고, 근무 시간표도 잘 짜고, 구매 흥정도 잘하면 장사다. 우리는 이런 사람을 다재다능하고 성실하고 유능한 리더로 알고 있지만 결국 혼자 일하고, 자신을 대신할 인재를 키우지 못하고 아무도 믿지 못하는 사람일 수 있다. 이런 사람들은 절대 사업의 영역으로 넘어가지 못한다.

반면, 사장 자신을 넘어 직원들 각자 고유의 영역에서 전문적 능력을 더 잘 발휘하게 만들어 주고 키워 내는 사람은 사업가다. 메뉴 개발은 김 대리가 나보다 잘하고, 디자인은 이 과장을 따라갈 수 없고, 박 팀장의 기획력은 믿을만하고, 비품 관리는 신입 직원이 기가 막히게 하면 그는 사업을 하는 사장이다.

회사 안의 특정 영역에서 사장보다 잘하는 사람들이 있다는 뜻은, 사장이 그들을 인정하고 믿어줬고 그 일에 자부심을 느끼도록 독려했다는 뜻이다. 김 대리가 매번 좋은 메뉴를 만들 수는 없는 일이다. 김 대리가 잘했을 때 칭찬하고 인정해 줬기에 김 대리는 스스로 더욱 발전적인 공부를 한 것이다. 결국 사장을 대신해서 맛과 효율과 이익이 있는 제품을 만드는 능력을 갖추게 되었다. 사장이 이 과장의 디자인 실력을 못 따라간다는 뜻은, 폰트나 색깔이 사장의 취향이 아니어도 참견과 잔소리를 줄이고 시장의 판단에 맡기는 용기를 보여줬다는 뜻이다.

사장의 능력이 뛰어나다고 장사에서 사업이 되는 것이 아니다. 한 사업체를 선물 보따리로 가정했을 때, 사장은 선물 상자 안의 상품이 아니다. 상품을 묶는 보자기 같아야 한다. 상품은 초라한데 보자기만 그럴듯하다면 그 조직은 더 이상 기업으로 성장하지 못한다. 상자 안에 좋은 직원들을 많이 담아서 이들을 묶어내는 보자기 같은 사람이 진짜 사장이고 이 사람이 사업가로 나아갈 수 있다.

둘째, 시장의 규모다. 사업체의 가장 큰 경쟁자가 나와 가깝게 있다면 장사의 영역을 벗어나지 못한다. 내 주요 경쟁자가 내 동네 골목에 있는지, 우리 도시인지, 내 나라 전체인지, 전 세계 어느 나라의 어떤 회사인지에 따라 사업은 확장성을 가진다.

세탁소라면 골목에서 1등이 최종 목표다. 미용실이라면 그 동네에 있는 미용실이 경쟁자다. 입시학원이라면 그 도시의 모든 학생들이 고객이다. 출판 사업이라면 그 나라에 있는 모든 출판사가 경쟁자다. 제조업을 하는 사람이면 전 세계가 모두 경쟁자다. 이렇듯 내 경쟁자가 나로부터 멀리까지 존재할 때 내 회사가 장사가 아닌 사업의 영역으로 확장할 수 있는 것이다.

흥미로운 것은 사업의 확장성이 업종에 따라 정해지는 것이 아니라 사장 욕망의 크기에 있다는 점이다. 세탁소라도 세탁소를 수백 개 오픈하는 것이 꿈이라면 그의 경쟁자는 전 국가에 퍼져 있는 셈이다. 입시 학원도 프로그램을 갖추고 체계화시키면 전국에 같은 학원을 오픈할 수 있으니 경쟁자는 전국에 있다. 그러므로 사장은 자신의 경쟁자가 전국 혹은 전 세계에 존재하도록 최종 목표를 둬야 한다. 내 경쟁자가 내 동네와 내 도시에만 존재하면 나는 평생 노동의 굴레를 벗어나지 못할 것이다.

셋째, 수입을 만드는 방식이다. 장사를 하는 사람은 수입을 자신의 노동력에서 만들어 낸다. 일반적으로 성실한 오너 사장은 일반 직원들 3명 몫까지 인건비를 대신한다. 내가 열심히 일해서 돈을 벌 수 있다고 생각하는 성실한 사장의 말로는 뭉그러진 무릎과 휘어진 허리를 갖게 될 뿐이다. 회사가 적자를 벗어나는 순간부터는 몸이 아니라 아이디어로 즉, 생각으로 돈을 벌겠다고 방향을 바꿔야 한다. 몸으로 버는 돈은 한계가 있지만 생각으로 버는 돈은 무한하기 때문이다. 성실해서 부자가 되는 크기는 정해져 있다. 따라서 작은 부자는 몸에서 나오고 큰 부자는 생각에서 나온다.

결국 장사는 제한된 수입, 과중한 노동의 세계에서 존재하는 업체다. 반면에 사업은 무한대의 수입, 노동과 상관없는 수입, 더불어 다른 사업을 추가로 만들 수 있는 여력까지 제공한다. 장단점이 이렇게 명확한데 왜 누구는 사업을 하고 누구는 장사 할까? 그 이유는 관점의 차이다. 절대 자본의 차이가 아니다.

내가 하는 일에 대한 거시적 시각과 목표가 나를 장사에서 사업으로 이끌어낸다. 장사는 한 개인의 먹고사는 문제를 해결하기 위한 길이다. 사업은 먹고사는 문제뿐만 아니라, 나를 세상에 나타내고 사회를 변화시키고 싶은 욕망에서 생겨난다. 그러니 현재 당신이 어떤 사업을 하든, 그 사업의 최종 크기를 전국, 혹은 전 세계로 확장하라.

요리사로 작은 식당을 하고 있어도 내 직업을 '요리사'로 생각하면 평생 작은 식당 하나를 운영할 것이다. 그러면서 새로운 메뉴를 공부하고 좋은 요리를 제공하는 데 온갖 노력을 다하면서 골목 안에 안주할 것이다. 그러나 내 직업을 '식당 경영자'라고 생각하면 나는 내 요리뿐 아니라, 주변 식당들의 요리와 가격 정책, 원가관리, 직원 관리 같은 여러 문제에 고민하고 공부하며 골목 넘어까지 시각을 넓혀 갈 것이다. 만약 내 직업의 목표가 '외식기업인'이라면 내 식당을 프랜차이즈화하거나 전국 각지에 오픈시킬 구상을 할 수 있다.

세상의 모든 직업은 기업인이 될 수 있다. 셰프는 외식 기업가가 될 수 있다. 의사는 의사 면허를 가진 의료 기업가가 될 수 있다. 학원 선생님은 교육 기업가가 될 수 있다. 심지어는 예술, 문화, 체육인들도 그들의 경쟁자를 전 세계로 넓힐 수만 있다면 모두 기업가가 될 수 있다. 당신의 사업이 기업 형태로 잘 세워지면 이런 사업은 심지어 스스로 다른 사업으로 파생되어 번져 나간다.

기업 하나 만들기가 얼마나 힘든가. 하지만 그 힘든 기업 하나를 잘 만들어 놓으면 비슷한 기업들이 저절로 생겨날 수 있다. 어렵게 모닥불 하나를 잘 피워 놓은 덕분에, 숯불 한 삽을 푹 퍼다 옆에 쌓아 놓고 나무만 던져놔도 또다시 다른 모닥불이 생기는 것과 같다. 그러니 당신이 사업을 하겠다고 마음먹었다면 당신의 직업을 Entrepreneur 즉, 기업가로 리세팅 하기 바란다. 이 책 전체는 Entrepreneur가 되겠다고 마음먹은 사람들을 중심으로 쓰일 것이다.

002
수입의 네 가지 경로

한 개인이 돈을 버는 과정은 네 가지 경우 중 하나다.

첫 번째 경우는 자신의 시간을 파는 사람들이다. 하루 24시간 중 일부를 누군가에게 파는 사람들이다. 이들은 직장 생활을 하거나 1인 기업을 운영하며 서비스 제공 등을 통해 자신의 근로로 발생하는 수입을 얻는 사람들이다. 대부분의 급여 생활자에 해당된다.

두 번째 경우는 자신의 시간을 조금 비싸게 파는 사람들이다. 소규모 사업자들이나 전문직 종사자, 연예인, 강연가, 교육자들이 해당된다. 이들은 첫 번째 경우의 사람들보다 적게는 두 세배, 많게는 수십 배 넘게 자신들의 시간을 판다.

세 번째 부류는 타인의 시간을 파는 사람들이다. 이들을 우리는 기업가라 부른다. 이들은 보통 전국 단위로 사업을 하면서 300여 명 이상의 직원들이 있다. 자본과 기술을 보유하고 있으며 이를 운영하는 직원들의 효율을 통해 그들의 급여 이상의 수익 차익을 가져가는 사람들이다.

마지막으로 이런 기업들을 만들거나 합치거나 재조정을 통해 이익을 얻는 투자자들이 있다. 이들은 기업 혹은 기업가들을 통해 신용자산을 만들어 내고 그 신용을 현금으로 확보하는 재주를 가진 사람들이다.

위 4가지 경우 중에 처음 두 부류는 자신이 일을 하지 않는 순간, 모든 수입이 정지된다. 자신의 시간을 팔아 수입을 만드는 사람들이기 때문이다. 그러나 기업가나 투자자는 타인의 시간을 파는 사람들이다. 자기 몸이 아니라 아이디어를 통해 즉, 생각을 통해 수입 구조를 만들어 놓았기에 자신의 노동 여부와 상관없이 지속적 수입을 발생시킬 수 있다.

따라서 한 개인의 수입 발전 모델은 시간을 파는 사람으로 시작해서 결국 기업가나 투자자까지 나아가야 한다. 기업가나 투자자가 된 사람들은 모두 이 과정을 거친 사람들이다. 단지 자신의 시간을 정년 때까지 팔다가 연금으로 은퇴하기를 거부하고 모험과 기회를 이용한 사람이라는 차이가 있을 뿐이다. 어떤 젊은이도 그가 노력하면 한 세대 안에 이 모든 경로를 밟을 수 있다.

자산이 없는 사람은 처음에는 자기 노동력이 기반 된 근로 소득을 얻어야 하지만 점차 타인의 노동력이 기반이 된 사업 소득을 얻기 위해 노력해야 한다. 이후에는 금융 소득을 함께 얻어야 한다. 마지막으로 국가의 성장과 변화에 따른 구조적 소득까지도 얻을 수 있는 영역으로 들어가야 한다. 이렇게 할 수 있을 때 비로소 한 가족 혹은 가문이 가난으로부터 영구히 벗어나게 된다.

우리는 성공한 사람들의 현재만 보고 그가 불과 수년 전에, 혹은 수십 년 전부터 무엇을 해 왔는지 미처 상상하지 못한다. 그도 한때는 자신의 시간을 팔았고 더 비싸게 팔기 위해 미친 듯 노력했고, 거기에 안주하는 대신 창업에 도전한 사람이다. 손과 발이 돈을 벌던 시절을 지나야 머리로 돈을 버는 시절을 만날 수 있다.

003
당신 사업의 PER는 얼마인가?

PER Price-Earning Ratio란 현재 주가를 연간 주당순이익순이익/총 발행주식 수으로 나눈 값이다. 쉽게 말해 PER 10일 경우, 10년분 이익을 한꺼번에 주면, 지금 이 회사를 살 수 있다는 뜻이다. 누군가 내 회사를 10년 치 미래 이익 가치를 주고라도 살 수 있다는 뜻이다. 친구와 내가 동일하게 1년에 3억씩 순수입을 올리는 회사를 갖고 있어도 이 회사들은 각기 다른 PER를 갖는다. 한 회사는 50억에 거래될 수도 있고 다른 회사는 3억에도 살 사람이 없을 수 있기 때문이다. 각 회사의 이익 성장률과 존속 가능 시기에 따라 기대하는 PER가 다르기 때문이다.

흔히 창업 과정 이후 이 PER 개념을 이해하지 못하는 사람은 회사를 매각할 때가 돼서야 자신 회사의 PER가 전혀 없거나 아주 작다는 사실에 놀라곤 한다.

내가 강연을 잘해서 연간 3억 원의 수입이 생기는 강연 회사를 만들었다면 이 회사는 PER가 없다. 내가 일하지 않으면 사업이 존속하지 못하기 때문이다. 그러나 양념 소스를 잘 만들어 파는 제조공장을 운영해서 3억을 벌었다면 10억 혹은 수십억에도 거래될 수 있다. 그 양념이 얼마나 많이, 그리고 오래 팔릴 것인가의 스토리만으로도

PER가 많이 발생할 수 있기 때문이다. 같은 음식을 팔아도 요리사에게는 PER가 0이지만 식당 주인은 PER가 3이고 외식기업인은 PER가 10이 될 수 있는 것이다.

그래서 사업은 결국 PER 게임이다. 얼마나 지속해 성장 가능한 사업이 있느냐에 따라 성패가 나뉘기 때문이다. 500개 매장으로 연간 순수입이 100억 되는 회사가 있다고 가정하자. 이 회사가 추가로 500개 이상의 매장을 열 수 있는 여력이 있다면 10배의 PER를 주고 1,000억에 살 사람이 있을 것이다. 하지만, 이 회사가 400개의 매장을 더 열어 총 900개의 매장에서 150억을 벌었어도 더 이상 매장을 늘릴 지역도 없고 경쟁이 심해진다면, 지속 성장에 의심받고 수익률에도 의심받는다. 따라서 PER가 5 정도인 750억에 거래될 수 있는 것이다. PER는 신용에서 발생하기 때문이다.

사업의 PER를 확대해 나가는 일이야말로 사업가의 가장 큰 숙제고 가치다. 따라서 사업 신용도를 높이는 방향으로 사업 전개가 이뤄져야 한다. 세금 장부, 면허, 특허, 동업자 구조를 비롯한 모든 법적인 구조까지 완벽한 신용 상태로 만들어 놓아야 한다는 뜻이다.

사장학 수업 중에 이 이야기를 하면 자신들의 사업 PER가 없다는 사실에 놀라는 학원 원장님들을 자주 만나게 된다. 대부분 고소득자로 소비 수준이 현재 수입에 기준 돼 있고 퇴직금도 없으니 일을 그만뒀을 경우 PER가 유일한 자산이다. 하지만 PER가 전혀 없다면 현재의 소비 수준을 그대로 유지하면 안 된다는 것을 알 수 있다.

내 사업의 PER가 얼마인지 알아보는 간단한 방법이 있다. 내가 만약 일을 하지 않으면 재산이 줄어드는 사람이라면 PER는 0이다. 일을 하지 않아도 재산이 줄지 않는다면 PER가 3~5 정도 있다고 볼 수 있다. 그러나 내가 일을 하지 않아도 재산이 늘어나는 경우라면 PER가 5~10 이상도 있다고 볼 수 있다. 일부 부동산 자산에서는 30배 이상의 PER가 생성되기도 한다.

이처럼 PER는 모든 사업의 기준 지표다. 지금 수입 자체만 중요한 게 아니라 PER 수입이 더 중요하기 때문이다. 평생 사업을 할 생각이라면, 혹은 제대로 출구전략을 짜고 싶다면 언제나 PER를 생각하며 사업을 진행하기 바란다.

004
명령, 지시를 정확하게 하라

어느 물리치료사가 날개뼈가 아픈 환자에게 내린 치료 처방의 내용은 다음과 같다. '소흉근을 신장하여 견갑골의 전방경사를 교정, 전거근은 재교육과 근력 증진이 필요, 중부·하부 승모근의 근력 증진으로 견갑골의 전방경사를 대항하고 안정성 증진 필요'

아마 이 말을 알아듣는 사람이라면 이미 전문가일 것이다. 자신의 전문적 지식에 사용되는 단어를 누구나 알 수 있다고 생각하면 안 된다. 사장의 큰 실수 중 하나가 사장의 언어로 말한다는 것이다. 지시는 누구나 알아들을 수 있고 오해 없는 말이나 문장으로 간결해져야 한다. 간단한 지시라도 모호한 단어나 문장을 사용하면 해석의 여지가 남게 된다. 그래서 지시는 재확인이 필요 없을 정도로 정확한 단어와 문장으로 해야 한다.

똑같은 지시를 내려도 지시받은 직원의 업무 이해 과정에 문제가 생기면 성과나 효율은 떨어질 수밖에 없다. 그리고 상하관계의 특성상 상사에게 재확인하고 묻는 것을, 자신이 부족하다고 드러 내는 것 같아서 망설이게 된다. 게다가 사장의 권위가 매우 중요하거나, 수직적인 조직문화가 강조되는 회사의 경우, 사장의 지시가 명확해질 때까지 직원이 질문하는 일이 더더욱 어렵다. 따라서 상사도 제대로 지시해야 하는 책임이 있다. 간결하고 명확한 지시는 업무의 많은 오차를 줄이고 일의 속도를 높여준다.

지시는 절대로 추상적이면 안 된다. 잘 이해하는 것만큼 중요한 것이 잘못 이해하지 않도록 지시하는 것이기 때문이다. 특히 복잡한 업무지시일수록 명확하게 해야 한다. 이런 것은 하급자가 아니라 상급자들이 배워야 할 문제다. 복잡한 일이라도 해당 업무를 명확하게 수행하지 못하는 것은 지시하는 사람이 내용을 잘 이해하지 못한 것이다. 결국 명확하지 않은 지시를 내리면서 그 의도를 알아서 이해하고 일을 처리하라는 것과 같다.

일은 언제나 데드라인을 정해줘야 한다. 데드라인이 있을 때와 없을 때의 업무 완성도는 차이가 크다. 본인이 데드라인을 주지 않았다면 일의 마감도 기대하면 안 된다. 그러니 사장은 본인이 애매하게 말하는 버릇이 있는지 확인하고 말의 방식을 고쳐야 한다. '알아서 해 봐요'라든가, '고민해보고 의견을 줘 봐요' 같은 말은 지시가 아니다. '김 대리! 그 어제 왜 그거 있잖아, 내가 말한 대로 했나요?'라는 말은 성실하고 똑똑한 김 대리도 오만가지 생각을 하게 만든다.

'김 대리! 부산 사무실에 오늘까지 경비사용 내역 보내달라고 이제 말했었는데 아직 안 왔나요?'라고 말해야 한다. 자신이 말하는 방식 자체가 애매모호하고 말을 장황하게 하거나, 논점이 왔다 갔다 하거나, 말하는 의도나 지시사항을 전혀 파악할 수 없게 말하는 방식을 가진 사장들이 의외로 많다. 문제는 자신이 그렇게 말한다는 사실을 모른다는 것이다. 그러면서 자기 말을 못 알아듣는 직원들을 센스가 없거나 공부가 모자란 것으로 판단한다. 직원 중 한두 명이 그렇다면 그것은 그들 책임일 수 있지만, 직원 대부분이 그렇다면 그것은 사장의 책임이다.

축구선수 한둘이 잘못하는 것은 선수 책임이지만, 전체가 못하는 것은 감독 책임인 것과 같은 이치다. 사실 이런 대화 방식이 일상 대화에서는 그렇게 큰 문제는 아니다. 하지만 지시 한마디에 회사는 운명과 실적이 갈린다.

005
나쁜 지시와 올바른 지시

나쁜 지시의 예:

10월에 만료되는 카드 갱신해 주세요.

변호사가 서류 한 장 보냈답니다. 검토해 주세요.

카드 사용 내역 중, 중복 지불이 있는지 확인해 주세요.

아침에 혹시 서류 한 장 안 왔나요?

올바른 지시의 예:

• 10월에 만기 되는 글로벌앤트리 카드를 9월 말일 전에 갱신해
 주세요.

• 변호사가 뉴욕 5번가 건물 매입 건 관련 서류를 보내왔네요. 검
 토 후 의견을 내일 3시까지 주세요.

• 1월 15일 자 카드 사용 내역 중, ×× 스테이크 식당에서 결제처리
 미숙으로 두 번 결제가 되었네요. 중복 결제인지 확인해 주세요.

이렇듯 명확한 지시를 하기 위해서는 상황과 시기와 목적물이 구
체적으로 직시 돼야 한다. 카드라고만 말하면 크레딧 카드인지, 체육
관 회원 카드인지 혼돈할 수 있고, 변호사가 보내온 서류가 한둘이 아

니거나 동시에 다른 서류가 와있을 수 있다. 날짜나 장소가 명시되지 않으면 직원은 어느 날부터 확인해야 할지 몰라 일이 늘어나게 되기 때문이다.

즉, 일을 지시할 때는 이처럼 오해나 분석의 여지가 들어가는 것을 최대로 줄이고 자신이 의도하는 바가 무엇인지 명확하게 설명해야 한다. 또한 업무지시를 받는 사람이 반드시 그 일의 배경이나 목적을 이해하도록 해야 한다.

006
매출이 오르면 사람을 쓸까?
사람을 써서 매출을 올릴까?

특별히 시간제로 반복적인 일을 하는 공장 구조에서는 1인당 생산량의 데이터가 있으니 매출이 오르면 사람을 쓰는 것이 일반적이다. 그러나 일의 양과 질이 혼재된 오피스에서는 망설이기 마련이다. 업무가 늘었으니 사람을 더 써야 할 것 같지만 업무 효율성을 올리려면 오히려 인원을 줄여도 될 때도 있기 때문이다.

스노우폭스 사업 초기에 매출은 늘었지만 이익은 아직 발생하지 않던 시기가 있었다. 추가 인력을 고용할 자금이 없으니, 늘어난 업무를 본래 정해진 인원으로 어떻게든 해내며 버티던 시절이었다.

처음은 힘들다고 모두 아우성이었다. 하지만 신기하게도 몇 주가 지나자 일은 전보다 많아졌지만 차츰 여유가 생겼고, 일 처리에 문제도 없었다. 그래서 나는 매출이 증가하며 직원들의 일이 늘어난 것으로 추가 인원을 고용하는 것이 아니라, 실제로 수익이 증가하면 직원을 추가 고용하곤 했다.

이것은 마치 어릴 때 만원 버스를 타던 느낌과 같았다. 버스 안에 문도 잘 닫히지 않을 정도로 승객이 가득 찼지만 앞, 뒤에서 밀다가 차가 한번 휘청거리면 버스의 문이 닫혔고 그렇게들 타고 갔었다 다음 역에서 같은 일이 벌어져도 여전히 사람은 더 탈 수 있던 시절이었다.

사무직 일은 일의 양 못지않게 개인의 업무 처리 능력에 따라 일의 효율성이 극단적으로 차이가 날 수 있다. 나는 심지어 직원 한 명이 한 달 내내 하던 일을, 새 신입 직원이 엑셀의 몇 가지 수식을 활용해 이틀 만에 마치는 것도 봤다. 지금 생각해 보면 어쩌면 그 직원은 그 일을 몇 분 안에 마칠 수 있었을지도 모른다.

이런 방식을 유지하다 보니 당시에 40~50명의 직원으로 1,000개가 넘는 매장을 관리할 수 있는 초 효율적인 회사가 될 수 있었다. 현재 우리 정도 규모의 회사들은 100~150명 정도의 직원이 있어야 천 개의 매장이 운영되고 있다.

회사가 급격히 성장하면 일부 부서에서는 회사의 지속적인 성장을 예측해 미리 추가 직원을 고용하곤 한다. 그렇게 추가 고용된 직원에게는 이전 직원이 맡고 있던 업무가 분배된다. 문제는 예상했던 대로 회사가 성장한 다음, 현 상황을 예측해 앞서 고용했던 직원들로 업무 효율성이 유지되거나 높아지지 않는다는 점이다. 오히려 또다시 인원을 추가 고용해 달라고 요청한다. 하지만 그렇게 인원을 충원해 줘도 같은 일은 반복된다.

직원들이 나눠 가진 일의 분량을 정량이라고 생각하고 있었기 때문이다. 여기서 경영진과 차이가 생긴다. 이것을 해결하지 못하면 매출이 증가한 것보다 더 많은 추가 인원이 항상 근무하는 회사가 된다. 그래서 어떤 회사들은 언제나 인건비를 충당하는데 정신이 없다. 회사가 더 성장하면 상황이 나아질 것 같지만 이미 악순환의 고리에 들어가 버린 것이다.

　어느 프랜차이즈 대표가 상의해 온 적이 있다. 현재 매장이 200개이고 지금 본사 인원이 백여 명인데, 혹시 직원이 너무 많은 것은 아닌지 궁금해했다. 나는 내 경험상 많다고 느꼈다. 작은 규모가 아닌데도 인건비로 수익률이 악화된 것처럼 보였기 때문이다. 결과적으로 회사의 직원들이 퇴사를 한 뒤에 추가 고용을 하지 않았고 인력 재배치로 본사 직원을 50명 이하로 줄였다. 그래도 회사는 멀쩡하게 잘 돌아갔다. 또한 일찍 구조조정을 한 덕에 코로나 여파로 파생된 어려운 시기를 잘 견디고 있다.
　반대로 어느 회사는 회사 성장에 앞서서 직원을 고용해 나갔다. 매장이 100개 정도인데 이미 본사 직원이 백 명이 넘어서고 있었다. 매장 하나마다 본사 직원 한 명을 먹여 살리는 형국이다. 대표는 조만간 매장이 300개가 넘을 것이라서 그때를 대비한다고 핑계를 댔지만, 그런 기준으로는 매장 300개가 넘어갈 때 직원도 300명이 돼 있을 것이다.

　자기 회사의 직원이 많은 것을 자랑하는 사장이 실제로 존재한다. 그러나 자랑은 매출로 하는 것이고 더 자랑은 순이익으로 하는 것이다. 그보다 더 큰 자랑은 생존 연수로 하는 것이다. 업무 효율의 중요성을 이해하지 못하면 회사는 결국 죽는다. 지금 그 회사가 직원 10명도 안 되는 회사가 된 것은 당연한 일이다.

사무직 업무 중에 회계 부서처럼 일정 양의 업무를 규칙적으로 처리 하는 업무가 아니라 창의성이 바탕이 된 일이라면, 3일에 할 일을 한 시간 만에도 할 수 있는 일들이 있다. 그래서 나는 새벽 일찍 회사에 나가 직원들이 출근하기 전, 조용하고 아무도 관여하지 않는 한두 시간 안에 내가 할 모든 일들을 마치도록 했다. 같은 일을 출근 후에 직원들과 함께해보면 하루 종일 해도 끝이 나지 않았기 때문이다.

정답은 하나다. 이익이 오르면 직원을 늘리는 것이다. 단, 한 가지 예외는 있다. 추가 고용할 사람이 매출을 만들어 올 수 있는 사람이라면 이때는 예외다. 그런데 그 일은 사실 사장이 직접 하는 것이 맞다.
사장은 아무리 회사가 커도 세일즈맨이다. 그래서 결국 예외는 없다.

007
내 경쟁자 100% 이기는 법

　열심히 한다고 시험에서 합격하거나 학교에서 우등생이 되는 것은 아니다. 아무리 열심히 해도 머리 좋은 사람을 따라갈 수 없다. 그러나 사회에서 남들보다 앞서고 성공하기 위해서라면 매우 간단한 방법이 있다. 이 방법은 한 번도 틀린 적이 없다. 이 방법은 1등이 된다는 보장은 없지만 분명히 우등생이 될 수 있도록 만든다.

　그것은 바로, 끝까지 하는 것이다. 우리가 만나는 경쟁자 중에 거의 90% 이상은 포기한다. 체육관에 등록하고 대부분은 오지 않는다. 그렇게 오는 사람 대부분은 운동이 아니라 운동을 했다는 위안을 받기 위해 온다. 그러니까 정말 운동하겠다고 덤비고 포기만 하지 않아도 백 명 중 몇 명 안에 들어갈 정도로 우수한 체육인이 될 수 있다.

　SNS 마케팅을 배우거나, 부동산에 관해 공부해도 끝까지 파고들면 아무리 둔한 사람도 상위 10% 안에 들 수 있다. 시장은 어차피 상위 10%가 거의 모두 장악하고 있다. 그러니 10% 안에만 들어도 대성공이다. 책을 하나 쓰고 싶다면 포기하지 않고 계속 쓰면 된다. 200자 원고지 1,000매를 쓰는데 하루에 세 장만 꾸준히 쓰면 일 년이면 원고가 완성된다. 신인 작가로 데뷔하려는 사람들은 글이 나빠서 출간

하지 못하는 게 아니라, 중간에 원고 쓰기를 포기해서 책이 나오지 않는 것이다.

만약 내가 어떤 일을 포기하지 않고 꾸준히 하는 버릇이 있다면 이미 나는 상위 10% 안에 드는 사람이다. 무엇을 해도 상위 10% 안에 들어간다. 운이 좋거나 실력이 좀 더 있다면 상위 1%도 될 수 있다. 그러니 하려는 그 일을 당장 오늘부터 해야 한다.

C.S. 루이스가 쓴 『스크루테이프의 편지』에 보면 삼촌 마귀가 신참 조카 마귀에게 사람을 속이는 11가지 방법 중 하나를 가르치는 장면이 나온다. "인간에게 계획을 하게 해라. 정말 좋은 계획을 하게 도와줘라. 그리고 내일부터 하라고 해라. 인간에게 내일은 없다."

그렇다. 내일부터 하는 사람에게 내일은 없다. 내일은 항상 오늘이 돼 있기 때문이다. 그러므로 오늘 시작하고 끝까지 하는 것이야말로 저절로 일등이 되는 방법이다. 이렇게 절대로 포기하지 않는 능력을 끈기라고 표현한다. 당신이 정말 정복하고 싶은 목표가 있고, 절대로 포기하지 않는 끈기와 기개만 있다면 거의 모든 것을 이룰 수 있다. 100%라고 말하지 않는 것은 어쩔 수 없는 일도 여전히 생겨나기 때문이다. 당신 상상 안의 것을 현실로 만드는 두 가지 힘, 그것은 끈기와 기개뿐이다.

끈기와 기개가 없으면 아무리 뛰어난 능력을 갖춘 사람도 평범한 사람이 된다. 포기하지 않는 끈기는 모든 것을 이겨낸다. 끈기는 성공을 잡기 위한 위대한 무기다. 끈기를 대신할 만한 것은 거의 없다. 똑똑한 사람이 모두 성공하는 것이 아니다. 천재라고 모두 성공하는 것도 아니다. 똑똑하고 천재적이고 재능 많고 돈 많고 교육 많이 받은 사람 중에도 낙오자들 수두룩하다. 모두 끈기를 갖추지 못했기 때문이다.

이것이 사업에서 가장 큰 힘이다. 경쟁자 이기기가 이렇게 쉽다. 내가 힘들면 상대도 힘들다. 현재 성공한 경쟁자는 결국 버티고 버텨낸 사람이고 지금도 힘들어도 버티고 있는 사람이다. 경쟁자들은 내가 포기하기를 기다리고 있다.

만약 내가 떡집을 하고 싶다면 세상의 모든 떡집을 찾아다니고 맛보고 분석하고 만들어 본다. 서너 달, 일 년 말고 십 년을 그렇게 했다면 떡에 대해서는 전국 톱에 들어갈 것이다. 경쟁자들이 어디에 있는지 보이지도 않을 것이다. 십 년이 아니라 이십 년을, 그렇게 나이 스물부터 했다면 사십 살이면 한국의 최고 장인이 돼 있을 것이다. 대머리 타투 전문가, 프랜차이즈 신메뉴 분석가, 동물 배변 전문 훈련가, 떡볶이 전문가, 노안 수술 전문 의사, 주택 생활 파손 수리 전문가 등 그 어느 분야에 들어가든 일단 포기하지 않으면 그 분야의 TOP 10%는 정해졌다.

어디가 끝일까?

모두가 그만두거나 몇몇이 남아 산꼭대기 좁은 정상에 서로 엉덩이를 비비고 앉아 있는 모습이 보이면 거기가 끝이다.

008
결정을 내리기 쉽지 않을 때

성공하는 사람들은 결정을 내릴 때 그 결정의 방향보다 속도가 돋보인다. 그들은 옳은지 그른지에 대해 생각보다 많이 고민하지 않는다. 생각을 많이 하는 사람들은 오히려 사업을 그르친다. 대부분의 망설임은 심사숙고라는 멋진 말로 포장돼 있지만 포장을 까보면 낭비된 시간의 부스러기가 남아 있을 뿐이다.

이 세상에서 가장 가치 있는 자산은 시간이다. 그런데 생각을 깊게 한다는 이유로 결정을 미루는 사람은 결정의 결과보다 더 가치 있는 시간을 죽이는 것이다. 마치 기름값 싼 주유소를 찾아 전국을 헤매는 사람과 같다.

나는 결정을 즉각적으로 하고 이후에 추가 결정을 통해 결정 자체를 옳은 결정으로 만드는 데 집중한다. 심지어는 틀린 결정을 내려도 그 틀린 결정을 수정해 나가는 과정에서 성공이 완성돼 가는 것을 보기에 결정을 빨리한다. 어떤 결정이든 한 달 두 달 미루지 않는다. 1주일 2주일 미루지도 않는다. 하루 이틀 미루지도 않는다. 심지어 한 시간 두 시간도 미루지 않는다. 거의 99%의 결정이 순식간에 진행된다. 모든 결정을 즉각 처리하고 지시하고 종결한다. 전화로 오는 요청이든, 이메일로 오든, 십만 불짜리 문제든, 수천만 불짜리 문제이라도 즉각적으로 결정한다.

가장 잘못된 결정은 결정하지 않는 것이다. 세상에 틀린 결정은 없다. 결정이 잘못되면 잘못된 대로 배우고, 결정이 옳았다면 큰 이득을 보기 때문이다. 유일하게 틀린 결정은 결정하지 않는 것이다. 내가 내린 옳은 결정 때문에 내가 이 자리에 있는 게 아니라, 내가 내린 잘못된 결정들을 수정하는 과정 덕분에 내가 이곳에 있는 것이다.

그러니 즉시 결정을 내리고 오른쪽이든 왼쪽이든 가라. 어차피 인생은 처음과 마지막을 제외하고는 모든 것을 혼자 결정해 가는 과정이다. 결정할지 말지 빨리 결정을 내리라고 이 글은 짧게 쓴다.

009
중요한 결정을 처리하는 법

나는 대부분의 결정을 즉각적으로 하지만, 내 인생에 어떤 너무 중요한 결정을 앞두고 도저히 어떻게 해야 할지 모를 때 쓸 수 있는 방법이 하나 있다. 이 방법으로 결정하면 반드시 옳은 방법을 찾을 수 있다는 것은 아니다. 단지 내 경우 이 방법을 사용하면 나중에 그 결정이 잘못됐다는 생각이 들어도 후회가 없었다.

가령, 결혼 배우자 결정, 처음 집을 사야 하는 일, 회사의 매입 혹은 매각, 이혼, 투자 방향 결정 같은 것들은 사람의 인생에 많은 영향을 주며 어떤 일들은 평생에 영향을 준다. 나는 이런 중요한 결정을 앞두면 금식을 한다. 최소한 3일 정도다. 시간으로 72시간 정도다. 이런 금식은 스스로 몸을 괴롭히는 것이 아니라, 신체적 비움을 통해 내적 고민의 깊이를 가늠하고 기본 욕망이 배제된 상태에서 가능한 가장 고결한 선택을 하기 위한 것이다.

단식이 가져오는 생리적 변화는 의학적 견해가 다르니 기술하지 않겠다. 그러나 실제 경험한 바에 의하면, 공복의 고통이 둔감해지는 하루 24시간이 지나면서부터 점점 정신이 맑아진다. 음식에 대한 욕구가 통제된 상황에서는 사람의 인지능력이 향상되도록 뇌에서 변화가 일어난다. 마음속 깊은 곳에 있는 생각들이 그때 올라온다. 물을 제외하고 모든 음식을 끊고 3일간 견디면서 그 문제에 대해 깊은 고민을 이어가 보기를 권한다.

첫날은 힘들지만 이틀 째 부터는 할 만하고, 삼 일째에는 오히려 기분이 좋아지고 평온해진다. 단식의 효과로는 마음이 안정되고 기억력이 향상되며 의지력이 강화된다. 허영심이 사라지고 자신감이 생긴다. 때때로 상쾌한 기분이 온몸을 감싸며 세상을 넓게 바라보는 시각이 생긴다. 신체적 효과로는 눈이 맑아지고, 쾌변, 숙면을 취하게 된다.

정신적으로는 오래된 과거의 기억이 되살아나고 미래의 일이 상상되며 직관이 확장된다. 『삼성기전＝聖紀全』에 의하면, 환웅桓雄이 웅족熊族과 호족虎族의 두 여인에게 쑥 한 심지와 마늘 20매를 주고 100일 동안 햇빛을 보지 못하게 하는 단식 시험을 했는데, 웅족 여인이 배고픔과 추위를 참고 계율을 지켜낸 기록이 있다. 이렇듯 우리는 배달의 아빠와 단식의 어머니 사이에 탄생한 민족이니 단식을 너무 힘들어할 필요가 없다.

단식을 하는 동안 문제를 명확하게 정의하기 바란다. 현재 고민하는 것을 하나의 문장으로 만들어 결정에 집중할 수 있게 부가적인 관련 요소들을 버린다. 그리고 문제에 가능한 많은 정보를 수집해 놓는다. 각각의 옵션에 따른 장단점을 적어보고 이들 역시 문장으로 정리해 놓는다. 그중 내 삶의 가치에 따라 우선순위를 매긴다. 그 순서와 마음속의 결정이 다르면 다른 이유를 고민해 본다. 이 과정 모두에서 음식을 완전히 배제한다.

이렇게 삼일 단식을 하면서 고심하고 내린 결정은 함부로 내린 결정보다 질적으로 완성도가 높다. 물론 이것이 나에게 매번 옳은 결정을 가져올 수는 없다. 하지만 이렇게까지 하고 내린 결정이라면 당연히 후회할 필요가 없는 것이다. 삼일 금식의 가치가 충분히 있으니 꼭 기억하기 바란다. 물론 몸에도 나쁠 것 없다. 단식은 어려울 때 자신에게, 자신이, 자신을 위한, 스스로 스승이 되는 방법이다. 내 안의 스승을 만나기를 바란다.

010
또 실패하면 그다음 날 해야 할 일

나는 여러 번 실패하면서 지금도 가장 잘한 일이라고 생각하는 것
이 다음날 일어나 걸었다는 것이다. 달리 할 일이 없어서 시작한 것이
었으니 지금 생각하면 가장 최선의 행동을 한 것이다. 실패했다고 집
안에 처박혀 있지도 않았고 술을 배우지도 않았다. 그냥 밖으로 나가
걸어 다녔다.

신의 한 수다. 이후에도 실패가 반복되며 한 가지 노하우가 더 늘어
났다. 그것은 음식을 먹는 방식에 관한 것인데, 나는 사업을 하다 다
시 망해도 두 가지만 잘하면 언제든 다시 일어날 수 있다고 믿는다.
그래서 실패한 제자들을 보면 반드시 이 두 가지를 가르친다. 이 두
가지는 운동과 정갈한 식사다.

내가 제안하는 운동은 돈이 들어가지 않는다. 그냥 아침마다 한 시
간씩 걷기만 하면 된다. 걸으면서 괜히 영상 같은 것을 보지 말고 가
능하면 음악도 듣지 말라. 그냥 아무 생각 없이 하염없이 걸어라. 무
슨 생각을 하려 하지 말고 그냥 걷다 보면 머리가 비워지고 그 머리
안에 공간이 많이 생기면 저절로 새 생각이 들어온다.

오히려 음악을 듣거나 영상을 보고 있으면 생각의 공간이 만들어
지지 않는다. 전화기를 놓고 나가도 좋다. 대신 작은 메모지에 몽땅

연필 하나는 가지고 나가는 것이 좋다. 어느 순간 갑자기 기가 막힌 아이디어가 떠오르면 잊기 전에 적어야 하기 때문이다.

걷는다는 것은 아직 살아 있는 인간이라는 것을 뜻한다. 현생 인류의 시작으로 현대인의 직계 조상 중 하나로 분류되는 호모에렉투스 Homo Erectus는 '똑바로 선 사람'이라는 뜻이다. 즉 현생 인류의 시작이 걷는 것으로부터 시작됐다는 것이다. 걷는다는 것은 숨 쉬고, 바라보고, 생각하고, 느끼고, 발견하는 일이 동시에 일어나는 행위다. 또한 신체적으로도 말초 조직의 순환 혈류량이 증가하고 근육과 지방세포의 인슐린 작용이 활발해지기 때문에 당뇨, 치매, 폐 질환, 체중 감량, 뼈, 소화기관 등 갖가지 질병에서 개선을 얻을 수 있고 몸에 저항력을 키울 수 있다. 그 외에도 걷는 행위 자체는 신체적, 정신적, 사회적으로도 수많은 이점이 있다. 걷기의 이점 중 일부는 다음과 같다.

심혈관 건강이 개선된다. 걷기는 심박수를 높이고 혈압을 낮춰 심장 건강을 개선하는 데 도움이 된다. 또한 근력이 증가한다. 걷기는 다리와 코어를 포함한 하체의 힘을 키운다. 또한 사고가 가장 적은 안전한 운동이다. 칼로리를 태우고 체중을 줄여 준다. 특히 규칙적으로 적당한 강도에서, 강한 강도로 걸을 경우 더욱 그렇다. 걷기는 스트레스를 줄이고 기분을 개선하며 행복감을 높여 주기 때문에 정신 건강에도 도움이 된다.

규칙적인 걷기는 에너지 수준을 높이고 전반적인 활력을 향상시키는 데 도움이 된다. 걷기는 수면의 질을 향상시켜 주고 뇌 기능을 개선 시켜 창의성을 높여 준다. 정기적으로 걷는 것은 당뇨병, 심장 질환 및 만성 질환 발병 위험을 줄이는 데 많은 도움이 된다.

또한 걷기는 친구와 함께 걷든 걷기 그룹에 가입하든 다른 사람들과 대화가 가능한 운동이라 사회성이 좋아진다. 운동 중에 이처럼 안전이 보장되고 비용이 적게 들면서 좋은 운동이 없다.

실패하면 마음이 작아지는데 작아진 마음은 몸으로 키우는 것이다. 몸이 건강해지면 마음은 저절로 커진다. 그래서 어떤 실패를 해도 내가 다시 걸을 수 있다면 나는 다시 시작할 수 있다. 다시 시작할 수 있다는 뜻은 또 다른 기회를 얻는다는 뜻이다. 그렇다면 기회만 가지면 다시 성공할까? 아니다. 그 기회를 더 좋은 기회로 만들어야 한다. 그래서 두 번째 비결은 정갈한 식사다.

나 김승호는 남들이 갖지 못한 특별한 재능을 하나 갖고 있다. 이 재능을 가진 사람은 구설수에 잘 휘말리지 않고, 주변에 친구들이 고르며 좋은 운이 계속 모여들고 삶이 온화해지며 평화롭다.

그 재능이란 배가 부르기 전에 음식을 중단하는 것이다. 나는 배가 부르도록 음식을 취하는 일이 일 년에 서너 차례도 안 된다. 양가에 노모님이 해주시는 음식을 먹을 때 외에는 배가 부르기 직전에 숟가락을 놓는다. 어머니 앞에서는 마음껏 먹는 일이 상식이고 예의이니 예외로 한다. 음식의 양, 음식을 먹는 시간, 음식의 질은 그 사람의 운과 운명을 결정한다.

어느 관상 철학자의 말에 따르면 한 인생에 먹어야 할 음식의 양은 정해져 태어난다고 한다. 그러니 음식을 많이 먹으면 온갖 병으로 일찍 죽는 것이고, 음식을 나눠서 조금씩 먹으면 건강하게 오래 산다고 한다. 음식을 먹는 시간이 일정하지 않은 사람은 과식, 폭식에 노출된다.

인간이 받는 유혹 중에 음식만큼 매일 결심을 바꾸게 하는 것이 없다. 다이어트를 해 보면 인간이 얼마나 음식에 나약한지를 매 끼니마다 느끼게 된다. 그래서 일정하게 식사 하지 않는 사람들은 과식이나 폭식을 하고 이런 자리에 함께하는 사람들 또한 대부분 같은 사람들이라서, 건전한 친구들이 아니라 거칠고 불규칙한 사람들과 함께 하게 된다. 그러니 좋은 일이 생길 수 없다.

너무 거친 음식은 나를 해치고 너무 기름진 음식은 다른 생명체를 해친 것이다. 세상 모든 것은 인연으로 연결돼 있다. 우주의 삼라만상이 결국은 하나다. 음식이란 다른 생명에서 오는 것인데 이를 너무 함부로 하면 세상의 운명은 결국 나를 함부로 하게 돼 있다. 정갈하고 단정한 음식을 먹고 기름진 음식을 적당히 조절하고 남기지 않게 준비하고 남은 음식을 내 배에 버리지 않는 것이 바르게 음식을 대하는 태도다. 그런 식습관을 가지면 그 사람이 만나는 사람이나 환경이 곧고 올바르게 된다.

결국 좋은 운이 붙기에 가장 이상적인 상황 속에 살고 있다. 좋은 아이디어와 생산적인 모임, 현명한 친구들이 모이고 불필요한 인연들은 사라진다. 당연히 좋은 일이 생길 수밖에 없다. 그러니 앞으로 망하면 운동과 정갈한 음식, 이 두 가지만 다시 돌아보라.

011
사업이 커지면서 생기는 함정 다섯 가지

사업이 자리를 잡아 커지기 시작하고 직원들이 공채로 들어오기 시작하면 대부분의 사장이 겪는 일이 있다. 이런 경험을 한다는 것은 사업의 자연스러운 경로이고 어차피 정상에 가기 위해 넘어야 할 산이다. 나는 당신이 정상에 가기 전에 몇 가지 계곡과 낭떠러지가 있음을 미리 알려주려 한다. 이 길은 가본 사람들은 모두 알지만, 이 길을 걸으며 수많은 사람이 고통을 겪었고 상처를 입었고 일부는 결국 견디지 못하고 돌아갔다.

첫 번째 계곡은 친구들이다.

사업 초기에는 잘 되라고 응원도 하고 마음껏 격려도 한다. 그러나 사업이 점점 커지면 진심으로 응원하는 친구와, 질투하는 친구로 나뉜다. 이때가 인간관계를 한번 정리하고 가는 기회가 된다. 봄맞이 대청소하듯 그때 한번 털어내면 된다. 괜한 자책감이나 모두를 품으려고 노력할 필요 없다. 모든 친구에게 너그럽고 좋은 사람이 되려 하다 보면, 당신의 가족과 직원들이 힘들어지고 재산과 시간을 날리게 될 것이다.

두 번째 낭떠러지는 개국공신들의 반란이다.

사업 초기에는 주변 친척들이나 아는 동생들 위주로 창업한다. 이들은 상대적으로 해당 분야에 기술이 있지 않지만 오너가 창업할 때 열의를 갖고 참여한 사람들이다. 직책에 구분 없이 멀티플레이어로 고생도 많이 하고 어려움도 함께 겪어온 사람들이다. 서로 마음도 잘 맞고 상사라기보다 형님, 동생같이 사적인 관계들로 이어져 있다. 문제는 사업이 커지면서 조직적 관리가 필요한 시점부터 시작된다. 직원이 열 명인 회사와 직원이 서른 명인 회사는 단지 숫자 면으로 세 배 커진 것이 아니라 구조적으로 완전히 다른 회사다.

사장은 직원들이 스무 명, 서른 명으로 늘어나면 더 이상 주먹구구식으로 회사를 운영할 수 없다. 따라서 모든 것을 서류화하고 명문화할 필요를 절실히 느낀다. 또한 회사는 점점 전문 인력을 필요로 하고 교육받은 직원들로 인적 구성이 바뀌게 되며 창업 멤버들의 수준이 상대적으로 낮아진다. 이것을 만회하기 위해 지위를 이용하거나 텃세도 부리고 사장의 지시를 중간에서 왜곡시키거나 무시함으로써 창업 멤버의 권위를 내세우는 일이 생긴다.

그러나 개국공신들이 이해하지 못하는 게 있다. 회사가 커지면 개국 공신 없이도 회사를 이끌 수 있지만 조직적으로 일하는 신진 직원들 없이는 회사가 더 이상 크지 못한다. 사장의 고민은 커지고 결국 회사 전체를 위해 개국공신들을 해고하거나 우대하지 않는 상황에 돌입하게 된다. 이쯤 되면 개국공신들은 자신들이 토사구팽 당한다

생각하고, 사장은 왜 그들이 시스템을 따라오지 않는지 이해할 수 없는 지경이 된다.

내보내려니 미안하고 가지려니 목을 조르는 계륵이 되지만 결국은 이들을 내보내야 회사를 유지할 수 있다는 사실을 깨닫는다. 이 상황에서 반란도 일어나고 착복이나 인격적 모욕을 주고받는 일이 생기기도 한다. 결국 시스템 안으로 들어오지 못하는 개국공신은 내보내야 하는 점에 동의하게 된다. 창업 멤버가 계속 사장과 함께 성장하려면 시스템과 조직 안에서 일하는 방법을 재빨리 습득해야 한다. 그러나 대부분의 개국공신은 개국의 공만 주장하고 계속된 발전에 의미를 두지 않기에 사장과는 숙명적으로 벼랑까지 가기 마련이다.

사장 입장에서 이들의 최대 장점은 충성심이지만 이 충성심에 교육이 따라오지 않으면 곧바로 배신으로 결과가 돌아온다. 교육만이 유일한 해결책이다. 이런 상황을 대비해서 전문교육과 관리자 교육을 시키되, 이를 받아들이면 최고의 협력자이지만 그렇지 못하면 끝내 헤어져야 한다.

세 번째 계곡은 사치다.

자리를 잡고 수입이 지출보다 많아지면 그때부터 여유가 생기기 마련이다. 이제 사장은 노동하지 않고 사업 구상을 하거나 간단한 결재만으로 운영해나갈 수 있는 여유가 생긴다. 차도 바꾸고 집도 바꾸고 골프 친구들도 바꾼다. 사업 구상을 핑계로 해외여행도 다닌다. 벌어놓은 재산으로 집을 사고 차를 산다면 크게 문제가 없다. 그러나 체면을 이유로 현재 수입이 앞으로도 계속될 거라는 가정하에 융자를 받기 시작하면 문제가 커진다. 이 습성은 사업이 더 커져도 사라지지 않는다. 사업이 커질수록 점점 집도 커지고 차도 비싸지기 때문에 융자 금액도 커지기 마련이다.

무리해 사치한다는 것은 자기 자신이 남들보다 초라하다고 생각하거나 열등의식에서 나오는 행동이다. 내가 아무리 돈을 벌어도 나보다 부자는 항상 있다. 사치로 자신의 열등감이 치유될 수는 없다. 마음껏 사치할 수 있는 사람이 사치하지 않는 것처럼 멋진 것은 없다. 단지 궁상스럽지만 않으면 된다.

네 번째 낭떠러지는 명예다.

재산을 얻으면 명예도 얻고 싶은 것이 사람이다. 그런데 재산은 벌면 되지만 명예는 쉽게 얻을 수 있는 것이 아니다. 하지만 시중에는 돈으로 살 수 있는 명예가 몇 개 있다. 동창회 회장, 향우회 회장, 각종 대학의 최고위 과정 동문회장, 동우회 회장, 협회 임원, 정부 기관의 관변 조직장 등이 바로 그것이다.

일부는 대놓고 선출직 자리를 꿈꾸기도 한다. 동문회장이나 기수회장이라는 타이틀을 갖고 회장님 소리를 듣는 대가로 1,000만 원, 2,000만 원씩 찬조금을 내고 손바닥만 한 감사패를 하나씩 받이다가 사무실에 늘려가는 재미로 명예를 쌓는다고 생각한다. 한쪽에서는 호구 소리를 듣지만 깍듯이 회장님이라고 부르는 후배들이 예쁘기만 하다

조금 점잖은 사람들은 유명한 사람이나 더 큰 회사 사장, 또는 국회

의원, 장관들과 친분을 쌓는다. 자신과 그들이 동급이라는 착각을 하며 아랫사람들이나 친구들을 만나 허풍떨기 시작한다.

여기서부터 보통 가족과 사이가 틀어진다. 어려운 길을 함께한 가족을 방관한 채 항상 밖으로 바쁘기 때문이다. 사업을 위해 인맥을 쌓는 일이라고 하지만 말과는 달리 사업은 후퇴하기 시작한다.

사장이 사업보다 외부 일에 관심을 더 두기 때문에 직원들은 경계심을 풀어버리고 월급만 나오면 된다고 생각한다. 좋은 직원들은 이때부터 이직할 궁리를 시작한다. 이때 신흥 경쟁자가 자신을 거의 따라잡는 일도 발생한다.

이런 것들은 모두 사업가의 명예가 아니다. 사업가에게 가장 큰 명예는 가장이 사업을 시작하게 돼 가족들이 느꼈던 불안감을 평생 다시 느끼지 않도록 만드는 일이다. 가족의 미래를 완벽하게 책임지고 그 책임을 끝까지 유지하는 것이다. 사업가의 명예란 직원들의 급여를 늦지 않게 주고 개개인을 성장시키고 사회에 더 많은 일자리를 만드는 것이다. 이것만이 사업가로서 가족과 직원, 사회로부터 받는 가장 큰 명예다. 감사패나 위촉장은 당신을 부끄럽게 한다는 사실을 깨달아야 한다.

다섯 번째 고개는 자신을 사업하는 경우다.

이 고개를 넘어야 중소기업에서 중견기업으로 올라간다. 이를 잘 유지하면 대기업으로 가기도 한다. 사업이 일정 규모를 넘어서 직원들의 이름을 모두 외우지 못할 정도가 되고 상장사에 버금가는 이익을 만들기 시작하면 생기는 문제다. 이때부터 경영자는 사업을 위한 사업이 아니라 사업가들 사이에 사업가로 알려지고 싶은 욕구가 생긴다. 경쟁사보다 더 큰 사옥을 짓고 근사한 사장실을 만든다. 해외에는 지사를 만들거나 매장을 오픈한다. 상징적 의미로 회사의 성장을 표현해 보고 싶은 욕구가 실익보다 앞서기 때문이다.

투자라는 명분을 앞세우고 이익이 나오지 않을 뻔한 일을, 마치 앞날을 내다보는 눈이라도 가진 듯 실행한다. 명함에 홍콩지사나 미국지사 주소도 박아 넣는다. 다국적 기업의 브랜드를 단박에 이길 듯이 호기로운 신문 인터뷰도 한다. 관련 잡지에 팔짱을 끼고 부드러운 듯 위엄 있는 표지 모델로 출연도 한다. 잡지가 나오면 한 500부쯤 선물용이라는 핑계로 구매해 홍보용으로 가져다 놓지만 가족 몇몇 이외는 막상 돌릴 만한 곳도 없어 창고 귀퉁이에 쌓아놓게 된다.

이쯤 되면 사업을 위해 일을 하는 것이 아니라 다른 사업가들과 비교우위에 서고 싶거나 친구들에게 자랑용으로 사업을 한다고 봐야 한다. 여기까지가 그의 그릇이다.

잘나가던 사업체라도 오너의 인터뷰 출연이 많거나 자기 능력을 자랑하기 위해 사업을 벌이는 사람들은 몇 년 후 대부분 소리 없이 사라진다.

사업은 지극히 현실이다. 이 현실에서 한 발만 잘못 나가면 사업체는 사라지고 만다. 체면이나 위세를 위해 사업을 하지 말라. 얼마나 어렵게 걸어온 길이며 얼마나 힘들게 세운 사업체인가!

이렇게 다섯 번의 계곡과 낭떠러지와 고개를 넘고 나서야 한 세대를 이어갈 사업체를 얻을 수 있다. 사업은 끊임없는 공부와 자각을 통해 성장한다. 하나의 사업체를 이루기 위해 가난과 모욕과 육체적 고생과 원형탈모를 모두 견뎌냈다. 그렇게 힘들게 만들어놓은 회사를 고작 사치나 감사패 때문에 날릴 수는 없다. 모두들 정상까지 조금 더 힘내기를 바란다.

012
개국 공신의 반란, 그리고 토사구팽

명 태조 주원장朱元璋은 홍무洪武 13년에서 26년까지 14년 동안 명나라 초기 개국 공신을 거의 모두 주살한다. 연루돼 피살된 자가 45,000명에 이른다. 명 왕조 개국 황제 주원장은 빈민 출신이었다. 어려서 황각사皇覺寺에 들어가 승려가 됐고 나중에 농민군 중에 가장 큰 홍건군紅巾軍에 들어가 장수의 눈에 띄어 결혼도 했다. 결국 홍건군을 통합하고 이끌어 중국 천하를 얻었다.

주원장이 황제가 된 후 개국 공신들 모두에게 관직을 하사했다. 그런데 승상이 된 호유용은 권력을 남용하고 신하들과 백성들의 생사여탈권을 맘대로 휘두르고 황제에게 올리는 상소를 제멋대로 읽고 독단적으로 처리하며 자신에게 불리한 상소는 은닉해 보고하지 않았다. 조정에 개인 세력을 키웠으며 군인들을 자기편으로 끌어들였다. 그렇게 그의 문하에는 막강한 정치 그룹이 형성됐다.

결국 주원장은 좌승상 호유용을 주살하고 호유용과 긴밀하게 왕래했던 관원들의 가산을 몰수하고 멸족시켰다. 이후, 공신인 이선장과 가속 70여 명 모두 죽였고 이성異姓 공후 가족들 모두 극형에 처했다. 유명한 유학자며 문학가이 송렴宋濂을 비롯해 10여 년 동안 처형 시킨 자가 왕공과 귀족 30,000명에 이른다. 그 외에도 개국공신 남옥, 조카 주문정朱文正, 제1공신 서달도 모두 처단했다. 개국공신 중 살아남은 자는 일찍이 하직하고 고향으로 돌아간 탕화湯和 뿐이었다.

주원장은 왜 이렇게 많은 개국 공신을 처형 했을까? 이들 대부분이 모반을 빌미로 처형됐으나 실상은 황권을 공고히 하기 위한 것이었다. 주원장은 중국에서 유일한 빈민 출신 황제였다. 바닥에서부터 자수성가한 사람이다. 황제가 되기 전에 주원장은 같이 농민운동을 하던 친구들과 땅바닥에서 같이 자며 허물없이 동등하게 지냈다. 그런데 황제가 된 후에는 나라를 다스리기 위해 권력과 위엄을 가져야 했다. 그런 주원장 앞에 친구들은 이제 방해가 될 뿐이었다. 위에서 모범을 보이지 않으니 다른 신하들을 통솔할 수 없었고 국가의 틀을 유지할 수 없었던 것이다.

친구들은 주원장 앞에서 무릎을 꿇고 신하의 예를 보이는 것에 익숙하지 않았다. 그들은 주원장과 권력을 나눠 갖기를 바랐고 나름 지분이 있다고 생각해서 스스로 정치를 하거나, 주원장의 지시나 명령을 무시했다. 황제에게 가는 정보를 왜곡시키고 자신들에게 이익이 되는 방향으로 조작해 국가보다 개인을 돌보기 시작한 것이다. 친구가 황제가 되었으니 무서울 것이 없던 것이다.

결국 주원장의 입장에서는 이들 덕분에 나라를 얻었지만 이들 때문에 나라가 서지 않을 것을 알았다. 때문에 모두 처단하게 된 것이다.

원나라를 뒤엎고 명나라를 탄생시킨 명태조 주원장의 이야기를,

주원장 입장에서 보면 개국 공신의 반란을 처리한 것이지만 신하들 입장에서 보면 토사구팽 당한 것이다.

새로운 국가를 만들 때는 함께 생사고락을 같이 했지만 나라가 만들어지면 서로의 관점과 이익이 충돌하기 마련이다. 회사도 나라와 똑같다. 창업 초기에는 함께 짜장면을 나눠 먹으며 회사에서 같이 잠도 자고 회사를 키웠지만 회사가 자리를 잡고 형태가 나오고 이익이 나오기 시작하면 사장과 직원은 관점과 이익이 충돌한다. 개국 공신들은 사장 앞에서 예를 지키지도 않고 절차나 시스템도 무시하며 나름대로 지분이 있다고 생각한다. 지나친 간섭이나 도를 넘은 관여를 하고 사장에게 가는 정보도 차단한다. 사장의 지시를 자기들 맘대로 함부로 하고 회사의 이익보다 사적인 이익을 추구하는 데 관심을 두게 된다. 아래 직원들에게 자신들이 이 회사를 실제로 키운 무용담을 자랑하고 패거리를 만들기 시작한다. 친구가 사장이니 함부로 해고할 것을 염려하지 않고 누구에게 혼날 일도, 눈치 볼 일도 없는 직장 생활을 하는 것이다. 보상을 줘도 심드렁하고 혼을 내도 겁먹지 않는 상태가 이어진다.

그러다 보니 점차 사장과 독대가 줄어들고 가능하면 얼굴을 보지 않으려 하고 서로 무슨 일을 하는지 모르는 상황까지 치닫게 된다. 차라리 이들이 나갔으면 좋겠지만, 지분이라도 떼어주거나 한몫 단단히 챙겨주지 않으면 나가려 하지도 않는다. 이렇게 긴장감은 계속 쌓여간다.

현재 이 상황에 처해있는 사장이라면 결론부터 말하겠다. 주원장 한 명을 수만 명의 신하들이 이길 수 없었던 것처럼 직원들은 결국 사장을 이기지 못한다. 그들이 원하는 것을 아무것도 주지 않아도 결국 일은 처리할 수 있다. 단지, 이 일을 처리하겠다고 마음먹는 일이 힘들 뿐이다.

왜냐하면 그 개국 공신들은 대부분 가장 친한 친구이거나 심지어 가족일 수 있기 때문이다. 심지어 해고하면 집에 와서 애들하고 같이 소파에 앉아 있는 배우자일 수도 있다. 더구나 사업 초기의 세금 문제나 도덕적 문제로 약점이라도 있다면, 감옥에 가거나 사회적 매장을 당할 수도 있고 설령 그 정도까지는 아니라도 친구들 그룹이나 가족 안에서 비열한 사람으로 낙인찍힐 수 있기 때문이다.

그러니 아직 이런 일이 발생하지 않은 사장이라면 민사법이라면 몰라도 절대로 형사법에 저촉될 일은 하면 안 된다. 최소한 감옥에 가는 일은 없어야 하기 때문이다. 하지만 용기는 여기서 멈추면 안 된다. 만약 이 반란을 제압하기 위해 감옥에 가야 할 일이 있다면 갔다 올 생각까지 해야 결국 해결된다.

개국 공신의 반란은 결국 일어나게 돼 있다. 나는 개국 공신들의 반란이 일어나지 않은 회사를 보지 못했다. 아직 일어나지 않은 회사가 있을 뿐이다. 따라서 이 상황을 처리할 용기와 배짱을 지녀야 한다. 나는 어떻게 이 상황을 처리하라고 그 방법을 말할 수 없다. 그러나

이 일이 반드시 있을 것이기 때문에 미리 신상 정리를 잘하면 그 반란의 정도가 약하거나 처리가 쉽다는 것은 알려줄 수 있다.

일어나는 시기는 직원들 숫자로 봤을 때 빠르게는 20여 명부터 시작하고 대부분 50명 내외에서 발생한다. 그 이유는 이때가 회사가 생존에서 벗어나 번영으로 가는 시기이기 때문이다. 다행히 50명 이상부터는 점차 그 확률이 급격히 줄어든다. 그래서 결론은 이렇다.

1) 개국공신의 반란은 반드시 일어난다.

2) 감옥에 가거나 회사가 쪼개지더라도 반드시 처리하라.

　처리하지 않으면 회사는 어차피 망한다.

3) 처리 후에 회사는 급격히 성장한다.

　명령체계가 작동하고 시스템이 사장 중심으로 구축되기 때문이다.

013
사업이 망해가는 12가지 징조

전작『생각의 비밀』에서 7년 전에 쓴 내용이지만 여전히 관점의 차이가 없어 몇몇 단어를 제외하고는 거의 수정 없이 옮겨 놓을까 한다. 2015년 이후에도 여전히 여러 사업가를 만났지만 시대의 변화와 거의 상관없이 망해가는 회사에는 망해가는 징조가 미리 나타난다. 실제 사업은 장기간의 매출 감소나 신규 고객의 유입 감소, 높은 이직률, 혁신의 부족, 열악한 재무관리, 부족한 고객 서비스, 명확한 비전이나 전략 부족, 단일 제품 의존성 그리고 법적 소송들이 외부적으로는 실패 요인으로 나타난다. 그러나 이런 일들이 생기기 전에 나타나는 징조가 있다. 이 징조들은 사업가의 경영 태도 안에 모두 들어 있다.

나는 사장들이 아래와 같은 행동이나 상황에 놓이면 지금도 여전히 주의하도록 가르친다. 대부분은 그동안 회사를 잘 키워놓고도 방향성을 놓쳤거나, 성장이 이어지지 않거나, 혹은 단순히 흥미를 잃기 때문이다. 정신적으로 지쳐서 도피하려는 사장들도 있다. 자신이나 혹은 투자한 회사의 이해 관계가 다음 상황에 해당하는지 살펴보기 바란다.

1. 정치인이나 기자들의 도움을 받아 사업체를 키우고 싶어 할 때.

정치인이나 신문기자들은 불가근불가원의 기준을 가져야 한다. 정상적이지 않은 힘에 기대어 어떻게라도 한 번에 사업을 키우려는 태도는 결국 끝나게 돼 있다.

2. 하급 직원들에게 업무 지시나 업무 확인이 눈에 띄게 줄 때.

이런 경우는 매우 심각한 상황이다. 지시를 내리고 관리할 사람이 사라진 경우다.

3. 사장이 어디 있는지 직원들이 자주 모를 때.

여자를 만나거나, 도박을 하거나, 사업이 더 이상 살아남을 수 없다고 생각되는 상황이다.

4. 고급 취미에 관심을 갖고 그림, 자동차, 정원수 등과 같은 것에 빠질 때.

스스로 사업가가 아니라 고상한 인물이 되려 하나 사업도 지키고 고상함도 지킬 수 있는 경우는 그다지 많지 않다. 특히 자수성가한 사람이 이러면 2대까지 갈 수도 없다.

5. 연예인, 정부 고위 관료, 정치인들과 어울리기 시작하고 그것을 자랑할 때.

자신의 가치를 그런 유명인과 동일선상으로 높이고 싶은 마음이지만 들어가는 돈에 비해 이득이 없다. 가장 부실한 투자 중 하나다.

6. 사장 주변에 새로 사귄 친구들이 안내도 받지 않고 회사를 들락 거릴 때.

회사 내 정규 라인이 사라지면 이렇게 된다. 직원의 권위가 존중 되지 않고 이런 사장 친구들이 늘어나면 직원들에게 지시하는 친구들도 생긴다.

7. 사장이 사장직을 전문 경영인으로 대신하고 회장이나 다른 타이 틀을 모으러 다닐 때.

경영보다 타이틀에 관심을 가진 사람이 다시 경영으로 돌아오 려면 한번 망해야 가능하다.

8. 신문이나 잡지에 팔짱을 끼고 찍은 사진이 나오거나 방송 출연 이 잦아질 때.

세상에 나를 자랑하고 싶거나 동창들에게 칭찬 전화를 받고 싶 은 마음이 커질수록 한때 성공했던 사람으로 남을 가능성이 가 장 크다.

9. 경쟁자들을 얕보고 공공연히 무시할 때.

경쟁자를 무시하는 것은 자기 사업의 산업 자체를 욕하는 것과 같다. 그 산업에 애정이 사라지면 사업도 사라진다.

10. 가족이라는 이유로 요직에 들어오고 임원 자리에 측근들이 가

득 찰 때.

가족과 측근이 많아지면 유능한 직원은 미리 포기하고 나간다.
머리는 엄청나게 크지만 허리도 다리도 없는 이상한 동물들은
결국 죽고 만다.

11. 과식과 폭식하는 습관을 계속 버리지 못할 때.
이런 습성은 건강을 해치고 맑은 생각을 결코 갖지 못하게 한
다. 판단할 머리도 일할 몸도 사라진다. 하늘도 이런 사람은 돕
지 않는다. 세상을 함부로 대했기 때문이다.

12. 기부 금액이 늘어나고 상패와 위촉장이 한쪽 벽을 넘겼을 때.
회사를 위해서가 아니라 개인의 영달을 위해 회사를 이용하는
경우다. 이럴 때 회사는 사장도 버린다.

014
진짜 부자가 되는 4가지 능력

이제 버는 것으로 부자가 되는 시대는 끝났다. 나는 전작 『돈의 속성』에서 이 문제를 설명하기 위해 돈을 다루는 4가지 능력에 대해 설명한 적이 있다. 이 4가지는 돈을 버는 능력, 모으는 능력, 유지하는 능력, 쓰는 능력이라고 했다. 사업가도 아무리 많은 돈을 벌어도 이 4가지 능력 중에 하나라도 모자라면 부를 유지하거나 대를 이어 자산을 상속해 줄 수 없다. 다행히 이 교훈이 널리 인용되고 알려져서 많은 사람이 공감하고 인식하게 되어 기쁘다. 이 책에서는 경영자의 입장에서 이 4가지 능력의 실용 가치를 돌아보고자 한다.

사장의 버는 능력은 사업의 기초 핵심이다. 즉 사업가는 돈을 벌어야 한다. 자신이 무슨 사업을 하든 지금 세금을 내고 있고 직원의 급여를 주고 가족을 부양 하는 사람은 이익 창출이 첫 번째 목적이어야 한다. 심지어 의료업, 교육업, 예술 문화산업 등과 같이 공적 가치가 존재하는 사업들도 모두 이익을 낼 수 있어야 한다.

환자 입장에서는 의사가 돈을 벌지 못해 망하는 병원보다, 돈을 많이 벌어 병원을 유지하고 있는 것이 낫기 때문이다. 왜 교육 사업자는 돈을 벌면 지나치다고 말할까? 효과적인 학습으로 시간을 줄이고 지식을 늘려주는 것은 경제적 가치가 분명히 있다. 사업가라면 소비자를 속이거나 사기를 치지 말고 세상에 편의를 제공함으로써 얻는 모든 이익을 자랑스럽게 생각해도 좋다. 세상에 존재할만한 가치 있는 제품과 서비스를 만들라. 그리고 그 대가는 당연히 쟁취해야 한다.

　　그러나 많이 버는 것으로 자산은 모이지 않는다. 돈을 모으는 능력이 있어야 한다. 돈을 모으는 능력의 핵심은 관리 능력이다. 벌어 놓은 돈을 어떻게 관리하느냐에 따라 돈이 흩어지지 않고 쌓이게 된다. 재고관리를 소홀히 하면 잔돈들이 빠져나가고 회계, 세금 관리를 소홀히 하면 큰돈들이 몰려 나가고, 재정관리를 못 하면 분명히 벌기는 버는 것 같은데 통장에 돈이 보이지 않는 희한한 일이 발생한다. 영수증 관리, 암호 관리, 열쇠 관리 같은 사소한 일부터 금융 상식, 회계 공부도 게을리하면 안 된다. 이런 것을 잘하는 능력을 모으는 능력이라고 표현한다.

　　돈을 유지하는 능력은 모으는 능력이 뭉쳐놓은 돈을 지키는 능력이다. 지키기가 가장 쉬워 보이지만 가장 어려운 일이다. 사람들은 지키기 위한 돈을 가져본 적이 없었어서 그 일이 쉬운 일이라고 짐작한다. 그러나 자산가들은 지키는 것이 더 힘든 일이라는 사실을 잘 알고 있다. 그래서 부자들은 재산 증식보다 지키는 것에 더 많은 시간을 들인다. 이 능력은 버는 능력이나 모으는 능력과는 전혀 별개의 능력이다.

경영자들은 성향상 수비보다 공격이 능하다. 상대적으로 버는 것은 잘하는데 지키는 것은 약하다. 그래서 순식간에 번 것을 잃기도 한다. 유지를 잘하면 일단 지금부터는 다시 가난해지는 일은 없다.

마지막으로 필요한 능력은 돈을 쓰는 능력이다. 돈은 써야 들어온다. 대신 그럴만한 일에 써야 들어온다. 돈을 너무 안 쓰면 가둬 놓은 연못처럼 썩기 마련이다. 흘러보내야 새로 들어온다. 물을 가두고 물을 계속 모으면 결국 연못이 넘치고 둑이 무너져 버린다.

사업가는 이 4가지 능력이 각기 다른 능력이고 각기 다른 공부라는 것을 분명히 이해해야 한다. 이를 소홀히 하면 그동안의 모든 노력과 고생이 허망하게 사라질 수 있다.

우리는 한때 부자가 되고 싶어 사업을 하는 것이 아니다. 우리는 평생 부자로 살다가 후손들까지 부자로 살기를 바라는 마음을 가진 부자 1세대 시조다. 시조라면 이 4가지를 항상 기억하고 자녀에게 가르쳐야 한다.

015
내가 괜찮은 사장이 돼 가는지
알 수 있는 몇 가지 징조들

직원들에 대한 기대가 줄어든다. 그들은 나와 다른 삶의 가치, 삶의 방식이 있다는 것을 인정하고 '나처럼 일할 사람은 없다'는 것을 알게 된다. 나처럼 일하는 사람은 이미 퇴사해서 나처럼 창업했을 것이기 때문이다.

• 쉬는 것에 대한 죄책감이 사라졌다.
  조급함과 부지런함으로 절대로 대체되지 않는 것이 있다는 것을 배웠다. 건강이나 휴식이 결과적으로는 좋은 경영이다. 그래서 여행과 휴가를 정기적으로 즐긴다.

• 나보다 어린 사람도 존중하고 리더로 모실 수 있다.
  나이가 경험의 모든 것이 아니라는 것을 배웠다. 농경시대가 아닌 이상, 현대 경험은 축적되어 오는 것이 아니라 먼저 찾는 사람이 선배다.

• 한때 잘나갔던 선배들을 존경하게 됐다.
  아무리 그래도 세월이 주는 연륜에서 얻을 수밖에 없는 것들이 아직도 수없이 많기 때문이다.

• 세금 내는 것이 아깝지 않다.

　많이 내면 자랑스럽다. 내 세금이 잘 쓰이기 바라고 나에게 이익
이 되는 방향으로 정책과 세금을 사용하는 정당에 투표한다.

• 진지한 대화를 하는 자리와 사람들이 좋다.

　허풍스럽고 왁자지껄하고 시끄러운 소리가 싫어졌다. 차를 마
시고 커피를 마시며 서로 대화를 주고받는 친구들 사이에 있는
것이 행복하다.

• 직원들의 대화에서 듣는다.

　더 이상 내가 말을 많이 하지 않는다. 사장님 한 말씀, 혹은 건배
사 같은 것을 대우받는다고 느끼지 않는다.

• 단체 사진의 가운데에 서지 않는다.

　고생한 팀원들이나 공로가 있는 사람들을 가운데로 보내고 한쪽
끝에 선다. 직원들 전체와 내가 어깨동무하는 느낌으로 서 있게
된다.

• 성공하면 직원들 공으로 돌리고, 실패하면 내가 책임진다.

　가장 많은 급여를 받는 자의 당연한 의무이자 책임으로 생각한다.

• 혼자 밥 먹는 것에 대해 서운해하지 않는다.

  사내에서 왕따가 되어도 외로워하지 않는다. 아무도 나를 어려
  워하지 않고 누구나 나와 함께 식사를 같이하는 조직이라면 언
  젠가 모두 함께 밥을 굶을 수도 있는 것을 알고 있기 때문에 자
  연스럽게 받아들인다.

016
충고를 무시해야 할 때

경험상 사업가는 충고를 들어야 할 때보다 충고를 무시해야 할 때가 더 많다. 모두 충고라는 명분이 있지만 사실은 참견, 비난, 의견, 잘난 척, 무시도 충고라는 가면을 쓰고 있다. 그래서 사업가들은 고집이 있어야 한다. 이 고집은 자기의 명확한 가치 기준을 만들고 그 기준을 지키겠다는 의지다. 이런 기질을 두고 '고집이 세다'라며 나쁘게 부른다. 그러나 사업가는 고집 세서 성공한 사람은 있어도 충고를 받을 때마다 의견을 바꾸면서 회사를 키운 사람은 없다.

그래서 귀가 얇은 사람은 사업을 하면 안 된다. 음식점 하나를 해도 고집이 있어야 한다. 자신이 맛이 있다고 생각하면 누가 무슨 말을 해도 밀고 나가야 한다. 가족이나 친구를 불러서 맛이 어떤지 물어볼 필요도 없다. 그런 충고들은 듣기 좋은 소리거나 주관적인 관점이다. 누구는 짜다, 누구는 달다, 하는 소리에 매번 맛을 바꾸는 일은 가장 빨리 망하는 길이다. 본인이 옳다고 생각하면 소비자의 전반적 평가로 개선해야 한다. 사업은 평균을 구하거나 다수결로 결정하는 것이 아니다. 그래서 사업가의 고집은 선이다.

그런데 사업가의 고집이 장점으로 나타나려면 몇 가지 조건이 있다. 일단 분야에 대한 확고한 주관이 있어야 한다. 한 사람의 전문가가 아닌 여러 전문가의 의견을 교차 확인하는 버릇도 있어야 한다. 남의 비난이나 평가에 감정이 상하지 않아야 가능하다. 그러니 고집을 부리기 위해 화를 내는 경우가 생기면 안 된다. 화를 내는 고집은 주변 사람들의 창의성을 말살하기 때문이다.

특히 고집을 부리는 이유가 우월감이 아닌, 이성적 판단에 기준 해야한다. 철저하게 현실에 기반을 두고 내가 하고 싶은 그 일을 이루겠다는 생산적 고집이어야 한다. 만약 판단이 틀렸으면 사과하고 인정할 수 있어야 한다. 그래야 다음에도 고집을 피울 수 있다.

사업적 고집과 개인적 고집은 구분해야 한다. 친구들이 모두 한식당에 가자는데 혼자 중식을 먹겠다고 버티는 것은 고집이 아니라 배려나 사회생활을 모르는 것이다. 하지만 다음과 같은 경우의 충고는 당연히 무시해도 좋다.

예를 들어 그 충고가 나의 가치나 신념에 반하는 경우다. 개인적 가치나 신념과 상충하는 경우, 충고를 무시하고 자신의 판단을 따르는 것이 가장 좋다. 또한 특정 상황과 관련 없는 충고도 도움이 되지 않거나 실용적이지 않을 수 있다. 이 경우 아무리 대단한 사람이 내린 충고라도 무시하고 자신에게 맞는 솔루션을 찾아야 한다. 충고를 하는 사람이 당신이 신뢰하거나 존경하는 사람이 아니라면 충고를 무시하고 당신이 신뢰하는 사람의 지도를 구하는 것이 최선이다. 이렇게 충고에 대해 독립적 사고를 가지려면 자기 주관과 고집이 있어야 한다. 이런 고집이 남과 다른 나의 모습을 비로소 구현해 낸다.

사업은 남과 내가 다르기 때문에 성공하는 것이다. 사업은 보편적 결정이 아닌, 특이 결정이 많다. 그러니 남들의 충고를 귀담아들으면 그런 특성이 나올 수가 없다. 결국 평균적 결정만 하게 된다. 그래서 당신이 요청하지 않은 모든 충고는 무시해도 좋다. 이것은 경영자의 특권이다.

017
아내의 절대적 지지를 얻는 법

회계를 배울 때 자산은 자본과 부채의 합이라고 배운다. 자본이 자산인 것은 알겠는데 부채를 왜 자산이라고 표현하는지 이해를 못하는 사람이 많다. 결국 부채는 빚인데, '빚이 자산일 리가 없다'고 생각하기 때문이다.

재무상태표에서 자산 = 자본 + 부채가 될 수 있는 것은 부채가 생산 활동에 쓰이기 때문이다. 이것으로 회사 안으로 현금이 유입된다면 이것은 부채라도 자산이 되기 때문이다. 즉 회사의 자산이란 현금흐름을 만들어 내는 모든 재산을 뜻한다. 그래서 부채도 생산 활동을 통해 현금흐름을 만들어내기 때문에 자산으로 받아주는 것이다.

그런데 한 개인이 사업을 하기 위해서도 이러한, 자산 = 자본 + 부채의 공식이 있다. 개인이 사업을 하려면 금융자본Financial Capital과 정신력 자본Mental Capital이 합쳐진 자본이 있어야 하며 융자금과 배우자가족의 지지라는 부채 자본이 필요하다.

이것을 공식화하면 개인사업 자산 = 자본Financial Capital, Mental Capital + 융자금, 배우자가족의 지지로 표기된다. 이들 중에 가장 중요한 자본은 정신력 자본Mental Capital과 배우자가족의 지지다. 이 둘 중에 더 큰 자본이라면 '배우자가족의 지지'라고 볼 수 있다. 사업은 아무리 개인이 뛰어난 재능을 보여도 결국 패밀리 비즈니스다. 가족, 특히 배우자의 지지 없이는 사업을 이뤄내기란 절대 쉽지 않다.

나는 특별히 집에서 가정을 돌보는 아내를 둔 남성 사업가 제자들에게는 아내의 지지를 얻기 위해 반드시 3가지를 하라고 가르친다. 그 첫 번째는 생활비를 정기적으로 일정한 날에 주는 것이다. 사업가를 남편으로 둔 아내들의 가장 큰 불안감은 불규칙한 수입에서 온다. '필요하면 언제든지 말해~'라는 말은 가장 하지 말아야 할 말이다.

설령 언제든 달라는 대로 줬다 해도, 아내의 불안감은 정기적으로 매월 같은 날 받는 것만 못하다. 또한 아내 입장에서는 남편이 고생하고 노력하는 것을 알면서도 매번 청구하듯 요구하는 것에 모멸감을 느낄 수 있다. 심지어 이걸 무슨 문제라고 단어로 딱 잘라 말할 수 없어도 매번 생활비를 받을 때마다 감사와 모멸이 함께 생겨나서 불만이 어디서 생겼는지 그 근원조차 모르는 경우도 있다. 정기적으로 정해진 날 하루도 늦지 않고 생활비가 나가는 순간, 이 모든 문제가 해결된다.

두 번째는 아내에게 배당을 주는 일이다. 회사의 명의가 본인에게 있고 아내가 회사에 한 번도 나오지 않아도 아내에게 회사 이익의 배당을 주어야 한다. 아내가 가정을 맡아주었기에 사업에 몰두할 수 있었던 것이고 사업체 자체가 가족의 공동 운명체이기 때문이다. 즉 아내에게 지분 50%가 있다고 인정해야 한다. 사업의 성장 규모에 따라 해마다 혹은 분기마다 회사 이익의 배당을 아내에게 보내야 한다. 이것은 당사자에게도 좋은 일이다.

그 집안의 자산이라는 것은 회사 통장에 있는 돈이 아니다. 배우자에게 옮겨진 돈이야말로 진정한 그 집안의 자산이다. 이런 방식을 통해서라도 집안의 재산을 늘려야 한다. 그렇지 않으면 매번 이익금을 모두 재투자하면서 사업체만 키우다가 어느 날 위험해지면 다시 바닥을 맛보기도 하기 때문이다. 아내에게 배당을 주는 일이야말로 진정한 리스크 관리다. 동시에 아내를 사업 파트너로 동등하게 인정한다는 의미를 실체적으로 전달할 방법이다. 아내가 사치하지 않는 사람이고, 헤어질 이유가 없다면 반드시 배당을 점점 늘려가며 결국 50%까지 줄 것을 권한다. 나머지 50%는 회사에 재투자하든, 잉여자본으로 남기든 마음대로 해도 좋다. 만약에 사업이 다시 어려워지면 그때 아내에게 든 보험을 다시 사용할 수 있기에 서로에게 좋은 일이다.

세 번째는 아내에게 휴가를 주는 일이다. 아이들 키우고 집안 살림을 한다는 것은 사업 못지않은 노동이며 정신적 피로감을 갖는 일이다. 당신이 만약 18년간 한 번도 휴가를 못 가는 직장에 취직해 있다면 어떤 마음일지 상상해 보기 바란다. 더구나 그 일이 어렵다는 표정만 지어도, 불량직원이라는 낙인이라도 붙는다면 붙어 있는 직원이 단 한 명도 없을 것이다. 아이를 키우는 엄마는 아이가 대학에 갈 때까지 단 한 번도 휴가를 얻지 못하는 경우가 태반이다. 내가 말하는 휴가는 가족 휴가는 포함되지 않는다. 주부에게 가족 휴가란 업무의 연장일 뿐이다. 특히 어른들과 함께하는 휴가는 단지 출장근무일뿐이다. 아내 혼자, 혹은 아내의 친구들, 형제들과 함께 마음껏 쓸 수 있는 휴가를 일 년 혹은 분기에 며칠이라도 보내줘야 한다. 아이나 남편의 전화를 받지 않고 하루라도 쉴 수 있는 휴가를 받는 것에 대한 의미는 대단할 수 있다. 남편이 아내의 일을 존중한다는 뜻이고 아내로서만이 아닌 한 인간으로서 대우한다는 의미를 포함하고 있다.

이 세 가지만 잘 지키면 사업가는 자산 중에서 가장 큰 자산인 배우자의 지지를 무한대로 받을 수 있다. 이 자산에 기반을 둘 때 위대한 기업을 만들어 낼 수 있다. 유명한 기업인 뒤에는 그에 걸맞은 아내들이 대부분 존재한다. 설령 아내나 가족의 지지 없이 회사를 키워냈다 한들 무슨 보람이 있겠는가? 사회에서의 어떤 칭찬도 가족의 칭찬을 대신 할 수 없다. 세상의 영웅이 되려 하지 말고 가까운 가족에게 먼저 영웅이 돼라. 그것이 진정한 영웅의 모습이다.

018
문자로 질문 혹은 요청할 때 주의할 것 6가지

1. 한 번에 한 개씩 요청하거나 질문하라.

    연관성 없는 질문을 여러 개 하지 마라. 여러 개의 질문을 하면 모든 질문이 무시되거나, 답을 받지 못한 질문이 생길 수밖에 없다.

2. 너무 광범위하거나 모호한 질문을 하지 마라.

    질문을 받는 사람이 질문에 대한 답을 어디서부터 시작해야 할지 모를 수 있다. 질문을 받는 사람이 질문의 목적을 이해하는 데 도움이 되는 필요한 상황 또는 배경 정보를 제공해야 한다. 질문의 목적을 유추해야 알 수 있는 모든 질문은 좋지 않다.

3. 예의 바르게 행동하라.

    앞뒤 없는 부탁, 막무가내 요청, 아무거나 묻는 태도는 부정적인 감정이나 분개로 이어질 수 있다. 항상 공손한 언어를 사용하고 문자에서도 예의를 잊지 말라. 정중한 언어를 사용하고 대화 상대를 존중하는 것이 중요하다

4. 요청에 대한 이유나 설명을 제공하라.

요청에 대한 이유나 설명을 제공하면 상대가 당신의 관점을 이해하는 데 도움이 되고 요청을 이행할 가능성이 높아진다.

5. 요청이 완료되면 피드백을 하라.

요청했던 건이 잘 마무리되었다는 감사나 관점에 대한 피드백하라. 상대가 향후 당신의 요구 사항과 선호 사항을 더 잘 이해하는 데 도움이 될 수 있다. 성실하다는 인상도 준다.

6. 적절한 문법과 철자를 사용하라.

오타는 당신이 생각하는 것보다 당신의 가치를 떨어뜨린다. 메시지를 보내기 전에 반드시 교정하라.

019
회사 스토리 만드는 법

현재 78억 넘는 사람이 지구에 살고 있다. 미국 인구통계국 연구 내용에 따르면 5만 년 전 호모사피엔스가 지구에 출현한 이후, 태어난 총 인구 수는 1,080억 명이다.

이들 중에 나와 똑같은 인생을 산 사람은 단 한 명도 없다. 세상 누구든 그만의 독특한 다른 인생 경험을 갖고 있다. 이 경험 중에 오롯이 나 혼자만의 감성적이고 독특하고 단순하며 남들과 함께 나눌 수 있는 소재가 분명히 있을 것이다. 이것을 찾아 정리하고 기술해서 주변에 나를 나타내는 작업이 반드시 필요하다.

특히 회사는 이런 스토리를 가질 때 비로소 그 회사의 생명력이 생겨난다. 남들과 나를 분리해내는 기능이 이 스토리 안에 있다. 심지어 나라들도 각각의 개국 신화를 갖고 있다. 이 탄생 비화가 너무 강렬해서 실제로 허풍인지, 현실인지, 종교인지 모를 정도로 발전된 스토리가 있는 나라들이 많다. 그리스 로마 신화는 지중해 중심으로 남부유럽 일대의 스토리텔링이고, 이스라엘 지역의 모세오경은 역사적으로 가장 성공한 스토리텔링 중의 하나이며, 이집트, 인도, 고대 페르시아도 자신들의 독특한 스토리텔링이 성공해서 아직까지 우리들에게 기억되는 것이다. 중국 신화를 기록한『산해경』과 일본 신화를 기록한 『코지키』와『일본서기』에 실려 있는 창조신화 역시 한 나라의 스토리텔링이다.

모든 나라는 이처럼 스토리를 갖고 있다. 폴리네시아, 아프리카, 아메리카 인디언, 아즈텍, 잉카, 메소포타미아도 모두 스토리가 있다. 『신 백과사전』이라는 책에는 주인공으로 등장하는 신의 이름이 2,800명이나 있다. 스토리가 없는 나라나 민족은 없다고 봐야 한다. 그것이 있어야 한 나라가, 그리고 민족이 존재할 이유가 생겨나고 남들과 분리되고 스스로를 결속시키기 때문이다.

그렇다면 당신이 만든 회사에는 어떤 스토리가 있는가? 누군가 당신의 회사를 말할 때 덧붙이는 말이 무엇인가? 그 이야기가 독특하고 단순하며 좋은 감정을 느끼게 해야 한다. 독특한 성공 스토리, 창의적인 독창성, 믿을 만한 가치가 담겨 있는 이야기가 당신 회사를 부연설명하게 해줘야 한다.

• 1982년, 텍사스 남부 해안가의 작은 마을 라이크 잭슨은 인구가 3만 명이 채 되지 않는 작은 도시다. 그 도시에서 탄생한 바커스 Buc-ees라는 편의점 매장은 현재 고속도로 길가에 있는 32개의 매장에서 무려 3억 달러의 연간 매출을 올리고 있다. 이들의 표어는 고속도로 빌보드 간판에 가장 잘 나타나 있다. 'Your Throne Awaits. Fabulous Restrooms 왕의 좌석이 기다리고 있습니다. 멋진 화장실' 표어에 걸맞게 그들이 지은 케이티 매장에 가면 남자 화장실

에 소변기 30개, 변기 12개, 그리고 여자 화장실에 변기 28개가 펼쳐져 있다. 가히 왕의 좌석답다. 세상에서 가장 큰 화장실일 것이다. 미국 고속도로 여행 중에 가장 불편한 것이 화장실이다. 주유소에 들러 화장실을 사용하려면 지저분하고 눈치까지 봐야 한다. 하지만 바커스는 최고급 현대식 화장실에서 한 사람이 몇 칸씩 자리를 차지하고 볼 일을 마음껏 볼 수 있는 곳이다. 오줌 싸고 똥 싸는 일이 이렇게 환영 받는 곳은 어디에도 없다.

인간에게 섹스 다음으로 흥미로운 것이 오줌과 똥에 관한 것이다. 바커스 매장은 오줌과 똥에 관한 가장 성공한 스토리텔링으로 미국 고속도로 곳곳을 화장실로 장악해 나가고 있다. 2021년 서비스 공급업체인 신타스는 바커스를 전국에서 가장 깨끗한 공공 휴게소로 선정했다.

• 인-앤-아웃 버거의 유명한 스프레드 레시피는 1948년 이후로 바뀌지 않았다. 1948년에 설립된 이 햄버거 회사의 설립자 해리 스나이더는 매일 아침 현지 육류와 농산물 시장을 방문한다. 신선한 재료를 사는 것을 회사의 기초로 삼아 현재도 냉동보관 물건 없이 신선 재료로만 사업 하는 것으로 스토리가 전해지고 있다. 고객은 이 회사를 말할 때 매장도 깨끗하고 메뉴도 단순하고 재료도 신선하고 가격도 좋은 회사로 표현할 것이다. 이런 스토리는 인-앤-아웃이 음식의 본질에 가장 가까운 회사임은 증명하고 있다. 이 회사 매장이 오픈할 때마다 인근 도로가 막히는 것은 당

연한 일이다.

나 역시 회사를 만들면서, 블루에그 이야기, 백여우 이야기를 회사 스토리로 안착시켰다. 이런 스토리들은 회사가 커지면 커질수록 살아서 퍼져나간다.

이제 당신의 스토리를 회사에 담아라. 무언가 당신을 변화 시킨 기회를 주었거나 변화됐거나 하는 당신만의 사회적 가치의 특이점을 찾아라. 그런 소재가 없다면 당신의 스토리에 그릇이 될 만한 선생이나 기회를 구하라. 그것은 결국 회사 브랜드와 연결되며 회사의 안전망 역할을 하게 될 것이다.

020
내 상품이나 서비스 가격을 정할 때 주의할 점

1. 제일 먼저 생산 비용을 산정해야 한다. 생산 비용에는 자재비용 외에 인건비와 간접비를 포함한 제품 생산 비용을 포함해야 한다. 재화를 제조하거나 용역을 제공하는 과정에서 발생하는 모든 비용은 생산 비용이다. 단순히 제품을 만드는데 들어간 자재비용을 생산 비용으로 오인하지 않아야 한다.

   이런 모든 생산 비용의 합계는 제품 또는 서비스를 생산하는 총비용을 결정하는 데 사용되며, 이것은 판매 가격, 궁극적으로 이윤을 결정하는 데 사용된다.

2. 가격은 제품에 대한 수요 수준에 따라 결정돼야 한다. 시장 수요란 소비자가 특정 기간 주어진 가격 수준에서 구매할 의향과 능력이 있는, 특정 재화나 서비스의 양을 의미한다. 즉, 소비자가 사고 싶어 하는 재화나 서비스의 양과 그 재화나 서비스의 가격 사이의 관계다.

   따라서 시장 수요는 소비자 소득, 취향 및 선호도, 인구 규모와 인구통계, 대체 상품 또는 서비스의 가격, 가용성 같은 요건에 영향 받을 수 있다. 수요가 많으면 가격을 올릴 수 있다. 경쟁자가 없어서 내 상품의 수요가 늘어도 가격을 올릴 수 있다.

3. 내 상품의 가격은 시장에 나와 있는 유사한 제품과 경쟁적이어
야 한다. 유사 제품이 책정한 가격을 중심으로 내 상품의 품질에
따라 가격을 정할 수 있다. 당연히 내 상품의 품질이 떨어지면
경쟁자 제품 가격 이상을 받지 못할 것이다.

4. 상품의 가격은 각각의 고급, 중급 또는 저가형 시장에 따라 시장
소비자가 이해할 적합한 가격이어야 한다. 시장의 대상자들은
그들이 원하는 상품의 가격대를 갖고 있다. 고급 시장이 대상인
데 가격이 너무 싸면 의심할 것이고, 저가 시장에서 너무 비싸면
품질이 좋다는 핑계는 먹히지 않는다. 적정 대상에 맞는 가격대
를 찾아야 한다.

5. 도매 및 소매 마진과 제품 유통 비용을 고려해야 한다. 내 상품
의 주요 유통망에 따른 유통 마진 비용을 보장해 줘야 한다. 특
히 직접 판매까지 하는 경우는, 유통업체의 형태에 따른 각기 다
른 마진을 보장해 줘야 하기에, 직접 판매 상품 가격도 그에 준
해 변동돼야 한다.

상품 가격은 이런 복합적인 요인을 따라 변동성 있게 정해진다. 그
러나 결론적으로 모든 상품 가격은 비즈니스에 합리적인 이익 마진

을 제공할 수 있어야 한다. 산업과 제품마다 가격 책정 전략과 기준이 다르다는 점을 언급할 가치가 있다. 따라서 위에서 언급한 목록이 확정된 목록은 아니지만 회사가 제품 가격을 결정할 때 고려할 수 있는 몇 가지 최소 요소로 가격에 대한 아이디어를 제공할 수 있다.

그러나 이런저런 복잡한 관계를 모두 고려하지 못하는 경우라면 소비자가 가장 좋아하는 가격이 나의 상품 가격일 가능성이 높다. 그래서 소비자가 정한 가격에 내가 제공하는 제품이나 서비스가 이익을 남기고 있는지 역으로 살펴보면 된다.

내가 독점하고 있다고 만 원짜리를 십만 원에 팔 수 있는 것도 아니고, 너무 싸게 팔면 이익이 줄고 다음 가격 변동에 대응할 수 없다. 따라서 싸게 팔지 않으면서 가장 많이 팔 수 있는 가격대를 찾는 것이 가격 정책의 기본이다.

021
모든 비즈니스는 결국 부동산과 금융을 만난다

비즈니스 운영과 성공에 영향을 미칠 수 있는 부동산과 금융 문제는 어느 시점에서든 모든 기업이 직면한다. 물론 동일한 정도로 또는 동일한 방식으로 겪지는 않는다. 그러나 사업이 커지면 커질수록 비즈니스가 부동산과 금융 문제에 영향을 더 받는다. 이것을 설명하기 위해 전작 『돈에 속성』에 써 놓은 글은 다음과 같다.

그 사업이 무엇이든 사업이 성장을 거듭해 동네를 벗어나 큰길에 들어서면 두 사람이 기다릴 것이다. 그 둘은 당신 양쪽에 서서 어깨에 손을 얹고 친하게 지내자고 접근할 것이다. 한 사람은 양복 슈트에 넥타이를 맸고 한 사람은 잠바 차림에 모자를 썼다. 이 두 사람은 서로 경쟁자이자 동시에 동업자다. 이 사람들은 이 바닥의 터줏대감으로, 사업을 더 키우기 위해서는 이 두 사람과 잘 지내야 한다.

이들은 당신의 친구가 될 수도 있고 적이 될 수도 있다. 적이 되면 사업을 더 키우는 일이 쉽지 않다. 친구가 돼도 진짜 친구인지 아닌지는 한참 더 지난 후에나 알게 된다. 양복을 입은 사람은 금융이라 부르고 모자를 쓴 사람은 부동산이라 부른다.

흔히 생산의 3대 요소가 토지, 노동, 자본이라 한다. 농업이 중요시

되던 시절에 나온 이론으로 현대식 생산의 3대 요소로 바꾸면 부동산, 사업체, 금융이다. 모든 사업은 부동산을 기반으로 한다. 어떤 사업이든 매장이나 사무실 혹은 공장이 있어야 하기 때문이다.

모든 부동산은 가치를 지니고 있고 이 가치는 정확한 수치로 산출된 실물 금액을 가지고 있다. 실물 가치를 지닌 변동적 자산은 모두 이자를 만들거나 배당을 지불한다. 부동산을 사용하는 사업체가 지불하는 임대료는 배당이나 이익에 해당된다.

임대료를 지불할 수 있는 사업체가 있다는 뜻은 부동산과 긴밀하게 연결돼 있다는 의미다. 임대료를 지불할 수 있는 것 자체가 부동산을 매입하거나 개발할 힘을 가진다. 따라서 부동산 소유자들과 긴장이 생긴다. 부동산 사용자가 될 수도 있지만 부동산 구매자가 될 수도 있는 것이다. 즉, 부동산을 살 수 있는 구매 자격을 가져 현재 사업체와 부동산을 연결하면 기존 사업 못지않은 지속적인 이익 구조를 만들 힘을 소유한 것이다.

결국 사업을 잘해서 어디든 매장을 열어도 임대를 낼 여력이 있는 회사를 소유했다면 수많은 부동산을 소유할 수 있는 자격이 생긴 것이다. 이때 금융이 도와 융자의 도움을 받으면 회사의 자산 구조에 사업체와 부동산 소유라는 두 가지 이익구조가 나타난다. 상대적으로 부동산은 사업체보다 안전 자산에 속하기에 수익에 비해 높은 가격에 거래되는 특성이 있다. 수많은 회사가 부동산을 소유할 수 있고 소유하고 있는 이유가 바로 이것이다.

사업체는 시장을 장악하고 성장률을 유지하기 위해 투자금을 모으고 인수합병M&A이나 기업공개를 통한 상장IPO까지 가야 하는 상황에 놓이게 된다. 이 모든 과정에 금융은 관여하게 된다. 투자의 종류와 방향에 따라 금융자본은 회사의 조직과 지분 그리고 이익 배분 방식을 결정하려 하고, 이 협의에 따라 회사는 금융조직과 동업의 길을 걷게 된다.

스타트업 회사 같은 경우에는 프리-시드, 시드, 시리즈A, 시리즈B와 같이 연쇄적인 투자 진행을 받으며 지분을 희석하는 과정이 있고, 자본의 금액과 성격에 따라서 창업자의 지분 이상을 요구하거나 신주 발행에 관여하는 식의 경영 참여를 하기도 한다. 자본이 회사 안에 들어온다는 뜻은 신용이 자산이 되기 시작했다는 뜻과 같다. 이때는 더 이상 창업자가 자기 사업을 잘한다고 해서 모든 것이 끝나지 않는다. 금융 조직과 잘 지내고 자본을 이해해야 존립할 수 있는 단계로 넘어간 것을 뜻한다.

수입의 발생 방식은 몇 가지로 나뉜다. 먼저 자기 노동력이 곧 수입이 되는 임금 노동자나 자영업자들이 있으며 다른 사람의 노동력과 자본으로 수입을 만드는 기업가들도 있다. 그리고 금융과 합작해 신용을 통해 미리 이익을 현금화하는 방식이 있다. 이토록 사업은 커지면 커질수록 금융과 손을 잡을 수밖에 없다.

금융은 정교하고 날카로운 칼을 가지고 있다. 이 칼은 언제나 앞뒤를 바꾼다. 필요하면 당신을 위해 당신의 경쟁자들을 물리쳐 주지만 상황이 돌변하면 칼이 당신을 향할 수 있다. 살과 뼈를 해체하듯 냉정하게 당신과 당신 사업을 해체할 수도 있다.

그러나 만약 부동산과 금융이 언제나 당신 편에서 일을 하게 만든다면 확장성과 안정성을 모두 갖춘 사업체를 소유하게 될 것이다. 또한 이렇게 커진 사업체는 규모를 키워 나갈수록 부동산과 금융을 발밑에 둘 수 있게 된다. 더 이상 파트너 요구를 하지 않고 부하의 역할만으로도 당신 옆에 붙어 있기를 바라게 된다.

하지만 여전히 방심하면 안 된다. 금융과 부동산은 언제나 세상의 강자였다. 강자에게 약하고 약자에겐 강한 역할을 하며 오랜 세월을 버텨냈다. 당신이 방심하는 순간 언제나 발밑에서 칼날이 날아들 것이다. 자신의 사업에만 노력하지 말고 같은 열정으로 금융과 부동산도 함께 공부하기 바란다. 세상에 이름을 알린 모든 경영자들은 이 둘을 모두 제압하고 그 자리에 있는 것임을 기억하기 바란다.

022
경영자가 주의해야 할 호칭들

아직도 사장들 입에서 자기 회사의 여성 직원들을 여직원이라고 부르는 사람들이 있다. 우리는 남자직원을 남직원이라 부르지 않는다. 여직원이라는 용어는 한국 산업화 초기에 회사 내 잡일을 거들었던 일부 여성들을 지칭하는 용어로 시작됐다. 이제 여성들은 남성들과 동등하게, 동등한 업무를 하는 동료들이다. 회사의 남자 직원들을 남직원이라고 부르지 않는 사람은 여직원이란 말도 하면 안 된다. 폄하할 의도가 없어도 남에게 그런 단어를 사용하면 듣는 사람도 당사자 직원도 기분이 상할 수 있다.

내 수업에서 거의 절반에 가까운 여성 경영자들이 들어온다. 그들 중에 자기 직원을 남직원이라고 호칭하는 사람은 없다. 호칭에서 이런 편견을 지워내야 한다. 조심해야 할 호칭에는 다음과 같은 것들이 있다. 이런 호칭에는 사회적 편견이 들어 있기에 당신의 품위를 떨어뜨린다.

여직원, 여사장, 여배우, 정상인, 장애우, 처녀작, 여편네, 미망인, 학부형, 혼혈아, 탈북민, 조선족, 불법 체류자, 짱깨, 쪽발이, 잡상인, 군바리, 짭새, 미혼모, 촌놈, 빙부, 빙모, 외노자, 미숙아, 집사람, 안사람, 가정부, 배달부 등이다.

당신이 평소 이런 말을 사용한다면 편견있는 세계관을 갖고 있다고 알리는 것이다. 편견이 담긴 용어들도 있다. 대표적으로 자매결연, 저출산, 유모차, 친가, 외가, 폐경기 같은 단어들이다. 심지어 직업적 편견을 갖고 부르는 호칭도 있다. 나는 병원에서 한번도 '의사 오빠'라고 부르는 말을 듣지 못했다. 하지만 '간호사 언니'라는 호칭은 수시로 듣는다. 의사에게 오빠라고 부를 자신이 없는 사람은 간호사를 언니라 부르면 안 된다. 처음 골프장 필드에 가는 것을 '머리 올리러 간다'는 표현을 쓴다는 것을 듣고 그 경박스러움에 놀랐다. 골프장에 기생이 그렇게 많은지 몰랐다. 사회적 언어 수준이 그 사회의 수준이다. 사전에 있는 말이라고 모두 사용 가능한 것이 아니다. 경영자들부터 사회적 수준을 올려보자.

혹시 직원들에게 반말을 하는 사장들은 반말을 해도 나이가 있는 직원에게는 존대를 해야 하고 어린 직원에게도 '야~ 너~'같은 호칭을 쓰면 안 된다. 반말도 반말 안에 존중과 예의가 있어야 한다. 'ㅇㅇ씨 이거 했어?' 라는 표현과 '야! 너 이거 했냐?' 라는 표현은 전혀 다른 언어다. '야~ 너~'라는 호칭은 친구라도 주변에 다른 사람이 있으면 조심해야 할 호칭이다.

호칭은 상대에 대한 예의다. 반말을 해도 상대에 대한 예의를 갖추면 말투 저절로 다정하게 나오게 된다. 아!, 너!, 얘! 는 호칭이 아니라 멸칭이다. 아들이나 딸에게도 조심하기 바란다.

2장

더 단단한 사장이 되는데 필요한 생각에 대한 '생각'

"오래, 멀리, 지속해 갈 수 있는 내면의 힘이 필요합니다"

023
칭찬과 비난을 대하는 태도

칭찬도 잘 받는 방법이 있다. 가장 우선은 당연히 고맙다는 마음을 갖고 감사 인사를 하는 것이다. 또한 자신이 받는 칭찬에 공헌한 사람이 있으면 이를 언급해 칭찬을 반드시 나눠야 한다. 무안하거나 부끄러워서, 혹은 겸손해서 칭찬을 부정하는 사람도 있으나, 이런 태도는 상대의 진심을 무색하게 만들 수 있다. 받을만한 일이면 받아도 된다. 특별히 진심으로 칭찬하는 사람 앞에서 칭찬을 인정하지 않고 주제를 바꾸면 오히려 서로의 관계를 중요하게 여기지 않는다는 느낌을 줄 수 있다. 칭찬은 일종의 무형의 선물이다. 선물을 거절하면 때때로 주는 사람에게도 모욕이 된다.

칭찬에도 좋은 것과 나쁜 것이 있다. 그래서 칭찬을 받으면 항상 이 칭찬이 진심인지 아닌지 주의해야 한다.

어떤 칭찬은 당신을 조종하거나 통제하기 위해 진실하지 않은 칭찬을 하는 경우도 있다. 따라서 이 칭찬이 당신을 특정 방식으로 계속 행동하게 하기 위한 것이 아닌지 구별해야 한다.

물론 반대로 당신이 남들에게 사용할 수도 있다. 즉, 칭찬하는 사람과 주는 사람 사이에 작용하는 힘의 역학을 인식해야 한다. 칭찬은 다른 사람에 대한 통제력을 얻는 데 사용될 수 있기 때문이다. 결국 감사하되, 그것을 궁극적인 진실로 받아들이지 말고 칭찬 자체가 매우 주관적이라는 것을 기억해야 한다. 비난에 대해서도 동일한 태도를 가져야 한다. 우리는 비난에 익숙하지 않다. 특히 공개적인 비난을 받는 일은 구석에 가둬 놓고 때리는 느낌을 받을 수 있다.

비난 중에도 건설적인 비난이 있다. 건설적인 비판은 당신의 발전을 돕기 위한 의도로 제공된다. 이 경우 개인적으로 나쁜 감정이 없다. 물론 나쁜 감정이 없다고 모두 건설적인 비난은 아니다. 정보가 모자라거나 오해나 질투로 인한 비난도 있기 때문이다. 이런 비난은 그냥 무시해도 된다.

대부분의 건설적 비난은 구체적이고 실현 가능하고 개선이 필요한 요구가 있다. 이런 문제들은 나를 위한 비난이라 생각하고 개선하기 위해 노력해야 한다. 인스타에 올린 글을 보고 오타나 문법적 오류가 있다고 말해주는 것은 건설적인 비난이다. 그러나 작가라는 사람이 그런 것도 모르냐며 돈은 있어도 머리는 없냐는 비난은 그냥 무시해도 된다. 그렇게 말하는 사람의 마음속에 들어 있는 자만과 무례함을 안타까워하면 그만이다.

파괴적인 비판은 당신을 해치거나 비하하려는 의도로 드러난다. 심지어 이런 비난은 개선해야 할 부분을 정확히 알려주지 않기에 감정적 비난으로 이어진다. 이런 행위로 당신을 해하려는 것이 주목적인 비난이다. 비난 역시 칭찬과 마찬가지로 다른 사람에 대한 통제력을 얻는 데에 사용될 수 있다. 이것이 최종 목적인 비난도 상당하다. 비난을 들으면 가장 먼저 조심해야 할 것은 자신의 자존감에 영향을 미치지 않도록 하는 일이다. 비난한 당사자의 권위나 그 숫자에 위압을 느끼지 않고 이를 통해 더 나은 사람이 되도록 노력해야 한다.

부정적이고 파괴적인 비난에 자기 스스로에게 상처 주지 않고 응대하는 가장 좋은 방법은 유머다. 비난의 내용은 무시하되 그 내용을 유머러스하게 응대하면 비난이 무색하게 되며 당신은 너그러운 사람이 된다.

처칠과 정치적인 의견을 달리하던 한 여성 정치인이 처칠에게 독설적인 비난을 하며 "당신이 내 남편이라면 난 커피에 독을 타서 당신에게 줬을 거예요"라고 말하자, 처칠은 웃으면서 대답했다. "내가 당신 남편이었다면 난 그 커피를 마셨을 거요."

간디 역시 대단한 말재주로 상대의 비난을 무색하게 한 이야기가 있다. 영국에서 대학에 다니던 시절, 자신에게 고개를 숙이지 않는 간디를 아니꼽게 여기던 피터스라는 교수가 있었다. 하루는 간디가 대학 식당에서 점심을 먹고 있었는데 피터스 교수가 옆에 다가가 앉았다. 피터스 교수는 거드름을 피우며 간디에게 말했다. "간디 군, 아직 잘 모르는 모양인데 돼지와 새가 함께 앉아서 식사를 하는 경우는 없다네." 그러자 간디는 이렇게 말하고 자리를 옮겼다

"아, 걱정 마세요 교수님. 그럼 저는 다른 곳으로 날아갈게요."

두 번째로 좋은 대처 방안은 무시다. 비이성적인 비난이나 악플을 대하는 유시민 작가의 대처법은 매우 유용하다. "악플은 그 대상이 된 사람의 잘못이 아니며 그 사람이 해결해야 할 문제도 아닙니다. 악플을 쓴 사람의 내면이 얼마나 남루하며 황폐한지 보여주는 증거일 뿐이에요. 남의 문제를 가지고 왜 내가 고민합니까? 그래야 할 이유가 없어요. 싸우지 마십시오. 달래려 하지도 마십시오. 눈길을 주지도 마십시오. 악플 때문에 화를 내거나 속상해하거나 우울해하는 것은 '악플러'가 쏜 화살을 주워서 자기 심장에 스스로 꽂는 것과 다름이 없습니다."라고 말했다.

나 역시 가끔 터무니없는 소리나 악평에 가까운 비난이 오면 유시민 작가의 방법을 그대로 따라 한다. 이렇게 하는 것이 매우 중요한 이유는 무방비 상태로 악플에 노출되면 스스로 자기 검열을 하게 되기 때문이다. 그래서 비이성적이고 파괴적인 비난에는 아예 눈을 돌리지 말아야 한다. 단지 이 비난이 건설적 비난인지, 파괴적 비난인지 판단하는 몫만 내가 가지고 있다.

사업체가 커지고 회사가 유명해질수록 이런 비난들은 많아지기 마련이다. 유명해지지 않았으면 당하지 않아도 되는 일이니, 유명해지는 것에 따른 부속적인 일도 받아들여야만 한다.

때때로 삶에서는 사탕보다 매가 더 효과적일 수 있다. 그러니 비난을 언제나 부정적인 요소로 받아들이지 말라. 비난을 통해 배우고 발전할 수 있는 기회가 분명 있다. 건설적인 비난은 엄격한 선생님이라고 생각하면 된다. 따라서 화를 내거나 방어적이지 말고 제기된 요점을 직접 대면하는 능력을 갖춰야 한다. 나는 나이가 들고 사회적 지위가 올라가면서 주위에 나를 혼내고 야단칠 선생님이 없다는 것이 가장 놀랍고 슬프다. 이제 그런 선생은 비난을 통해서만 만날 수 있다.

결국 칭찬과 비난은 한 몸이다. 성질은 전혀 다르나 우리를 다루는 모습은 똑같다. 칭찬도 비난도 결국 당신의 존재성의 발현이다. 두 가지 모두 피드백의 한 형태로 봐야 한다. 이런 상황을 학습 기회로 사용하면 잘한 부분과 개선해야 할 부분을 식별할 수 있다. 두 가지 모두 우리의 자존감에 영향을 주기에 칭찬받아도 우쭐하고 교만해지지 말고, 비난받아도 슬퍼하고 자책감을 갖지 말아야 한다.

칭찬은 설탕이고 비난은 소금이다. 설탕이 먹기는 달콤하지만 너무 많이 먹으면 해가 된다. 소금 역시 많이 먹기는 곤욕스럽지만 없으면 안 된다. 즉, 설탕을 잘 다루려면 비난도 잘 다뤄야 한다. 그래야 단짠의 조화가 어울리게 되는 것 아니겠는가.

작은 성공에 지나치게 아첨하는 사람에게 빠져들지 말고 이유 없는 비난에 상처받지도 말라. 원래 칭찬과 비난은 종이 한 장 차이거나 동전의 양면과 같다. 가장 많은 칭찬을 하던 사람이 가장 많은 비난을 하는 사람이 될 수 있다. 반대로 가장 많이 비난하던 사람이 나의 가장 큰 지지자가 되기도 한다. 특히 온라인 세상에서는 이런 일들이 흔히 일어난다.

궁극적으로 당신만이 당신 인생을 조종할 수 있다. 칭찬이나 비난은 당신 삶의 도구로 사용할 뿐 칭찬이 목적이 되거나, 비난이 당신의 모습이 아님을 알아야 한다.

지나친 칭찬과 불필요한 비난을 막는 해결책은 다른 사람들이 당신에 대해 어떻게 생각하는지 신경 쓰지 않고 스스로 당신이 돼 가는 것이다. 칭찬과 비난을 통해 실행 가능한 것을 취하고 나머지는 모두 무시하라.

당신 차는 당신이 운전한다. 운전대를 좌우로 당기는 손을 모두 물리치고 스스로 가라.

024
정리, 정돈, 청소, 청결의 힘

　정리, 정돈, 청소, 청결. 이 4가지 가치는 제조업뿐 아니라 모든 사업에 적용해야 한다. 이 4가지를 잘하면 비용절감, 업무효율, 사고방지에 탁월한 효과를 가져온다.

　나는 특별한 업무가 없는 곳에도 몇 가지 테크닉을 넣어 놨다. 농장 2층 숙소 서랍마다 무엇이 들어 있는지 표기 해 놨다. 새로운 방문자가 묵을 때마다 모든 서랍을 열어보며 수건이나 그릇을 찾을 필요가 없다. 헛간 한쪽에는 열쇠 박스가 있다. 열쇠 박스에는 농장에서 쓰는 모든 차의 열쇠마다 이름표가 달려 있고, 놓은 위치도 표기돼 있다. 어떤 키가 없어지면 바로 알 수 있고, 누군가 차를 쓰고 나면 정해진 곳에 가져다 놓도록 해서 다른 근무자들이 키를 찾으러 다닐 필요가 없다.

　이런 사소한 일이 돼 있지 않으면 매번 자질구레한 일들로 연락을 하거나 잃어버려서 다시 사야 하는 일이 발생한다. 이런 일이 발생하지 않도록 주의하는 것으로 그치는 게 아니라 그런 일이 발생하지 않도록 구조를 만들어 주는 것이 경영이다.

　첫째, 정리는 필요한 것과 불필요한 것을 구분하고 불필요한 것을 잘 버리는 능력이다. 잘 버리지 못하는 사람의 특징은 언젠가 다시 필요할지 모른다는 생각이다. 정리를 통해 버리기, 같은 것끼리 모으기만으로도 많은 추가 경비를 절약할 수 있다.

둘째, 정돈이다. 정돈이란 정해진 위치에, 현재 사용할 수 있는 물품이나 정보가 정해진 양만큼 있는 것을 말한다. 이것만으로도 직원들의 능률을 오르게 할 수 있다. 무엇이 어디에 있는지 정확히 알 수 있기 때문이다. 우리는 평생 우리가 무엇을 찾는 데 쓰는 시간이 얼마나 많은지 상상하지 못한다.

셋째, 청소다. 청소의 중요성은 아무리 강조해도 부족하다. 청소는 환경 문제라기보다 철학의 문제다. 나는 경쟁사에 방문하거나, 주식 투자 그리고 식당에 다닐 때마다 화장실을 열어 본다. 화장실 청소가 잘 돼 있는 곳은 위생적인 관리를 넘어 정리 정돈이 이미 잘 되고 있다는 뜻이기에 높은 신용 점수를 부여한다. 정리 정돈이 되지 않는 상태에서의 청소는 의미가 없다. 또한 청소는 공간사용 가치를 높이고 보다 건강한 삶을 보장한다.

넷째, 청결은 청소가 습관화된 상태를 말한다. 봄맞이 대청소처럼 일회성으로 깨끗하게 하는 것으로는 부족하다. 이 상태가 계속 유지돼야 한다. 언제 봐도 문제점이 발견될 수 있도록 하려면 언제나 깨끗한 관리가 생활화돼야 한다. 이것을 사장 본인부터 습관화해야 한다.

이 모든 과정이 회사 안에 들어와 있다면 분실, 파손, 악성 재고 같은 문제가 해결되면서 비용이 절감되고 무엇을 찾고 전달하고 재구매하는 시간을 줄일 수 있어 업무 효율이 늘어난다. 또한 위생 문제나 안전사고도 줄고 도난 사고도 방지할 수 있는 효과가 있다.

025
훌륭한 경쟁자는 축복

사업가로서 가장 멋진 인연은 멋진 경쟁자를 만나는 것이다. 현대 경영의 창시자로 불리는 톰 피터스는 '훌륭한 경쟁자보다 더 큰 축복은 없다'라고 말했다. 훌륭한 경쟁자는 산업에 혁신을 끌어낸다. 이런 경쟁 때문에 회사는 앞서 나가기 위해 제품이나 서비스를 지속적으로 개선하려는 압력을 받는다. 이로써 고객 입장에서 보다 혁신적이고 효과적인 솔루션을 제공하며 산업 전체에 열기를 불어넣을 수 있다. 또한 다른 사업으로의 소비자 이탈을 방지할 수 있다. 더불어 강력한 경쟁자의 존재는 소비자 가격 상승에 영향을 준다. 이런 가격경쟁은 결과적으로 시장의 크기를 키워내 궁극적으로 기업과 소비자 모두에게 이익이 되는 역동적이고 건전한 시장 환경을 조성할 수 있다.

이렇듯 훌륭한 경쟁자는 사업에 긴장감을 불어넣어 사업 자체를 역동성 있게 만들어주며 시장을 함께 키워낼 수 있는 파트너다. 그러므로 경쟁자를 절대 죽이려 하지 말고 경쟁자들과 함께 외형을 확대해 서로 그릇을 넓혀가도록 해야 한다. 그러기 위해서는 경쟁자를 인정하고 존중해야 하며 경쟁자에게조차 존경받는 사람이 돼야 한다.

나 역시 미국에서 사업을 하며 운이 가장 좋았던 것 중의 하나가 멋진 경쟁자들이 있었다는 점이다. 그들은 정직하게 경쟁했고 멋지게 물러난 선배들이었다. 경쟁자를 이기기 위해 수단과 방법을 가리지 않는다면 나 역시 수단과 방법을 가리지 않는 경쟁자를 만나게 될 것이다. 정정당당하게 얻지 않은 모든 승리는 언제나 같은 방법으로 빼앗기기 마련이다. 고객이 원하는 가치를 찾는 데 집중하는 것이 아니라 경쟁자가 무엇을 하는지 집중하는 상황이라면 이미 사업의 본질을 잊은 경우다.

　이 세상에 직선으로만 움직이는 것은 아무것도 없다. 하물며 빛도 중력을 따라 휘어질 줄 안다. 방해 받지 않는 사업이란 없으며 방해를 받지 않는 상황도 없다. 흔히 경영자는 자신의 업종에 있는 경쟁업체만 경쟁자로 인식하지만 이미 산업 사이의 경계선은 무너지고 말았다. 구글이 자동차 산업을 위협하고 애플이 전화기 사업을 가져갈 줄은 불과 십 년 전만 해도 상상할 수 없었다. 편의점은 식당 사업자들을 위협하며 게임 회사들이 신발 산업을 위협해 들어온다. 그러니 같은 업종에 있는 사람들은 더욱더 동업자 의지를 굳게 해야 하며 당연히 존중하고 인정해야 한다. 존중하고 인정할 때 함께 할 수 있다. 내게 배웠다고, 어리다고, 경험이 없다고, 다른 동네 사람이라고, 부모의 배경 때문이라고 존중하지 않는다면 상대도 같은 이유로 나를 존중하지 않을 것이다. 이것이 지나쳐 권위와 탐욕으로 이뤄진 조직은 결과적으로 불안정하게 되며 작은 위험에도 쓰러지게 된다. 반면에 정직, 공존, 존중, 이해의 문화를 가진 조직은 점점 견고해지며 유연함을 잃지 않아 성장을 이어가게 된다.

　이 세상에서 나와 아무런 관계가 없는 것은 하나도 없다. 내 눈에 보이는 것 중에 나와 아무런 관계가 없는 것은 단 한 개도 찾을 수 없다. 인간은 언제나 주위의 모든 것과 어울려 살아가야 한다. 생명이 있는 것이든 생명이 없는 것이든 나와 상관이 있는 사람이든 아니든, 사물이든 물건이든 건물이든 모두 한 하늘 아래 있고 한 공간 안에 있다. 가까운 것은 가까운 이유로 더 많은 영향을 주고받고 멀면 먼 대로 다른 영향을 줄 것이다. 그래서 이 모든 것을 나와 동일한 존재로 인식해야 하며 그렇게 하는 순간, 상호 공감이 일어난다. 이 공감은 다른 사람의 입장이나 다른 상황에 존중을 낳는다.

　이런 상호 공감의 확장이 나를 성장시키고 공동체 전체를 안전하게 하며 전체가 성장하는 기틀이 된다. 남을 패배시킨다고 내가 이기는 것이 아니다. 이것은 상식이다. 그래서 사업도 유기농법으로 농사를 짓는 것과 같을 수 있다고 보는 것이다. 왜냐하면 유기농법에서는 화학비료나 농약을 거의 쓰지 않고 자연 본래의 상태를 보존함으로써 생태계 내의 상호작용을 증장시키기 때문이다.

026
나의 독립기념일

나는 직전 책『돈의 속성』에서 〈개인 독립기념일〉이라는 개념을 설명했다. 내 노동이나 시간이 만든 노동 자산으로 만들어지는 수입이, 내 노동 급여를 앞지르는 날이 바로 개인 독립기념일이라고 설명했다. 이것을 이루기 위해서는 내 시간과 몸이 만든 돈을 쓰지 않고 절약하고 투자해서 돈이 돈을 만들 때까지 기다려야 한다. 그렇게 들어온 돈들은 돈의 뿌리를 해치지 않고 계속 열리는 열매와 같다. 이 돈은 마음대로 써도 된다. 아무리 사치해도 이 돈 안에서 하는 사치는 내 자산을 죽이지 않는다. 이런 사치는 아무도 욕하지 못한다. 이미 자신이, 자신의 주인이 된 사람은 자기 마음대로 무엇을 하든지 아무도 탓할 수 없다. 이렇게 돈이 돈을 만드는 작업을 끝낸 사람이 진정한 부자다.

노동으로 돈을 버는 단계에서는 응급상황에 대비하기 위한 저축과, 집이나 차를 사기 위한 큰 규모의 지출에 대비하는 저축 이외의 모든 저축은 당신을 오히려 가난하게 만들 것이다. 나머지 모든 돈은 투자가 돼야 하고 투기로 수익을 얻어야 한다. 이것을 배우지 못하면 당신 돈은 다른 돈을 불러들이지 못하고 있는 돈도 데려갈 것이다.

독립은 절대 쉬운 일이 아니다. 투자는 사업만큼이나 어렵고 위험하기 때문이다. 하지만 노동 수입으로 독립을 이룰 기회는 거의 없다. 설령 사업에서 크게 성공했어도 그 역시 투자를 배우지 못하면 자산은 순식간에 내려갈 수 있기 때문이다.

투자 공부는 독립운동이다. 나라는 이미 독립했으니 당신은 당신을 독립시키기 위해 계속 열심히 노력하기 바란다.

027
누군가를 도와야 한다면

　사장을 하다 보면, 나를 따르는 사람을 도와야 할 일이 생기고 심지어는 나를 버리는 사람도 살펴야 할 일이 생기기 마련이다. 그것이 재산이든 평판이든 권력이든 힘을 가진 사람에게는 수없이 많은 요청이 들어오기 마련이다.

　누군가를 돕는 일은 좋은 일이지만 누군가를 돕는 일이 매번 보람으로 끝나지는 않는다. 그 도움을 받는 사람이, 도움이 적다며 실망하는 경우도 있고, 도움을 원하지 않는 경우도 있으며, 도움이 오히려 나쁜 일로 발전돼 원망을 듣는 경우도 생기고, 도움을 받고도 고마워하지 않는 사람도 당연히 있으며, 도움을 받고도 계속 도움을 구하는 사람, 심지어 도움을 받고 오히려 해를 가하는 사람까지, 여러 범주의 사람들이 있다.

　그러나 이런 문제는 도움을 받은 사람만의 문제는 아니다. 도움을 주는 사람도 실수하기 때문이다. 그래서 도움을 줄 때도 현명하고 지혜롭게 행동해야 한다. 우선 도움을 주고도 욕을 먹는 경우는 도움을 준 후에 그것을 자랑하고 다니는 일이다. 이런 사람은 하수다. 자기 사신이 도움을 준 선행의 대가를 몇 배로 바로 돌려받겠다는 심사라서 도움을 받는 사람에게 조차 감사받지 못할 수 있다. 즉 도움을 받은 사람을 위해서 행동한 선행이 아니라 나를 위한 선행이기 때문이다.

　다음은 중수다. 그들은 도움을 준 다음, 명예나 충성, 보답 혹은 선물을 바란다. 이들에게 도움은 보험이나 교환 가치일 뿐이다. 내가 이만큼 했으니 상대도 그에 맞는 무엇을 돌려주기를 기대한다. 이 기대에 부응하지 못하면 배신자나 은혜를 모르는 사람으로 바로 낙인찍는다. 이런 사람은 향후 도움을 베푸는 것을 중단하거나, 기부나 도움을 베푸는 일에 강한 거부감을 가진 사람으로 변신한다.

　이렇듯 하수와 중수들은 도움을 자신의 가치를 올리는 데에 사용하기에 상대에게 온전한 감사의 마음을 받지 못하고 여러 가지 다른 문제로 이어진다.

　고수는 다르다. 진정한 도움은 그것을 베풀고 난 후에 아무것도 바라지 않거나, 혹은 도움을 받는 사람이 내가 아닌 다른 사람에게 같은 도움을 베풀기를 바란다. 그러나 초고수는 도움을 준 사실 자체를 잊어버린다. 여기서 잊는다는 것이 매우 중요하다. 실제로 자기가 도움을 주었는지 잊어버려야 선행에서 오는 모든 실망감이 발현하지 않는다. 베푼 기억이 없으니 받을 것도 없다. 이것이 어른의 모습이다.

　따라서 다른 사람을 현명하게 돕는 것도 쉬운 일이 아니다. 다른 사람을 효율적으로 도울 때는 상대를 돕기 전에 그가 직면하고 있는 근본적인 문제나 요구 사항을 이해하는 것이 중요하다. 그 행동의 장기적인 결과에 대해 생각하는 것이다. 가령 일회성 금전적 선물을 제공하면 즉각적인 안도감을 줄 수 있지만 금전적 어려움을 일으키는 근본적인 문제를 해결하지는 못한다.

반면에 누군가에게 교육이나 훈련을 제공하면 장기적인 전망을 개선하는 데 도움이 될 수 있다. 생계의 절박한 문제가 아니라면 금전을 제공하는 것이 사태를 더 악화시킬 수도 있기 때문이다.

도움을 제공할 때조차도 상대에 대한 존중을 잊어서는 안 된다. 특히 거만하거나 우쭐한 행위, 잘난 체하는 행동을 절대로 하면 안 된다. 도움을 준다는 이유로 한 인간의 존엄에 상처를 주지 말아야 하기 때문이다.

그때 반드시 자신의 한계를 유지하라. 다른 사람을 돕기 위해 자신이 할 수 있는 일과 할 수 없는 일이 있다. 지속적으로 가능하지 않으니 이를 현실적으로 생각하고 심한 책임감이나 죄책감에 빠지지 말라.

028
보편적 상식을 갖춘 사람을 구하라

흔히 상식은 그 자체로 이미 보편성을 뜻하는데 왜 '보편적'이라는 수식어가 붙을까? 사람들이 생각하는 상식이 상식적이지 않은 것이 많기 때문이다. 많은 이들이 자신의 지식이나 관점이 다른 일반적인 사람 누구에게든 두루 이해된다고 생각하는 경우가 많다. 최근 한국을 다니면서 가장 많이 받은 질문 중 하나가 MBTI가 뭐냐고 묻는 질문이었다. 한 달 사이에 30여 번은 받은 것 같다. 반대로 미국에서 30년 넘게 살면서 이런 질문은 단 한 번도 받은 적이 없다.

MBTI는 스위스의 정신의학자 카를 융의 연구를 토대로 캐서린과 이사벨 모녀가 20여 년에 걸쳐 개발한 마이어스-브릭스 성격유형 지표다. 1960년대부터 지금까지 수천만 명 넘는 사람들이 이 검사를 받았고 지금까지 나온 성격검사 중 가장 대중화된 방식이다.

MBTI는 인식 방법, 판단 방법, 태도, 경향성을 조합해 사람의 성격을 16가지의 성격유형으로 분류하는 방식이다. 문제는, MBTI 검사를 받은 사람 절반 이상이 다시 검사하면 첫 번째 결과와 다른 결과를 얻는 것으로 알려졌다. 그래서 일부 전문가들은 이 16가지 범주만으로 개인이나 팀의 효율성을 예측할 수는 없다고 주장했다. 현재로서는 가장 인기 있는 성격 유형 검사지만 이것은 확률이지 정답이 아니다. 그러니 보편적 상식이 될 수 없다. 그럼에도 너무나 많은 사람이 MBTI를 신봉하며 심지어 얼굴만 보고도 무슨 유형인지 맞히려는 사람들로 가득하다.

혈액형 신봉자는 이보다 더 극단적이다. 이걸 진심으로 믿는 사람들 중에는 애인이나 친구를 고를 때 자기와 맞는 혈액형으로 구분하는 사람도 있다. 심지어 알파벳 A와 B 모두 들어있는 AB형은 외계인이라고 진지하게 믿는 사람이 있을 정도다. 별자리를 믿는 사람은 애교스럽게 보일 정도다. 이런 혈액형, 성격학의 탄생 배경은 1910년 독일 하이델베르크 대학에 재직하던 에밀 폰 듄게른 박사의 우생학에서 탄생했다고 한다. 서양에서 O형과 A형이 90%를 차지하고 있고 동양 사람은 B형이 많은 점을 감안해서 탄생한 황화론19세기 말과 20세기 초, 일본과 중국을 비롯한 황인종들에게 정복당할지도 모른다는 유럽인들의 위기론의 근저에는 B형 열등론이 내포돼 있는 것이다.

그가 발표한 논문『혈액형과 인류학』에서는 더러워지지 않은 순수 유럽 민족, 게르만족의 혈액형이 A형이고 그 대척점對蹠點에 검은 머리와 검은 눈을 가진 B형의 아시아 민족이 있다고 언급하고 있다. 그 밑에서 공부한 일본인 의사 하라 키마타原 来復가 일본에 돌아와서 혈액형에 따른 성격을 언급하면서 〈혈액형 성격학〉이 탄생하게 된 것이다. 이를 바탕으로 오차노미즈 여자대학 심리학 교수였던 후루카와 타게지가 낸 〈혈액형에 의한 기질연구〉란 논문이 유명해지며 다양한 혈액형론이 나왔다. 그 후 노미 마사히코란 인물이 후루카와 교수의 이론을 그럴듯하게 포장해『혈액형 성격과 궁합』이란 책을 내놓아 인기를 얻었다.

이런 과정을 통해 일본에서 유행한 혈액형별 인간학이 한국까지 전해지고 1970년대 이후 일본과 한국에서 혈액형에 따른 성격유형이 굳어지며 보편적 상식의 자리를 넘보게 된 것이다. 이런 믿음은 전 세계적으로 한국과 일본에서만 존재할 뿐이다.

다단계 사업도 마찬가지다. 그것을 무엇이라고 부르든 상관없다. 직접 판매, 회원 직접 판매, 네트워크마케팅, 멀티레벨마케팅, 피라미드식 판매, 특수판매공제조합, 직접 판매공제 조합, 후원 방문판매, 이런 모든 것들은 결국 방문판매에 관한 법률에 규정돼 있는 다단계 판매업이다. 나는 이 사업들을 폄하하고 싶은 마음이 없다. 그러나 공정거래 위원회에 보고된 후원수당 지급총액, 후원수당 지급분포도 자료를 보면 이 일의 성공 확률이 창업이나 직장인보다 못하다는 것이 명확하다. 심지어 이 권리를 팔지도 못하는데 모두 자신을 사장이라 생각하고 열심을 다해 일한다. 자본 없이 창업할 수 있기에 그 일을 한다고 하지만, 창업은 원래 돈이 드는 일이 아니다. 그 노력이 안타까울 뿐이다.

MBTI나 혈액형, 별자리 등이 보편적 상식이라고 믿는 사람은 자신의 보편적 상식체계를 다시 살펴봐야 한다. 농담이나 재미가 아니라 진지하게 이런 것을 믿는 사람이라면 더더욱 걱정스럽다. 보편적 상식이 아닌데도 보편적 상식이라고 받아들이는 사람이라면 주류 사회로 진입할 수 없다. 심지어 보편적 사고를 하지 못하는 사람들과 무리 지어 있다가 사회의 가장 낮은 곳에서 머물 가능성이 크다. 이런 보편적 상식을 갖지 못한 사람들은 인터넷에서 비트코인에 투자하면 8시간마다 0.5% 이자를 준다는 광고에 관심을 두는 사람이 된다. 계산을 조금만 해봐도 일복리 1.5%를 복리로 일 년이면 원금의 229배나 된다. 1억만 투자해도 1년이면 229억을 버는 사업을 왜 남에게 공개하는지 의심해야 한다. 당연히 사기다.

내 인스타에는 고수익과 원금 보장을 약속하며 예쁘장한 얼굴을 한 여자들이 하루에도 몇 명씩 친구 신청을 한다. 이런 사이트가 최소한 수백 개가 넘으니 이미 기업화된 사기꾼 집단이다. 문제는 여기에 속는 수많은 사람이 있다는 것이다. 보편적 상식을 가지면 이런 일에 속지 않는다.

사장으로서 나는 당연히 내 직원들을 보편적 지식을 가진 사람을 원한다. 상식을 상식적으로 생각해 낼 수 있는 사람과 일을 해야 정상적인 회사를 만들 수 있다. 그래서 나름, 직원에서 제외하는 사람들이 위에 열거한 것들에 대해 진지한 태도를 가진 사람들이다. 직원 중에 이미 그런 것에 진지한 사람이 있다면 승진시키는 것을 고민해야 한다. 만약 당신이 그런 사람 중 한 명이라면 오늘부터 숨겨라. 경영자로서 부끄러운 일이다.

029
프레임에서 벗어나기

비행기에서 "커피를 드시겠습니까? 홍차를 드시겠습니까?" 라고 물으면 많은 사람이 두 가지 선택에서 고민한다. 둘 중 하나를 골라야 하는 프레임에 갇혔기 때문이다. 그러나 이 프레임 밖으로 벗어나면 선택지가 더 많다. 두 가지 모두 먹지 않겠다고 할 수도 있고 두 가지 모두 달라고 할 수도 있다. 심지어 그 외에 다른 것은 없냐고 물어도 된다.

조지 레이코프캘리포니아대학 교수/ 인지언어학자가 발표한 프레임 이론에서 그는 프레임을 현대인들이 정치적, 사회적 의제를 인식하는 과정에서 본질의 의미, 사건과 사실 사이의 관계를 정하는 직관적 틀이라고 정의했다. 만약 어떤 프레임을 먼저 짜놓은 사람이 그 프레임 안으로 사람들의 생각을 가두면 그 안에서만 움직이게 된다는 의미다.

대다수 인간의 삶은 이미 오래전부터 수많은 사람이 만들어 놓은 프레임 속에 있다. 바로 어제 나온 신문의 기사 타이틀에도 갖가지 프레임은 설정돼 있다. 우리는 그 안에 살고 있다. 한번 이런 프레임에 갇히면 객관적으로 상황을 바라볼 힘을 완전히 잃게 된다.

나는 고등학교 때, 대학을 가지 못하면 인생을 망치고 실패한 인간으로 인생을 마쳐야 되는 줄 알았다. 부모와 당시 시대 문화와 담임선생의 협박이 '대학 진학은 성공'이라는 단단한 프레임으로 우리를 가둬놨기 때문이다. 시간이 지나 보니 대학에 떨어져도 수천수만 가지 성공 방식이 존재하는 것을 알게 됐다. 결혼 적령기, 보험, 선후배 문화, 섹스, 남녀 관계 등 모든 곳에 거미줄처럼 프레임이 존재한다. 내가 생각하고 결정하는 모든 일들이 과연 몇 개나 이런 프레임을 벗어나 있는지 자문해 봐야 할 이유다. 우리의 생각이라는 것은 실상 우리 스스로 해보지 않은 것들이 대부분이다.

나는 강연에서 종종 어떻게 그런 독창적인 생각들을 하느냐는 칭찬을 듣는다. 하지만 나는 다른 사람보다 더 독창적인 사람이 아니다. 단순히 프레임을 벗어나 상황을 보는 것뿐이다. 그 자체가 흔하지 않기 때문에 남들에게 독창적으로 보일 뿐이다. 남들의 질문이나 혹은 내 상황을 가두고 있는 프레임이 무엇인지 살펴보면 금방 그 상황 위에서 올려다볼 수 있게 된다. 그래서 어떤 상황이 나에게 오면 이것이 무슨 프레임인지 살펴보는 생각을 늘 해야 한다. 그것이 사소한 커피숍에서의 다툼이든, 환불 요청이든, 비행기 표 구매든, 결혼이나 투자, 창업 같은 일에도 모두 이 상황을 지배하는 프레임이 있다. 그러니 프레임부터 찾으면 그 프레임을 벗어나 그들이 원하지 않는 내 방식대로 결정하고 살아갈 수 있다.

가장 쉽게 프레임에서 벗어나는 방법은 지금이 프레임이 상위 프레임을 만드는 일이다. 예를 들어 상위 프레임은 이 일을 하는 이유,

의미, 목표, 비전 등이 관련돼 있다. 하위 프레임은 그 일을 하는 방법, 절차, 시간, 형식 등이 관련돼 있다. 성경의 마태복음에 예수가 바리새인 율법사에 둘러싸인 자리에서 그들의 프레임에서 빠져나오는 장면이 잘 묘사돼 있다. 그들 가운데 한 율법사가 예수님을 시험하려고 물었다. "선생님, 율법 중에서 어느 계명이 가장 크나이까?" 예수께서 이렇게 대답했다. '네 마음을 다하고 목숨을 다하고 뜻을 다하여 주 너의 하나님을 사랑하라' 하셨으니, 이것이 크고 첫째 되는 계명이요, 둘째도 그와 같으니 '네 이웃을 네 몸과 같이 사랑하라' 이 두 계명이 모든 율법과 선지자의 강령이니라. 모든 율법과 선지자가 전한 말씀들이 바로 이 두 계명에서 나온 것이라." 즉, 예수는 자기를 죽이려는 구약의 신봉자들 앞에 구약의 모든 계명이 이 두 계명을 위한 것이라며 상위 프레임을 만드신 것이다.

나는 세상에서 가장 무책임한 말이 "너는 이런 사람이야"라는 말이라고 생각한다. 그 말을 하는 사람이나 그 말을 듣는 사람이나 둘 모두 무책임하다. 세상에 누군가가 말하는 그런 사람은 없다. 나라는 사람은 '그들이 생각하는 나'이거나, '여러 관계 속에서 보인 나'일 뿐이다. 한 사람의 인격 혹은 인생 전체를 가두는 프레임을 짜들고 왔는데 "어머 제가 그런 사람이에요?"라며 프레임 안으로 들어가는 형국이다.

자신의 프레임은 자신이 만들어야 한다. 프레임을 알면 벗어나기 쉽고 능숙하게 벗어날 줄 알면 만들 줄도 알게 된다. 내가 짠 프레임에 다른 사람들이 모여들면 그것이 성공이다.

이제 승무원에게 이렇게 물어보자.

"혹시 커피나 홍차 말고, 사이다 한 잔 마실 수 있을까요?"

030
모닥불 피우기와 사업의 유사점

농장에서는 모닥불 피울 일이 많다. 날씨가 조금 쌀쌀하거나, 주말에는 거의 언제나 불을 피워 놓는다. 한 번은 산책로를 따라 쓰러진 나무들을 베어 태울 일이 있었다. 길 따라 모닥불을 여러 개 만들 일이 있어서 찾아온 방문객들을 두세 명씩 팀으로 나눠서 불을 피우게 했다. 사실 나처럼 불을 많이 피워 본 사람은 이것도 실력이 돼서 금방 모닥불을 만들지만 생전 처음 불을 피워 본 사람들은 실제로 차이가 많이 난다.

가장 흔한 경우는 이렇다. 어디서 본 적이 있어서 잔 나무나 잔가지를 바닥에 깔아놓고, 큰 나뭇가지를 이러저리 올려놓은 후에 불을 붙여 본다. 가장 일반적인 방법이다. 하지만 손목보다 굵은 나무들에게 그렇게 쉽게 불이 옮겨붙지 않는다. 종이를 다시 가져다 넣어보고 모자라면 휴지를 가져오고 다시 잔가지를 줍고 마른 풀을 뜯어 오고 갖은 애를 쓴다. 겨우겨우 잔가지에 불이 옮겨붙어도 방심하면 다시 꺼진다. 그럼 입으로 바람도 불고 부채질을 하면서 눈물 콧물을 뺀다. 급히 어디서 또 휴지를 주워 오고 마른 풀도 주워서 넣어보고 다시 부채질을 한다. 이렇게 한참 지켜보고 애를 써야 겨우 불을 붙일 수 있다. 때문에 시간이 제법 걸린다.

그러나 어떤 사람들은 조금 요령을 알아서 처음부터 준비를 잘한다. 성냥불이 한 번에 잘 타는 종이를 뭉쳐 놓고, 종이 불에 옮겨붙을 만한 잔가지를 충분히 준비해 덩어리지게 종이 위에 잘 쌓아 올린다. 이 잔가지가 타오르며 불이 옮겨붙은 손가락 굵기의 가지를 그 위에 또 쌓는다. 이 불씨용 재료를 준비하는 데 많은 공과 시간을 들인다. 그 위에 큰 가지를 천막처럼 올리고 누르듯이 쌓았으나, 불길과 공기가 들락날락할만한 공간을 주며 쌓아 올린다. 이제 종이에 불을 붙이면 아래부터 차례차례 타오르며 결국 굵은 가지까지 옮겨 간다. 준비에 시간을 들이긴 했지만 결국은 더 빨리 불이 붙었다. 한 팀은 자기들이 맡은 구역에 모닥불 자리 세 개를 한 번에 만들어 놓고 이리저리 뛰어다니며 부채질하기도 한다.

　　내가 하는 방법은 조금 다르다. 그들이 한참 이렇게 애를 쓰고 있을 때 잔가지나 뭉친 종이도 없이 나무를 듬뿍 쌓는다. 농장 유틸리티 차량에 올려놨던 경유디젤를 모닥불에 부어 넣고 성냥을 긋는다. 허벅지만 한 나무들에 바로 불이 붙는다. 그러면 모두 어이없이 웃는다.

　　사실 사업이란 모닥불에 불을 붙이는 것과 똑같다. 자본도 경험도 없는 사람은 우선 불부터 붙여 본다. 밑 자본 없이 불부터 붙였으니 큰 가지로 옮겨붙을 리 없다. 그러니 눈물, 콧물 흘리며 고생을 해도 끝이 안 보이고 다시 자본을 빌리고 부채질하듯 애원도 해 본다. 원망을 하거나흙수저 타령 나무가 젖었다고불경기 타령 불평을 해 본다. 그런데 다른 곳은 벌써 불이 활활 타오른 곳도 보이니 조급하다.

어떤 사람들은 사업을 위해 많이 준비했다. 그래서 불을 붙이기까지 시간이 조금 더 들었다. 아이디어마른 종이와 운영자금잔가지을 충분히 모아 놨고 경험중간 가지도 충분하다. 그래서 이들은 창업 하자마자 어렵지 않게 모닥불에 불을 붙이게 된다. 심지어 바람운도 적당히 불어 주었다. 누군가는 이들이 사업을 너무 쉽게 한다고 생각하고 운이 좋다고 말한다. 운을 만나기 위해 실력과 노력이 있었다는 것을 모른다.

자본경유이 많은 사람은 사업 아이디어장작 나무만 있어도 사업을 성공 시킬 수 있다. 심지어 장작이 훨훨 잘 타서 밑불이 숯이 되어 지글지글 이글거리면 젖은 나무불경기, 주요 직원의 퇴사를 넣어도 불이 문제없이 타오른다. 더 재밌는 것은 이 이글거리는 숯불을 한 삽 푹 퍼서 다른 가지 밑에 넣어도새로운 사업 그곳도 바로 불이 붙어 오른다.

결국 경유를 차에다 싣고 다니는 사람이 아니라면 장작불을 잘 피우는 방법은 불씨용 종이, 잔가지. 굵은 가지를 많이 모아 놓고 장작 나무를 크게 쌓아 놓고 불을 붙이는 것이다. 운이 좋아 쉽게 불을 붙여 봤던 사람도 이 이치를 모르면 그때 운이 능력이라고 생각할 수 있다. 장작 나무가 바짝 말라 있었던 것도 운이고 바람이 적당히 불어 줬던 것도 운이었기 때문이다. 그러나 이치를 배우면 바람이 불지 않아도 나무가 젖어도 불을 붙일 수 있게 된다. 이 비유에 나오는 여러 단어를 곰곰이 생각해 보며 실제로 모닥불을 한번 피워 보기 바란다.

031
나를 지키던 칼이 나의 목을 겨눈다

베네수엘라는 전 세계에서 가장 많은 석유 매장량을 갖고 있다. 심지어 사우디아라비아보다 많다. 1930년에 이미 세계 2위 원유 생산국이었다. 1960년에 국영석유 회사를 만들어 수익의 65%를 세금으로 축적했다. 1973년 안드레스 패레스 대통령이 당선되고 난 후에 베네수엘라로서는 국가의 천운이 왔다. 73년 아랍과 이스라엘의 4차 중동전쟁이 일어나며 원유 값이 6배 이상 폭등을 하며 수출의 90%가 원유이었기에 국가 전체에 막대한 돈이 흘러 들어왔다. 79년도에 이미 세계 GDP 4위, 중남미 1위로 등극했다. 나라 전체가 원유에서 워낙 막대한 돈을 벌었기에 원유 이외에 다른 사업을 할 이유도 가치도 없었다. 국가 전체 경제가 원유 하나에 매달려 있었다.

그러나 베네수엘라 국민을 살리고 부자로 만들어 준 원유가 80년대 이후 급락하자 결국 89년 IMF 구제금융 신청을 하고 국가 부도를 선언하게 된다. 한 나라가 세계 최고의 부자에서 가장 가난한 나라로 떨어지는 일이 불과 한 세대도 되지 않는 16년 만에 일어났다. 최근 베네수엘라는 엄청난 인플레이션 때문에 100만 볼리비아를 1볼리비아로 화폐개혁을 했고 전 인구의 96%가 빈곤층으로 살아가고 있다. 나를 살린 것이 나를 죽인 것이다.

지역 특산물이나 특정 제품을 주제로 사업을 하는 경영자들도 이런 양날의 검을 쥔 사람들이다. 나를 키운 것이 어느 날 나를 죽일 수 있기 때문이다. 연어 전문점, 랍스터 전문점, 굴 요리 전문점, 생삼겹살 전문점, 은갈치 전문점, 홍어 전문점들 같이 특정 상품을 파는 매장들은 한순간에 시장에서 공급 문제가 발생하면 방어할 방법이 없다.

더구나 칼을 더 날카롭게 갈아서 깊은 충성 고객을 확보한 노르웨이 연어 전문점, 생랍스터 전문점, 거제도 굴 전문점, 한돈 냉장 삼겹살 전문점, 제주 은갈치 전문점, 흑산도 홍어 전문점이라고 특정 산지나 상태를 프로페셔널하게 자랑하고 나서면 오도 가도 못하고 망할 수 있다.

그래서 사업은 언제나 전문성과 범용성의 중간에 서야 한다. 내가 빠져나갈 방법이 없는 사업을 하고 있지 않은지 고민하고 살펴야 한다. 만약 도저히 빠져나갈 방법이 없다면 해당 사업에서 벌어 놓은 자산을 모아 출구가 있는 사업에 투자해야 한다. 만약 출구가 전혀 없는 사업을 현재 하고 있다면 최소 몇 달 완전히 수입이 없어도 버틸수 있는 여유 자금을 항상 준비하고 있어야 폭풍이 지나고 다시 살아남을 수 있다.

나의 꼼꼼함이 회사를 여기까지 키웠다면 나의 꼼꼼함이 회사를 망하게 할 수도 있다. 나의 따뜻한 마음이 회사를 여기까지 키웠다면 나의 따뜻함이 회사를 망하게 할 수 있다. 나의 부지런함, 나의 철학, 나의 눈썰미, 나의 성실, 나의 섬세함, 나의 카리스마는 어떤 시기에는 나를 살리고 어떤 시기에는 나를 죽인다. 그러므로 모든 가치를 절대적 가치로 이해하지 말고 언제나 변화를 받아들이고 이해해야 한다.

위衛나라 사람 상앙商鞅, B.C 390-B.C 338은 진秦나라의 효공孝公에게 발탁 돼 변법變法으로 불리는 일대 개혁 정치를 단행했다. 덕분에 훗날 진나라가 천하를 통일하는 기초를 다졌다. 그렇게 제정된 법령이 바로 역사상 그 유명한 〈상앙 변법〉이다. 그는 20년간 진나라의 재상으로 있으면서 엄격한 법치주의 정치를 펼쳐 나라를 강국으로 성장시켰다.

그러나 기원전 338년 효공이 죽고 아들 혜문왕이 즉위하자 그동안 상앙을 무너뜨릴 기회만 엿보던 관리와 귀족들은 기다렸다는 듯이 상앙이 반역을 꾀한다는 소문을 퍼뜨려 그를 곤경에 빠뜨렸다. 상앙은 진나라를 떠나 위魏나라로 도주하기 시작했다. 가까스로 진나라의 국경을 지나 관하에 도착한 상앙은 문지기 병사에게 저지당하고 말았다. "상군의 법에 따르면 날이 저문 뒤에는 출입이 불가하옵니다." 상앙을 알아보지 못한 병사가 말했다. 할 수 없이 여인숙을 찾아 문을 두드리니 주인이 나와 이렇게 말했다. "신분이 확인되지 않은 객을 재우면 상군의 법령에 따라 처벌을 받게 되오니 반드시 신분 확인을 해야겠습니다."

그는 결국 말년에 도망자 신세가 돼 진나라에서 탈출하다가 국경에서 잡혀 자신이 만든 거열형오몸을 소 ı 말에 묶어 찢는 형벌에 처해졌다. 처벌이 두려워 아무도 그를 숨겨주지 않았던 것이다. 그는 그제야 "내가 만든 법에 내가 죽는구나!"라고 절규했다. 이때 나온 말이 '자기가 한 일로 자신이 해를 입는다'는 뜻의 작법자폐作法自斃다.

현대 경영학의 아버지, 피터 드러커 역시 이렇게 말했다. "어제의 성공 요인이 오늘의 실패 요인이다."

032
내 매장에서도 물건을 돈 주고 사라

한 상장사 대표가 회사 계정으로 개인 기호품을 사서 집으로 나르다 망신을 당한 적이 있다. 사실 이것은 범법 행위다. 상장사란 여러 주주의 복합 자산 구조다. 자신이 사장이라는 이유로 자기 개인 회사처럼 사용했다는 것은 남의 자산을 횡령한 것이다.

나는 지나가다가 우리 회사 매장에 들러 상품이 필요하면 반드시 내 개인 카드로 지불한다. 지인들과 함께 사업상 들렀어도 진열장의 음식값을 반드시 지불한다. 이 당연한 것을 설명하는 이유는 자기 매장은 자기 것이라 그냥 가져와 먹어도 되는 줄 아는 사람들이 의외로 많기 때문이다.

가까운 친구 중에 가끔 놀라는 사람들이 있다. 회사 대표도 돈을 지불하고 물건을 사냐며 그럼 딱히 부러울 것이 없다고 놀린다. 100% 내 회사라도 당연히 돈을 지불하고 물건을 가져와야 한다. 이렇게 해야 하는 이유는 두 가지다.

하나는 법리적인 문제고 하나는 윤리적인 문제다. 설령 100% 내 회사라도 그 100%는 회사 소유에 관한 문제이지, 운영에 관한 기준이 아니다. 그 매장을 운영하는 점장 혹은 그 회사를 운영하는 사장은 해당 매장에서 생기는 매출과 이익으로 평가받는다. 그런데 불쑥 회장이라는 사람이 나타나 꽃 한 뭉치 들고 나가고, 도시락 몇 개를 가져간다면 그 돈이 얼마든 해당 매장의 점장과 사장의 이익을 해친 것이다. 또한 이런 행위는 직원들에게 나쁜 메시지를 줄 수 있다.

만약 회장이나 사장이 그렇게 가져가기 시작하면 유사한 직책에 있는 사람도 적당한 명분을 대고 같은 일을 할 것이다. 만약 그 일이 회사 용도라면 법인카드로, 개인 일이라면 반드시 개인카드로 지불해야 한다. 당연하지만 멋진 일이다.

033
행운을 만드는 15가지

입을 무겁게 하여 말을 전하지 말라.
가벼운 입은 오는 행운을 막고 불운을 모시고 온다.

남에게 이롭게 행동하고 자랑하지 않는다.
그러면 친절은 갚을 방법이 없어 행운으로 다가온다.

나는 운이 좋은 사람이라 생각하라.
행운도 좋은 사람을 좋아한다.

새로운 것을 두려워하지 않는다.
행운은 항상 새로운 일, 새로운 사람, 새로운 모임으로 나타난다.

나를 찾아오는 사람을 막지 말라.
행운은 누군가의 등 뒤에 타고 있다.

낙관주의가 돼라.
긍정적인 시선은 나쁜 일도 반대로 만든다.

다른 사람에게 행운이 돼라.
다른 사람도 당신에게 행운이 될 것이다.

창문을 열고 햇빛을 받아라.
행운은 빛과 함께 온다.

필요 없는 낡은 물건은 버려라.
오래된 물건은 생기를 빼앗고 행운의 발목을 붙든다.

행운은 실력이다.
실력을 높이면 확률이 높아진다.

세수를 깨끗이 하고 머리를 단정하게 하라.
몰골이 더러우면 행운은 오다가 실망한다.

당신 말고 상대가 이야기하게 하라.
그때야 행운은 당신이 말할 기회를 줄 것이다.

어른이라면 입은 다물고 지갑을 열어라.
행운은 언제나 젊기에 말은 많고
지갑은 닫는 사람을 좋아하지 않는다.

최소한 일 년에 24권의 책을 읽어라.

한 달에 두 권만 읽으면 안 보이던 복이 보인다.

15가지라고 했는데 하나가 없다. 마지막은,

당신의 존재가 이미 행운이다.

온 우주의 시공간을 곱하기 한 숫자만큼 기적이다.

034
왜 생각은 현실이 될까?

내가 좌우명으로 쓰는 말은 'Thoughts Become Reality'다. '생각이 현실이 된다.'는 가르침은 역사를 통틀어 다양한 문화와 철학적 전통에 걸쳐 많은 사람이 지지해온 개념이다. 서양 철학에서 이 개념은 고대 그리스 철학자 헤라클레이토스로 거슬러 올라간다.

그는 '인간의 성격은 그의 운명이다'라고 말했다. 동양 철학에서 생각이 현실이 된다는 개념은 우리의 생각과 행동이 우리의 현실을 형성하고 미래의 경험을 결정한다고 가르치는 불교의 중심 교리다. 부처님 자신이 '우리의 모든 것은 우리가 생각한 것의 결과'라고 가르쳤다. 19세기 초 미국에서 통합된 영적 운동인 신사고 운동New Thought Movement/ 19세기에 시작된 치료운동- 사람 내면에 엄청난 힘이 있다는 메시지의 중심 개념이기도 하다. 이 운동의 지지자들은 생각이 현실에 영향을 미칠 수 있다는 믿음을 갖고 있었다. 긍정적인 생각과 감정에 초점을 맞춰 같은 사람이 같은 사람을 끌어당긴다고 가정하는 끌어당김의 법칙으로 이어진다. 그로부터 자신의 삶에서 긍정적인 경험과 결과를 가져올 수 있다는 의미다. 유명한 연설가이자 인생 코치인 토니 로빈스는 "당신의 영향력에 유일한 한계는 당신의 상상력과 헌신입니다"라고 말했다.

'생각이 현실이 된다'라는 생각은 우리의 생각과 믿음이 삶에서 사건이 전개되는 방식에 큰 영향을 미칠 수 있음을 시사한다. 이 아이디어는 종종 긍정적인 생각과 감정이 긍정적인 경험과 결과를 끌어당길 수 있는 반면, 부정적인 생각과 감정은 부정적인 경험과 결과를 끌어당길 수 있다는 '끌어당김의 법칙' 개념과 관련이 있다.

어떤 사람들은 우리의 생각과 믿음이 물리적 세계에 직접적인 영향을 미쳐 특정 사건이나 결과가 발생할 수 있다고 말하기도 한다. 다른 사람들은 생각과 신념이 현실에 인식과 경험을 만들며 특정 사항에 주목하고 집중하게 한다고 말한다. 그것이 어떤 방식으로 일하는지 나는 모르지만 자신의 생각이 자신의 모습을 만들어 나가는 것은 사실이다.

나는 생각이 세상과 사람이 상호 작용하는 방식을 형성해 현실 안의 다양한 행동과 결정으로 이어진다고 믿는다. 생각이 현실이 된다는 개념은 과학적으로 증명된 것이 아니며 그 효과는 개인마다 다르다는 점을 언급할 필요는 있다. 그러나 분명한 영향력을 행사하는 것은 부정할 수 없는 사실이다. 그러므로 긍정적인 결과를 향한 자신의 생각으로 삶에 긍정적 가치를 얻어 낼 수 있을 것이다.

결국, 우리의 생각과 믿음의 방향이 삶의 크고 작은 사건과 결과에 상당한 영향을 미칠 수 있음을 명심해야 한다. 내가 부자가 될 수 있다고 믿는 사람은 부자가 된다. 정확히는, 그런 사람들 사이에서 부자가 나온다. 부자가 될 수 있다고 믿기에 부자가 되는 방식을 찾고 그에 걸맞은 공부와 노력을 하기 마련이니 그런 사람들 안에서 부자가 나오는 것은 당연하다.

반면에 내가 부자가 될 수 없다고 믿는 사람은 부자가 될 수 없다. 부자는 나와 상관없는 일이니 아무 일도 하지 않을 것이다. 심지어 복권도, 투자도 하지 않는다. 기회가 어떤 방법으로도 그를 찾아갈 수 없는 것이다. 훌륭한 배우자, 육체적 건강, 풍요로운 삶, 정신적 독립, 심리적 안정, 이 모든 것들은 원하는 사람은 얻을 수 있고 원하지 않거나 믿지 않으면 얻지 못한다. 당신의 생각이 이 모든 현실의 시작이고 실체의 씨앗이다. 이 씨앗을 심고 자라게 하는 모든 것은 당신의 생각이다. 생각은 때가 되면 당신을 움직이게 하고 그에 맞는 인연이나 상황에 가면 그것이 기회가 찾아왔음을 분명히 알려줄 것이다.

이것이 과학이든 아니든 상관없다. 그러니 당신 입에서 나오는 말을 조심하라. 무엇이든 그 입에서 나오는 대로 당신이 살아갈 것이기 때문이다. '여자들은 다 속물이다'라고 말하고 다니면 당신은 절대로 품위 있고 멋진 여자를 만나지 못할 것이고, '나는 살을 뺄 수 없어'라고 말하면 그 말을 하는 동안에는 절대로 살을 빼지 못할 것이 뻔하다.

뭔가 부정적이고 냉소적으로 말하면 현실 감각있고 자신이 멋있는 줄 아는 사람이 많다. 그러나 이들은 똑똑한 바보일 뿐이다. 이 세상을 이겨낸 사람들은 절대로 그런 비관론자들이 아니다. 언제나 '그럼에도 불구하고' 희망과 꿈을 가진 사람들이다. 이들이 바로 성공한 바보다. 그러니 '나는 멋진 몸매를 갖겠다'고 말하면 멋진 몸매를 가질 확률이 대단히 높고, '나는 사업에 성공하겠다'라고 마음먹으면 사업에 성공할 확률이 대단히 높은 사람이 된다.

나는 사업을 시작하는 사람에게 항상 그 꿈을 묻는다. 무엇이 그 사람의 최종 꿈인지가 사업의 전체 크기에 매우 중요한 요소이기 때문이다. 그러니 앞으로 아무 말이나 하지 말고 함부로 아무 생각이나 하지 말라. 그 말과 생각이 곧 당신이기 때문이다.

불과 몇 년 전에 이 교훈을 당신이 받아들였다면 당신은 이미 당신이 원하는 사람이 돼 있을 것이다. 그러나 그러지 못했다면 두 번째 기회는 바로 지금이다. 지금부터라도 이 교훈을 받아들이면 결국 당신은 당신이 말한 사람이 돼 있을 것이다. 이 두 번째 기회도 놓쳐서 아무것도 믿지 않고 아무것도 바라지 않는다면 당신은 아무거나 돼 있을 것이다. 어차피 믿지 않는 사람은 이 글을 읽고도 변하지 않을 거라는 점이 가장 안타깝다.

035
이유 없이 사람들이 나를 싫어하는 3가지 경우의 수

나는 사장을 가르치는 선생으로 사장들에게 어린아이들처럼 가르치는 것이 세 가지 있다. 유치원 때 미처 배우지 못한 것이거나, 부모가 가르치지 못한 것인데 이미 사장이나 되니 지금은 아무도 가르치지 못하는 것이 돼 버린 것들이다. 유치하지만 이를 사장학개론에 적은 이유는 지금이라도 배우라는 뜻이다.

하나, 지금 당장 오른손 손등을 고양이처럼 핥아 봐라. 그리고 냄새를 맡아봐라. 고약한 냄새가 나는데도 주변에서 별소리를 안 했다면 차마 아무도 당신에게 입 냄새난다는 소리를 못하고 있는 것이다.

둘, 거울을 가져다가 코털을 들여다봐라. 만약 코 밖으로 단 1미리라도 삐져나온 놈이 있다면 바짝 잘라라. 자르면서 귓가에 자란 털이 있는지 살펴. 한두 개 길게 자란 놈들이 있을 수 있다. 누군가는 이런 것을 더럽다고 느낀다. 방심하지 말라.

셋, 식사할 때 흘리지 마라. 부스러기 떨어뜨리지 말고 국물 흘리지 말고 소리 내서 먹지 말라. 자수성가했어도 서서 밥을 먹던 가난한 시절의 흔적은 그렇게 남아 있다.

　이 세 가지를 무시하거나 방치하면 당신보다 나은 직원은 못 만날
것이다.

036
공생과 협력, 유기적 사업에 대하여

협력, 공생, 공정은 새로운 이익의 막강한 도구이자 최고의 전술이며 전략이다. 자연 생태계에는 적자생존이나 약육강식, 자연선택이라는 말이 있다. 적자생존은 환경에 적응하는 것만 살아남고 나머지는 사라진다는 의미다. 강자에게 먹힌다는 약육강식이나 적응하는 생물은 생존하고 나머지는 저절로 사라진다는 자연선택 역시 강자 중심으로 살아남는다는 뜻이다.

산업계나 기업도 이런 생태이론과 유사한 행동형태를 신봉해왔다. 업계 선두로 올라선 뒤 후발주자를 죽이는 일을 자신이 사는 방식으로 이해했기 때문이다. 그러나 생태계에서조차 다윈의 이런 이론들은 도전받고 있다. 다윈의 이론 기준으로 경쟁자에 대한 협력은 곧 진화론에 역행하는 행위다. 하지만 생명의 다양한 생존방식 중에 우리가 이해하지 못하는 방식으로 살아남은 생명체들이 많다.

노왁수학자, 진화 생물학자과 로저 하이필드물리 화학박사가 함께 쓴『초협력자』에서는 인간을 최고의 협력자라고 말한다. 그 협력이란 공동의 목적을 위한 단순한 협력에 그치지 않는다. 평판, 혈연, 배려, 믿음, 관용, 너그러움 같은 특성들이 다윈의 배신 전략보다 이익이 되는 상황이 더 많다는 점이다. 지금까지는 전통적인 진화론에 따라 선택과 변이라는 두 개의 원칙만을 유용하게 봤다. 하지만 협력이야말로 성장의 가장 유용한 방법임을 설명하는 것이다.

치열한 산업 경쟁에서 공생과 협력은 오히려 가장 근사한 성장 모델이다. 기업은 사회 문제를 일으켜 이윤을 창출한다. 기업은 공해를 줄이려는 노력보다 공해를 만들 때 더 많은 돈을 번다. 환경오염을 줄이기 위한 설치들은 많은 비용이 들기 때문이다. 안전장치를 무시하는 작업 환경은 기업에 더 많은 이윤을 준다. 안전한 작업 환경을 유지하는 것은 많은 비용이 들기 때문이다.

기업은 전통적으로 이런 방식으로부터 수입을 만들어 왔다. 하지만 지금은 다르다. 오히려 사회의 문제를 풀어나갈 때 이득을 얻는다는 사실을 깨달아 가고 있다. 그야말로 진정한 이윤이라는 것을 말이다. 나는 제자 사업가들에게 그들의 사업이 회사, 직원, 고객, 경쟁자, 협력사 모두에게 도움이 되는 유기적 사업 환경이 되게 하라고 독려한다. 우리는 유기농법을 농산물이 재배되고 가공되는 방식에 살충제나 비료 같은 합성 투입물 사용을 없앤 것에 국한해 생각한다. 그러나 실제 유기농업의 목적은 천연자원의 사용과 토양 건강, 생물 다양성이 농산물의 생산 과정에서 침해당하지 않고 오히려 더 좋아지는 것을 목표로 하고 있다. 이것이야말로 이 거친 사업계에서 가장 멀리, 오래 그리고 높이 갈 수 있는 최선의 방법이다 이제 억지로라도 선한 사람이 되어야 한다. 세상에 온전한 승자는 없다. 경쟁자를 없애면 다음 날 다른 경쟁자가 나타날 뿐이다.

037
2년에 한 번씩 사장이 꼭 해야 할 일

경영자는 최소 2년에 한 번씩 두 가지는 꼭 해야 한다. 회사의 회계 정밀 감사와 자신의 종합 건강검진이다. 종합 세무평가는 마치 세무서에서 세무조사를 나온 것처럼 세세한 부분까지 받는 것이 좋다. 자신들이 잘 못하는 부분, 놓친 부분, 혹은 개선할 부분, 또는 사내 부정, 사내 부정 발생 요충지에 대한 검사를 해야 한다. 매출만큼 중요한 것이 재무관리고 이익만큼 중요한 것이 절세다.

경영자의 건강 상태는 회사의 운명과 직결된다. 특정 질병에 노출돼 있지는 않은지, 미리 관리해야 할 문제가 있는지, 정기적 건강 검진을 통해 몸의 상태를 확인해야 한다. 더불어 경영자의 유고 시에 생길 통장관리, 비밀번호 관리, 결재 처리에 예비 플랜을 가져야 한다.

경영자의 특성상 사장은 자신의 건강을 잘 챙기지 못할 때가 많다. 기업 조직에서 경영자의 건강은 매우 중요한 자원임에도 그 중요성이 간과되는 경우가 있다. 일찍 성공한 사람들이 평균보다 빨리 사망한다는 결과도 있다. 서울대병원 강남센터가 대기업 임원 500명을 조사한 결과, 4명 중 1명은 우울증을 앓고 있거나 경험한 것으로 드러났다. 캐나다 로렌티안 대학에서도 평균 나이 51세의 CEO 400명을 대상으로 건강 상태를 조사했는데 그 결과 88%가 일반인 보다 암과 심장 관련 질환에 더 취약한 것으로 나타났다. 그러니 운동을 할 수 없다면 정기적 건강 검진이라도 반드시 챙기기를 권고한다.

038
사장이 되면 무슨 일이 생길까?

사업을 막 시작하면 대부분 사장들에게 이런 일이 발생한다.

근거 없는 비난, 조롱, 직장인보다 더 많은 근무, 가족관계 무너짐, 피곤, 주말근무, 휴일근무, 건강악화, 인간에 대한 모멸감, 불안감, 친구들이 나누어짐, 직원에 대한 분노, 배신, 횡령, 신용불량, 갑을 관계 문제, 채무, 불량채권, 수면부족, 불면증, 휴가 없음, 자녀들과 함께 할 시간 사라짐, 항상 밥값 내야 함 등이다.

사업이 자리를 잡기 시작해서 제법 사업체가 돌아가면 그때 남는 것들은 이런 것들이다.

근거 없는 비난, 조롱, 직장인보다 더 많은 근무, 가족관계 무너짐, 피곤, 주말근무, 휴일근무, 건강악화, 인간에 대한 모멸감, 불안감, 친구들이 나누어짐, 직원에 대한 분노, 배신, 횡령, 신용불량, 갑을 관계 문제, 채무, 불량채권, 수면부족, 불면증, 휴가 없음, 자녀들과 함께 할 시간 사라짐, 항상 밥값 내야 함 등이다.

차이는 아무것도 없다. 그럼 이런 것들은 언제 없어지는 걸까? 스스로 없어지는 것은 하나도 없다. 단지 당신의 사업이 범접할 수 없을 만큼 커지면 이중에 몇 가지는 사라지겠지만 그래도 여전히 당신을 따라다닐 것이다. 그래서 당신이 스스로 하나씩 찾아서 돌려놔야 한다. 근거 없는 비난은 칭찬으로, 조롱은 존경으로, 자유근무, 가족에게 어른이 되는 것, 활기, 장기휴가, 정기 휴가, 건강, 인간에 대한 존중, 진짜 친구, 직원에 대한 애정과 감사, 충성심, 신용, 갑 같은 을, 잔고, 수익, 휴식, 일에 대한 자긍심, 보람 등으로 하나하나 바꿔가야 한다.

사장은 자기 삶의 가치를 스스로 만들어가는 사람이다. 남이 가져다주는 것은 하나도 없다. 하나도 없다는 것은 슬프지만 동시에 행복한 일이다. 힘들지만 누구에게도 신세 지지 않고 자신의 독립성을 유지할 수 있기 때문이다. 덕분에 누구 앞에서도 떳떳하고 비굴할 이유가 없다. 스스로 서 있는 것 자체가 행복이고 스스로 걷는 것 자체가 보람이다.

사업이 잘된다고 바뀌는 것이 아니다. 내가 왜 사업을 했는지 그 근본을 잊지 말아야 한다. 그렇지 않으면 나를 위해 사업을 한 것이 아니라 사업을 위해 내가 사는 사람이 된다. 그러나 모두 바뀌도 하나는 바뀌지 않을 것이다. 밥값은 항상 당신이 내야 할 것이다.

039
사장의 사치는 어디까지 허용되나?

사장의 사치에는 해야 할 사치와, 해도 괜찮은 사치와, 하면 안 되는 사치가 있다. 사치란 태초부터 존재했고 결코 사라지지 않을 것이다. 박물관의 왕관을 비롯해 모든 액세서리 모두 오래전부터 사치가 하나의 권력으로 나타나 있음을 보여준다.

사치라는 것은 굳이 필요 없는 것을 비싼 값에 치르는 행동이다. 이런 행동은 신분 우월성의 지표로 사용된다. 현대 사회에서는 신용의 지표로도 사용되는 것이 사치품이다. 누군가 명품 가방을 들면 그것이 부자를 뜻하지는 않지만 최소한 저것을 살 수 있는 정도의 사람이라는 의미를 나타낸다. 볼테르프랑스의 대표적인 계몽주의 작가 는 사치에 대한 그의 사랑을 처음으로 선언한 사람 중 한 명이다. 그는 '사치품이 경제를 작동시키고 예술을 장려하며 자유를 보장하는 등의 이점'이라고 말했다. 한편 디드로계몽주의, 무신론을 가장 먼저 말한 철학자와 루소계몽주의 철학자 는 자신의 재산을 미친 듯이 사용하는 나쁜 사치, 도덕의 부패, 취미의 퇴폐에 대해 많은 비난을 했다. 그러나 나는 현대 사회에서의 사치나 사치품에 대한 문제를 경제적 가치나 도덕적 문제로 나누지 않고 개인의 신용의 문제로 들여다보고 싶다.

사장으로 해야 할 사치는 반드시 있다. 이것은 검소함이 잘못하면 누추함으로 나타나기 때문이다. 그래서 그 개인이나 회사는 일정한 수준의 사치가 있어야 신용이 증가한다. 흔히 은행이 대로변의 최고급 건물을 임대하는 것을 볼 수 있는데 이는 사실 사치다. 그러나 이 사치는 신용을 올려주는 좋은 사치다. 만약 은행이 골목 안 2층 허름한 사무실에 지점이 있다면 그곳에 돈을 맡길 사람은 아무도 없을 것이다. 왠지 불안하다. 아무도 은행의 건실한 운영을 칭찬하지 않을 것이다. 특히 인생 전체를 맡겨 놓은 생명보험 회사들은 시내에 가장 높은 빌딩을 차지하고 있다. 내가 죽어도 저 빌딩이 존재해야 믿어지기 때문이다.

개인 회사나 사장들도 이렇게 신용을 증가시키는데 적당한 사치가 분명 필요하다. 사치를 해도 되는 시기는 사업이 이제 적자를 벗어나 이익이 생기고 최소 3년간 순이익이 발생하는 지점이면 적당하다. 이때 하는 사치는 궁핍함을 가리기 위함이다. 남에게 우월감을 주는 사치가 아니다. 궁색함이 묻어 있는 것들을 바꾸고 가리기 위한 사치다.

화려하지는 않아도 깨끗하고 단정한 사무실도 필요하고 사장은 자가용도 새 차로 바꿔야 한다. 옷은 단정하고 잘 다려 입어야 한다. 신생 유명 IT기업 흉내 낸다고 청바지에 티셔츠 입고 슬리퍼 신고 나타나면 안 된다. 그 버릇을 벗어나지 못하면 자신보다 품위 있는 직원들을 절대로 만날 수 없다. 사장이 운동화를 신으면 직원도 운동화에 맞는 복장을 하고 다닐 것이고, 내가 구두를 신으면 직원들은 세미정장이라도 입고 말도 단정히 할 것이다. 내가 슬리퍼 신고 다니면 운동화 뒤축을 접어 신고 다니는 직원도 만날 것이다. 명품 로고가 조용히 숨어 있는 제품들을 찾아 요란스럽지 않게 입고 그에 걸맞게 행동하면 된다.

해도 괜찮은 사치 시기는 5년 이상 순이익이 나오거나 직원이 30명이 넘어가거나 매출이 백억 대에 들어가면 시작해도 된다. 이때는 외제 차를 하나 사도 좋고 배우자도 좋은 차를 사줘도 된다. 남편이 사장이면 아내에게는 자기보다 비싼 차를 사주고 아내가 사장이면 본인이 비싼 차를 타고 다녀도 된다. 그러나 절대로 이때도 허세를 부리는 사치는 안 된다. 롤스로이스나 람보르기니, 페라리, 벤틀리 같은 차를 타는 사람은 신용이 오히려 하락한다. 벤츠나 BMW면 충분하고 스포츠카라면 포르쉐까지는 적당하다. 그 이상의 비싼 차는 무엇이라 핑계를 대도 허영과 허세일 뿐이다.

설령 그런 차 값을 한 달 안에 벌 수 있고 현금으로 살 수 있다 해도, 그보다 훨씬 더 많은 돈을 버는 다른 사업가들은 그런 유치한 짓을 하지 않는다. 시계 역시, 롤렉스나 IWC, 오메가 정도까지다. 괜히 파텍필립이나 오데마피게 같이 발음도 안 되는 시계를 찾으면 안 된다. 그런 것은 시계 투자자나 할 일이다.

해도 되는 사치라 해서 반드시 해야 된다는 말도 아니다. 그러나 적절하게 잘하면 기품 있어 보일 것이다. 기품 있어 보이는 정도를 넘어서지 않게 과하게 하지 않아야 한다. 온몸에 모자부터 신발까지 구찌, 구찌, 구찌, 구찌, 한 것보다 추한 부자는 없다.

하면 안 되는 사치는 자신의 경제 범위를 넘어간 사치, 경쟁을 위한 사치, 보여주기 위한 사치, 자랑을 위한 사치다. 이런 사치들은 자신의 인생과 돈과 사업까지도 날릴 수 있다. 사치로 어떤 사람의 기를 죽일 수는 있어도 사치로 존경을 얻지는 못한다. 가장 멋진 사치는 사치할 수 있는데 사치하지 않는 것이다. 일부 최고급 명품에 오히려 로고가 보이지 않는 이유이기도 하다.

당신 자신의 고귀함이 그 어떤 상품의 가치보다 높다. 지나친 사치로 당신의 품격을 깎아내리지 말기 바란다.

040
규모가 커지면서 변해야 하는 것과
변하지 말아야 하는 사장의 태도

　1인 회사부터 수십 명, 수백 명을 고용하는 사업주가 되는 과정에서, 단계별, 상황별로 반드시 변해야 하는 것이 있고, 반대로 반드시 변함없이 지켜야 하는 것들이 있다. 10인 이하의 작은 기업을 다룰 때와 50인 혹은 100인 이상의 기업을 다룰 때는 엄연히 다르다. 작은 기업의 사장 때 하던 방식이 기업이 커지면서 오히려 문제를 야기하는 것들이 많다.

　부지런함은 작은 기업의 사장에게는 최고의 덕목이다. 초기에 기업이 커지는 과정에서는 부지런함과 성실함만 한 도구가 없다. 그러나 회사가 커지면 사장의 이런 덕목은 해가 될 수 있다. 모든 일에 참여하고 모든 일을 자신이 알고 있어야 하고 모든 일을 자신이 리드해야 하는 사람이라면 기업은 무너지고 만다.
　한 사람이 할 수 있는 일에는 분명 한계가 있고 사장도 예외가 아니다. 그러나 성실한 사장들은 성실을 선이라 생각하고 자신이 조금이라도 게으르면 기업이 망한다고 생각하거나 개인적으로는 도덕적 수치를 느끼기도 한다.
　하지만 부지런함의 최종 목적은 게으르기 위한 것이다. 인간은 일을 하기 위해 태어난 것이 아니라 행복하기 위해 사는 것이다. 부지런함을 통해 게으름을 확보한 후, 자신의 삶을 사는 것이 행복이다.

기업에서는 어느 순간부터 성실함과 부지런함으로 대체할 수 없는 구간이 생긴다. 판단과 방향성과 안목이 사업을 이끌어가는 시기가 생긴다. 그런데 이때도 사장이 부지런하면 몸을 움직이느라 마음이 설 자리가 없어진다. 그래서 훌륭한 경영자는 하루의 휴식과 주말과 휴가를 잘 활용할 수 있는 사람이다.

믿음은 친구, 가족, 연인은 물론이고, 직장동료 또는 모든 관계의 가장 기본 구성 요소다. 사람들이 서로를 신뢰하면 상호 존중이 더 커지고 자신과 다른 사람의 동기와 요구 사항을 더 깊이 이해할 수 있다. 이를 통해 더욱 조화롭고 협력적인 업무 환경이 조성된다. 직원을 믿어주면 더 개방적이고 정직한 의사소통을 할 수 있다. 신뢰하면 개인과 직업 생활에서 더 자신감을 갖게 된다. 위험을 감수하며 새로운 것을 시도하고 실수로부터 배울 가능성을 높여 준다. 이것은 사업 초기에 발생하는 돌발적인 문제들에 훨씬 더 효과적인 문제 해결법으로 이어진다. 따라서 믿음은 아직 검증되지 않는 직원을 영웅으로 만들어 기업의 핵심 인력이 될 수 있도록 이끈다.

하지만 기업이 크고 나면 사업 초기의 이런 믿음은 대형 실수로 이어질 수 있다. 커진 회사는 믿음을 주는 것에 집중할 것이 아니라, 믿음에서 일어날 사고를 미리 방지할 시스템을 구축하는 쪽으로 그 방향성을 바꿔 나가야 한다. 믿기는 하지만 그래도 사고가 날 여지를 남기지 않는 태도다. 규모가 커진 회사의 직원들은 소규모 상태와 다르게 그들의 작은 결정 하나가 회사에 엄청난 이익과 손실을 발생시키기 때문에 사업 초기 때와 달리 구조적 유혹이나, 권위가 주는 권력에 노출된다. 믿음이나 신뢰가 이들을 지켜주기에는 너무 큰 위험성이 존재하는 것이다. 그래서 큰 회사의 사장은 아무도 믿지 않는다는 전제하에 사내의 모든 위험성을 제거하는 데 힘써야 한다.

　인내는 고결한 품성 중 하나다. 인내는 장애물이나 어려움 속에서도 목표를 향해 계속해서 노력할 수 있게 하는 능력이다. 한 개인이 도전에 직면해 궁극적으로 목표를 달성할 수 있도록 하는, 인간이 반드시 가져야 될 주요 특성 중 하나다. 그러나 이런 인내조차도 회사의 규모가 커지면 우유부단한 태도로 사업을 힘들게 할 수 있다. 사업 초기에는 어쩔 수 없는 인내가 있다. 작은 기업의 사장은 누구에게나 약자다. 심지어 직원들 앞에서도 약자일 수 있다. 그때는 참는 것이 유일한 해결책이기 때문에 인내심 많은 사장이 매우 유리할 수 있다. 밥이 익기 전에 뚜껑을 여는 실수를 하지 않는 것이다.

　그러나 회사가 커지면 하루에도 수많은 결정과, 서로 다른 이해관계 속에서 끊임없이 다툼이 일어난다. 인내할 시간조차 없어진다. 큰 의미나 큰 결정에서의 인내는 여전히 유용하지만 더 이상 인내하고 참는 것만으로 해결되지 않는 것들이 수없이 많다. 이것을 배우지 못하면 회사는 정지되고 만다. 오히려 인내하기보다 화를 내기도 하고 지시를 강제할 때도 있고 순간적인 판단력으로 일정 시간 이내에 반드시 결정할 일도 많아진다. 이때가 오면 인내보다는 자신감을 필요로 한다. 인내해서 생기는 혜택보다 결정을 미뤄서 생기는 피해가 더 커지는 일들이 많아지기 때문이다. 그래서 인내보다는 사후 책임지고 만회하는 태도로 살아야 한다.

　사장의 고집은 선이다. 이것은 사업가로서 반드시 필요한 특징 중 하나다. 사업가가 고집이 없다는 것은 자신의 특별한 장점이 없다는 뜻과 같다. 사업가는 절대로 귀가 얇으면 안 된다. 자신의 철학과 고집을 통해 시장의 한쪽 귀퉁이를 찾아야 한다. 완고한 사람은 목표를 고수하고 쉽게 포기하지 않는다. 이런 태도가 성공과 목표 달성으로 이어진다. 고집이 있어야 다른 사람의 의견이나 아이디어에 쉽게 흔들리지 않는 자신감을 갖고 누구에게 이용당하거나 괴롭힘을 당할 가능성이 적어진다. 이런 고집은 결과가 아직 나타나지 않았어도 추종하고 따르는 사람들을 만들어 낸다.

　따라서 초기 창업자의 이런 고집은 선이다. 그러나 회사가 커지면 이런 완고함은 완벽히 독이 된다. 몇몇 직원들을 강하게 리드하며 일할 때는 문제가 없어도 여러 사람의 협력을 위해 타협과 조정을 반복하는 대규모 조직에서의 고집은 다른 관점을 전혀 고려하지 않는 사람으로 비친다. 이런 태도는 구성원들에게 나쁜 메시지를 주며 조직이 함께 일하는 데 어려움을 겪는다. 또한 리더의 고집은 구성원들이 새로운 상황에 적응하거나 리더를 필요로 할 때 접근 방식을 변경하는 것을 어렵게 만들 수 있다. 결국 다른 사람과의 갈등으로 이어질 수밖에 없다. 한 사람이 어떤 사람보다 능력 많고 현명할 수는 있지만, 다수의 능력보다 항상 우위일 수 없고 다수보다 더 많은 일을 할 수 없다. 고집이 더 이상 필요 없는 시점이 왔는데도 고집을 부리고 완고한 사람이 되면 아무리 사장이라도 결국 혼자 남게 되고 측근들이 모두 떠나게 된다.

그러나 회사가 작든 크든 반드시 지켜야 할 덕목들은 다음과 같다. 이런 가치들을 3개 정도만 골라봤다. 이것들은 시대와 상황이 변해도 언제나 불변의 가치를 발휘한다.

첫째는 감사하는 마음이다.

사업을 시작한 것부터 감사해야 한다. 내가 나 스스로 무엇을 인생에서 시작할 수 있다는 것은 너무나 감사한 일이다. 남이 시켜서 하는 일이 아니라 자신이 원해서 내 주체적 삶을 시작할 기회를 가진 것은 감사해야 한다. 작은 기업이라도 갖고 있어서 내 삶과 가족을 부양할 수 있음에 감사해야 한다.

사업이 커졌으면 내게 주어진 이 행운에 감사해야 한다. 평범하고 부족한 한 인간이 남들에게 급여를 줄 수 있고 국가에 세금을 낼 수 있고 사회 구성원의 역할을 하고 살 수 있는 것에 진심으로 감사해야 한다. 감사하는 마음을 가진 사람은 정신적, 육체적으로 더 나은 삶을 산다. 감사하는 마음은 우울증과 스트레스 정도를 낮추고 더 나은 수면과 신체 건강을 준다. 또한 자기 삶의 긍정적이 측면에 집중하고 자신의 부족한 부분에 연연하지 않아 자신감과 자존감을 높이는 데 도움이 된다. 주변에 감사를 표현하면 다른 사람의 신뢰를 얻고 긍정적인 감정의 교류가 이어진다. 이를 통해 공감 능력이 향상돼 주변에 좋은 사람들이 몰려든다. 이것은 전반적인 삶에 더 큰 만족감을 느끼게 한다.

두 번째 가치는 정직이다.

그러나 정직이 항상 최선의 선택일까? 이런 고민은 매번 문제에 봉착할 때마다 고민하게 된다. 많은 경제학자, 윤리학자, 기업 현자는 정직이 최선의 정책이라고 우리를 설득했지만 언제나 옳다고 할 만큼 확실치는 않았다. 거짓에 대한 확실한 대가를 치르게 할 수 없는 경우가 많기 때문이다. 실제로 매번 진실을 말하거나 자신의 말을 지켜야 하는 강력한 경제적 이유는 없다. 현실 세계에서 배신자에 대한 처벌은 신속하지도 확실하지도 않기 때문이다. 그러나 정직을 남용해서 끔찍한 결과를 얻었던 사례는 거의 없고 거짓의 대가를 혹독하게 치른 경우는 셀 수 없이 많은 것이 사실이다.

사실 정직의 가치는 이것이 주로 도덕적인 행위라는 가치관에서 나온다. 옳고 그름에 대한 특별한 가치관이 없다면 정직은 유혹 앞에서 쉽게 무너질 것이다. 단지 사업만을 위해서라면 정직만이 언제나 옳은 가치를 주는 것은 아니다.

하지만 중요한 가치는 우리가 사업을 하기 위해 태어난 것이 아니라 사업을 통해 삶을 나타내려 하려는 것이다. 정직하지 않은 행동을 하면 행복하지 않게 된다. 어떠한 강력한 압력에도 정직함과 약속을 지키기 위해 자신의 시간과 재산 손실을 감수하는 사업가는 다른 사람들의 존중, 특히 내 측근들의 존중을 얻게 된다. 이것은 자산으로 환산할 수 없는 가치다. 이때 얻는 행복은 돈으로 측정이 되지 않는다. 그래서 정직은 사업이 작든, 크든 반드시 가져야 할 태도다.

세 번째로 뽑기는 했지만 사실 사업가에게는 첫 번째가 돼야 하는 것이 있다. '시간 약속 지키기'는 사업 세계 헌법 제1조 1장 첫 줄에 넣어야 할 문구이자 가치다.

사업에서의 가장 큰 가치는 신뢰이고 이 신뢰를 증명하는 첫 도구가 시간 약속을 지키는 것이다. 시간 약속을 지킨다는 것은 다른 사람의 시간을 존중하고 그들의 삶을 소중하게 여긴다는 것을 보여준다. 그러나 그 무엇보다 그것은 나의 삶을 존중하는 일이다. 시간을 잘 지키는 것은 업무의 핵심 측면이며 직장에서 신뢰와 신뢰를 구축한다. 무엇보다 시간을 잘 지키면 다른 시간을 보다 효율적으로 사용할 수 있어 생산성이 향상된다. 이것은 비용 절감으로도 이어지며 더 많은 시간을 확보할 수 있는 이점이 있다.

무엇보다 시간 약속을 잘 지키는 사람은 평판이 좋다. 좋은 평판은 기업가의 다른 자산 가치로, 이것을 토대로 신용자산을 만들어 내는 힘을 가진다. 시간 약속 지키기는 사업의 시작부터 사업을 끝내는 날까지 항상 지켜야 할 가치다. 벤자민 프랭클린은 이렇게 말했다.

"오늘의 하나는 내일 둘의 가치가 있다. 잃어버린 시간은 다시는 찾을 수 없다. 시간은 돈이다. 당신은 삶을 사랑하는가? 그렇다면 시간을 낭비하지 마라. 그것이 삶의 구성 요소이기 때문이다. 당신은 지체할 수 있지만, 시간은 그렇지 않을 것이다."

모든 시간 약속을 자신의 결혼식 약속처럼 무겁게 받아들여라. 그리고 이 태도를 평생 유지하라. 그러면 당신은 위대한 사업가가 돼 있을 것이다.

041
사장이 되면 친구들을 어떻게 할까?

회사의 대표가 되는 순간, 그리고 그 회사가 성장해 나가면서 생기는 가장 큰 고민 중에 하나가 친구 문제다. 기업 규모가 커질수록 사장은 친구를 사귀는 것이 어려워진다. 오랜 친구들과 사업 이야기를 할 수도 없다. 잘못하면 자랑이 되거나, 비전문적인 조언만 난무하기 때문이다. 그렇다고 사내에서 친구를 구할 수도 없다. 사장과 직원은 같은 배에 타긴 했어도 첨예한 이해관계가 있고 회사의 대표와 고용자라는 위치가 결국은 시각적 차이를 극복할 수 없기 때문이다.

결국은 경제적 이해관계를 넘어서는 진실한 친구 몇 이외 모두 거리를 두게 된다. 그러다 보니 어떤 경우에는 모든 친구가 사라지는 경우까지 발생한다. 사람이 친구가 없다는 것은 인간 사회 조직안에 속하지 못한다는 말과 같다. 여기서 말하는 친구는 아는 사람과는 다르다.

진정한 친구란 상대에게 정직해야 한다. 같은 철학을 갖고 있지 않아도 서로를 이해하고 믿을 수 있는 사람이어야 한다. 뒤에서 험담 하지 않고 당신의 비밀을 안전하게 지켜줄 수 있어야 한다. 좋은 친구의 특징은 약속을 지키고 서로를 지지하고 무엇보다 상대를 공감하는 능력이 있다. 따라서 듣기는 필수적 능력이다. 당신이 말하고 질문하고 토의하는 것을 나눌 수 있어야 한다. 일방적 듣기와 일방적 말하기는 친구로서 하지 말아야 할 행위다. 무엇보다 중요한 것은 그들과 같이 있으면 기분이 좋고 보호받는 느낌이 들며 영감과 용기를 주는 사람이어야 한다. 그리고 무엇보다 당신과 함께 어울릴 시간의 영역이 같아야 한다. 아무리 좋은 사람도 함께할 시간이 적으면 깊은 우정을 쌓지 못한다.

반면에 나쁜 친구는 항상 당신의 문제보다 그의 문제를 크고 중요하게 다루는 사람이며 끊임없이 당신의 감정을 소모시키는 사람이다. 당신을 불편한 자리로 데려가거나 범죄 혹은 위험한 행동을 부추기는 사람도 있다. 당신의 삶을 존중하지 않는 사람은 친구로 받아 들여서는 안 된다. 그래서 오래 알고 있었거나 가까운 곳에 산다고 모두 좋은 친구가 아니다. 당신을 도구로 사용하거나 장식물로 여기는 사람도 나쁜 친구다. 나는 이런 사람을 친구라고 부르지 않는다. 아는 사람이라고 한다. 그래서 당신의 삶에서 친구라고 불리는 해로운 사람을 계속 둔다면 좋은 친구들이 당신 삶에 들어올 공간을 빼앗기고 있다는 것을 알아야 한다.

사장이 되어 한 회사를 운영하다 보면 예전의 친구들과 서로 다른 사회적 관점을 갖게 되고 인식의 수준이 달라지는 것을 느끼게 된다. 사람의 사회적 위치나 생활환경과 같은 외부적 요인은 친구 관계의 기초적 바탕이 되는데 이것은 당연한 순리다. 인간은 같은 환경의 사람들과 공감하는 것을 좋아하기 때문이다. 자신과 비슷한 친구들을 찾기 시작하는 것은 자연스러운 일이다. 성인이 되어 새로운 친구를 사귄다는 것은 어렵다. 그러나 충분히 그만한 가치가 있다.

오히려 같은 동네에서 함께 자랐거나 학교에서 만난 친구들과는 어릴 때의 추억을 공유할 수 있는 것 이외는 이미 너무 다른 삶을 살아 온 사람들이다. 성인이 되어 그들을 만나보니, 내가 전혀 모르는 사람이라 생각할 정도로 나와는 다른 사고관을 가진 것을 알게 됐다. 그래서 나는 사업을 하면서 좋은 인품이나 능력을 지닌 사람들을 친구로 사귀기 시작했다. 존중할만한 지식이나 철학적 태도를 가졌거나, 혹은 비슷한 규모의 사업을 하며 느끼는 동질감을 바탕으로 서로를 이해하고 고민을 함께 해결해 줄 만한 사람들을 친구로 사귀기 시작했다. 결과는 아주 성공적이었다. 어색함을 무릅쓰고 친구를 청한 보람이 충분하다.

내가 사장학교에서 수업하면서 같은 수업에 들어온 제자들이 수업이 끝난 후에도 한 선생에게 배운 동기라는 이유로 평생 친구가 돼 형제자매처럼 함께 어울리는 것을 볼 때면 너무도 부럽다. 나는 그들에게 나에게 배우는 것이 반이고 서로에게 배우는 것이 반이라고 말한다. 이들은 서로 업종과 나이와 성별이 달라도 함께 어울려 수업 후에도 함께 나를 찾아오고 같이 공부하고 같이 여행한다. 그 효과를 너무 잘 아는 나는 이들의 활동을 지원하고 격려한다. 사장 노릇을 하면서 아무에게도 말하지 못했던 고민과 질문들을 서로 모여 함께 나누는 모습은 내 젊은 시절 가장 필요했던 부분이었기 때문이다.

　결론적으로 사장들은 다른 회사의 사장들과 친구를 맺어야 한다. 사장학교는 그런 사람들을 만나는 데 최적의 장소다. 이들은 직원이나 가족에게, 혹은 옛 친구들에게 묻거나 위로받지 못하는 문제들을 함께 공유하고, 서로가 서로에게 도움을 줄 수 있다. 서로가 서로에게 선생이 되고 친구가 되고 동료가 돼 주면 된다.

　다만 반드시 조심할 것은 이런 우정의 관계를 이익의 목적으로, 혹은 한 번의 돈벌이로 사용하지 말고 서로에게 진정한 친구가 되어 인생 전체를 이롭게 하는 데 사용하기 바란다.

042
나이별로 버는 돈의 모습

10대에 버는 돈은 솜사탕이다. 거품처럼 사라지고 잡기만 해도 녹는다. 이때 버는 돈이 의미 있게 사용될 리 없기 때문이다.

20대에 버는 돈은 모래다. 잡아도 흘러내리고 뭉쳐지지 않는다.
하고 싶은 거, 사고 싶은 거, 갖고 싶은 것이 많아 결코 손에 잡히지 않는다.

30대에 버는 돈은 종자다. 어떤 씨앗을 가졌느냐에 따라 남은 생이 바뀐다. 알곡을 가졌으면 몇 배로 키울 것이고 쭉정이를 가졌으면 있는 것도 사라진다.

40대에 버는 돈은 흙이다. 불에 달구면 벽돌보다 단단하다.
이때 모으지 못하고 배우지 못했으면 더 이상 기회는 없다.

50대에 버는 돈은 꽃이다. 가장 아름답지만 곧 시든다.
정점에서 내려오지만 다행히 모으고 유지하는 능력이 최고조에 달한다.

60대에 버는 돈은 소금이다.

아무리 멋지게 보려 해도 짠하다.

70대에 버는 돈은 피와 같다. 남은 목숨을 팔기 때문이다.

늦게 낳은 자식 때문이기를 바랄 뿐이다. 그 외엔 허망하다.

043
훌륭한 선생의 2가지 조건

학교에서는 배운 후에 실행하지만 사회는 실행 후에 배운다. 그래서 사회에서는 배움을 얻는데 혹독한 가치를 지불하게 된다. 이런 점을 개선하려고 뒤늦게 공부하러 다니고 선생을 구하는 사장들이 있다. 나는 이들이 내게 하는 질문을 들을 때면 마음이 무겁다. 내가 하는 답변에 따라 오늘 누가 해고되거나 조직이 바뀌거나 회사의 방향이 달라질 것을 알기 때문이다. 한 조직의 장에게 선생으로 다가가는 사람들의 위치가 이만큼 중요하다. 그래서 사장들은 선생을 찾을 때 반드시 두 가지를 살펴본 후에 결정해야 한다.

첫째, 그 선생이란 사람이 상대를 자신의 안에 가두려는 사람인가를 살펴야 한다. 가둔다는 의미는 이 사람이 평소에 '내가 누구를 성공시켰다'라고 자랑하는 말을 한다면 가두는 선생이다. 회사의 성장에 그의 가르침이 큰 힘이 될 수 있었는지 몰라도 회사는 하루에도 수없이 많은 결정이 내려져 만들어진 산물이다. 그 하나의 가르침으로 성공하는 것이 아니다. 그런데 그가 그 공을 매번 취하려 한다면 실제로는 작은 사람이다.

또는 그가 만약 내가 다른 선생을 찾아가거나 소개를 해 준 분과 따로 연락하는 것을 서운해하면 가두는 사람이다. 가두는 선생의 특징은 제자들이 자기 없이 성장하는 것을 가장 싫어한다.

둘째, 모르는 것을 모른다고 말하는지 살펴야 한다. 선생이 가장 부끄러울 때는 제자들이 묻는 것에 대답하지 못하는 것이다. 그러나 그보다 더 부끄러운 짓은 모르는 것을 아는 척하는 것이다. 이런 사람은 제자들을 잘못된 길로 인도할 수 있다. 길을 모른다고 하면 다른 사람에게 물어볼 기회가 있었을 것이다. 단지 대답을 못 하는 것이 부끄러워 엉뚱한 방향을 가르쳐준다면 다시 돌아와야 하는 수고가 생긴다.

만약 여행길이라면 시간과 기름값 낭비 정도로 끝나겠지만 사업은 돌이킬 수 없는 실수로 다시 돌아오지 못할 수도 있다. 당연히 제자들을 아낀다면 모를 땐 모른다고 말해야 한다. 매사에 정답을 알고 있다는 듯이 무엇을 물어도 척척 대답한다면 반드시 의심해야 한다.

전문용어, 법칙, 그래프, 도표가 많고 복잡한 수식이 많은 PPT를 띄우는 강의라면 일단 경계해야 한다. 보편적 지식은 원래 말이 어렵지도 복잡하지도 않다. 기가 막히게 잘 만들어진 PPT 파일들은 그 이론을 설명하기 위해서가 아니라 멋진 PPT 강의를 위해 역으로 이론이 만들어지는 경우가 흔하다. 제자들을 위해 가르치고 싶은 것을 설명하려고 만드는 PPT가 아니라 자신이 훌륭한 선생이라는 것을 알려주려고 만들기 때문이다. 그래서 너무 달콤하고 현란한 강의들은 솜사탕 같다. 강의 때는 시간 가는 줄 모르고 재밌게 들었지만 지나고 나면 배가 허전하다.

따라서 훌륭한 선생은 자신의 전문성과 실제 경험 안에 있는 것들만 가르쳐야 한다. 선생이라는 이유로 모든 것에 대한 답이 있을 수는 없다. 전문 영역과 경험 외엔 의견일 뿐이다. 또한 훌륭한 선생은 신뢰할 수 있어야 한다. 더불어 열린 마음과 보편적 도덕성을 동시에 가진 사람이면 좋다. 편견 없이 가르칠 수 있기 때문이다. 제자가 직면한 어려움과 도전을 이해해야 하고 인내심을 갖고 제자가 문제를 헤쳐 나갈 수 있도록 경청하고 도울 수 있는 사람이어야 한다. 무엇보다 도전과 영감을 주는 능력이 필요하다. 선생에게 다가가면 희망과 용기가 생겨야 한다. 걱정과 불안을 만드는 선생은 피해야 한다. 제자가 성장하고 목표를 달성할 수 있도록 도전하는 동시에 영감을 주고 동기를 부여할 수 있어야 한다.

여러분은 절대로 한 명의 선생만 두는 실수를 하지 마라. 한 명의 선생을 너무 존경해서, 그 선생님 같은 인생을 살고 싶어서, 그를 추종하는 일을 절대로 하지 마라. 그가 어떤 사람이든 그의 모든 것이 장점일 수 없고 옳을 수 없다. 자신의 관심사에 여러 명의 멘토를 두고 교차하며 공부해야 한다. 한 사람만을 따르면 절대로 그 사람을 넘어설 수 없다. 그가 진정한 선생이라면 제자가 그런 태도를 보이는 것을 걱정하고 스스로 멀리할 것이다.

결국 여러 선생의 가르침의 장점이 겹쳐지며 내가 완성되어 가는 것이다. 정말 좋은 선생은 여러분이 제자 됨을 자랑할 뿐, 내 덕에 성공한 사람이라 자랑하지 않으며 당신들을 저녁 자리에 불러내지 않을 것이다. 회사에 초대 없이 찾아오지 않을 것이다. 제자들 모임에 함부로 나서지 않을 것이다. 선물을 요구하거나 받고 기뻐하지 않으며, 그의 경쟁자에게 배우는 것조차 기쁘게 이해해 주는 사람일 것이다.

044
사실을 찾는 방법

2차 세계대전 당시 미 해군은 전투기와 폭격기의 개선 방안을 연구했다. 그들은 전투에서 돌아온 비행기를 대상으로 비행기의 어느 부분에 주로 총알을 맞았는지 분석했다. 통계를 내보니 꼬리 날개 부분, 중앙 몸통, 앞날개 양쪽에 총탄이 집중돼 있었다. 미 해군은 총탄이 집중된 부분에 강판을 추가로 부착시키기로 했다.

그러나 통계학자 아브라함 왈드는 미 해군이 연구 대상을 무사 귀환한 전투기로만 제한하는 실수를 범했다고 지적했다. 추락한 비행기까지 연구 자료에 포함했어야 했다는 것이다. 그는 오히려 총탄을 많이 맞지 않았던 부분을 강화해야 한다고 새롭게 주장했다. 그 부위에 총탄을 많이 맞지 않은 상태에서 무사 귀환할 수 있었다는 것은, 그 부위에 적탄을 맞았다면 살아 돌아오지 못했을 것을 의미할 수 있기 때문이다. 이 사건은 생존자 편향Survivorship Bias 또는 표본 편향Sample Bias 이라고 불리는 통계학적 오류의 대표 사례다.

남자들이 즐겨 보는 프로그램 중에 산에 혼자 사는 자연인에 관한 TV 프로그램이 있다. 이들이 산에 혼자 살게 된 것은 건강상의 이유가 많다. 건강이 나빠져서 방법을 찾지 못하다 결국은 산에 들어갔고 자연식과 좋은 공기, 운동으로 삶을 유지하고 있다는 스토리다. 혹 방송을 보고 병을 치료하기 위해 산으로 들어가려는 사람이 있다면 생존자 편향Survivorship Bias의 오류를 범할 수 있다. 왜냐하면 산에 가서 혼자 죽은 사람들은 자연인 프로에 나올 리 없기 때문이다.

수영 선수들 몸매가 참 멋지다. 딱 벌어진 어깨, 균형 있는 매끈한 몸매, 흉하지 않은 부드러운 근육, 운동선수 중에 수영 선수가 제일 근사해 보인다. 필라테스 강사들은 한결같이 몸매가 예쁘다. 아름다운 곡선미에 다부진 근육, 동시에 부드러워 보인다. 하지만 이런 이유로 수영선수 같은 몸매를 얻기 위해 수영을 배운다면 절대 그런 몸매를 가질 수 없을 것이다. 수영 선수들은 이미 그런 몸매이기 때문에 수영 선수를 하는 것이다. 필라테스를 배운다고 모든 여자가 필라테스 강사처럼 몸매가 변하는 것이 아니다. 그런 몸매를 가진 사람이 필라테스 강사를 주로 하기 때문이다.

위 세 가지 예시를 제시한 이유는 사장이라는 사람들은 본능적으로 사실에서 '진짜 사실'을 찾아내야 한다는 것을 말하기 위해서다. 사실을 사실 그대로 보면 사실이 아닌 사실이 너무 많기 때문이다. 그런 사람들은 일반적 수준을 넘어가지 못하거나 위기가 닥치면 해결책을 찾지 못하고 무너진다. 모든 기사, 모든 책, 모든 사건에서 그 사실의 이면을 읽을 줄 알아야 하고 빠르게 방향이나 어젠다를 형성해내는 버릇을 가져야 한다. 실제 사실을 거의 순식간에, 순간적으로 찾지 못하면 매번 다른 사람을 따라다니는 만능 2등 사장으로 남게 될 것이다.

045
회사 이름으로 기부할 때와 개인 자격으로 기부할 때

회사 이름으로 기부하는 것과 개인으로 기부하는 것에는 몇 가지 차이점이 있다. 일단 회사가 기부를 하면 기부 금액에 대한 세금공제를 청구할 수 있다. 이것은 회사의 세금 책임을 줄이고 이익을 증가시킬 수 있다. 회사는 또한 마케팅 또는 홍보 노력의 일환으로 기부금을 홍보하기로 선택할 수 있다. 이때 회사가 기부한 기부금은 대중에게 잘 알려야 한다. 이는 회사의 이미지와 명성을 올리는 것에 도움이 된다. 따라서 회사를 통한 공적 기부는 자랑해야 한다. 이것은 한 개인의 돈이 아니라 회사 구성원 전체의 돈이다. 모두가 당연히 알아야 하고 자랑스러워해야 하기 때문이다.

반대로 공적 기부를 집행하는 사장은 이것을 자신의 개인적 자랑의 도구로 사용하면 안 된다. 심지어 회사자산으로 기부하면서 주체를 개인 이름으로 한 경우도 마찬가지다. 또한 이런 기부 자체를 대중적으로 홍보하는 경우에 일반인의 기부 독려에 영향을 주고 도움을 받는 기관이나 개인에게 대중적 관심을 유도할 수 있는 장점이 있다. 당연히 기부하는 곳이 평판이 좋고 책임 있는 방식으로 기부금을 사용하고 있는지 확인하기 위해 조직을 조사하는 것도 필요하다.

반면 개인 돈으로 하는 사적 기부는 조용히 남들 모르게 진행해야 한다. 공적 기부와 달리 사적 기부는 기부받는 주체가 기부받은 사실을 알리고 싶지 않은 경우도 있고 기부자가 누군지 모르게 기부를 해야 하는 경우도 있다. 특히 사적 기부를 자랑하고 다니면 그 사람의 그릇이 오히려 작아 보인다. 그 자랑은 자기가 하는 것이 아니라 받은 사람이 해야 돋보이기 마련이니 자랑의 마음이 들어도 참아야 한다. 자랑하는 순간, 그 선행에 대한 대가를 이미 받았다고 봐야 한다. 상대가 자랑하는 것은 어쩔 수 없다.

3장

직원 - 그들은 누구인가!

"사업하면서 가장 힘들고 지속되는 어려움, 어떻게 하면 좋을까요?"

046
누구를 승진시킬 것인가?

사람은 자신이 감당할 수 없는 높이에 오르기 전까지 자신의 무능함을 감지하지 못한다. 자신의 업무에서 무능함에 도달하는 순간, 일을 회피하거나 반대로 자질구레한 일을 잔뜩 벌려 놓고 일하는 척하는 사람들이 생겨난다. 이 무능은 평사원 시기에 이미 결정 나서 승진은 고사하고 자리나 보전할까 염려스러운 사람이다. 평사원 때는 뛰어난 실력을 보이다가 간부가 되면 목줄에 묶인 것처럼 도저히 앞으로 나아가지 못하고 쩔쩔매는 사람들이다.

회사에서 승진을 보상 개념으로 사용하면 이런 사람들이 늘어날 수밖에 없다. 그래서 어떤 회사들은 상층부가 전부 무능한 사람들로 채워지기도 한다.

우리는 사회적 지위가 높은 사람들은 자기가 무엇을 하고 있는지 잘 알고 있고 세상에 무섭고 겁나는 일이 없는 줄 안다. 그러나 지위가 높은 사람들도 자신의 무능함이 나타나는 경계선에 가면 두렵고 떨리고 무엇을 해야 좋을지 모르는 상황을 겪는다. 이것을 가리기 위해 위엄을 부리거나 열심히 무언가를 미친 듯이 하는 모습을 보이거나 냉소적인 태도로 사람들을 멀리한다. 심지어 지나칠 정도로 규정을 강조하는 상사가 돼 스스로 경찰과 감독 역할로 자신을 바꾸는 사람도 생겨난다.

사람들은 이런 고위직에 있는 누군가의 무능함을 알아내는 데 많은 시간이 걸린다. 심지어 절대 들키지 않고 은퇴까지 가는 경우도 많다. 이런 무능함은 회사 조직에만 있는 것은 아니다. 제 자신도 무슨 말을 하는지 모르면서 학생들을 가르치는 교수, 기도로 신을 가르치는 종교 지도자, 의대 졸업 후 한 번도 새로운 논문을 읽지 않은 의사, 보스에게 충성만을 통해 선거에 당선된 정치인처럼 이미 직책이 높아졌거나 사회적 신분이 생기면 그들이 무능하다는 점을 의심하기 어렵다.

똑똑하고 성실한 사람이 무능해지는 과정의 예는 이렇다.

마크는 유능한 변호사다. 법률 상식이 뛰어나고 좋은 품성을 갖고 있어서 자신에게 오는 고객에게 최선의 법률적 조언을 24시간 해 줄 것으로 기대할 수 있는 청년이다. 회사는 마크의 능력과 성실함을 높이 사서 다른 누구보다도 빨리 파트너 변호사로 승진시켰다. 그러나 그의 애정과 완벽주의는 이때부터 골칫거리가 됐다. 아무리 급하다고 해도 모든 직원의 일에 관여하고 참여해 결국 처리해야 할 일이 한도 끝도 없이 늘어났다. 이 때문에 고객들은 계속 기다려야 했고 직원들은 마크가 결정하기 전까지 모든 일을 중지하며 쉬는 일이 이어졌다. 마크는 고객들이 완벽한 일 처리보다 제시간에 일이 처리되기를 바란다는 것을 알지 못했고 직원들을 효율적으로 다루지 못해 생기는 회사의 비용 증가와 수익 감소에 아무런 책임을 느끼지 못했다. 결국 그는 능력 있는 변호사에서 무능한 상사로 낙인찍혀 버렸다.

위계 조직 속에 있는 모든 사람은 결국 그 조직 안에서 승진을 계속 하면서 자기의 능력을 발휘하다가 결국 자기 무능의 단계까지 승진한 다. 그만큼 조직의 상층부는 그 일에 무능한 사람들로 채워질 가능성 이 높은 것이다.

과거에는 회사에서 승진을 조직에 대한 충성이나 성실, 그리고 근 속에 대한 대가인 보상의 형태로 주어졌다. 승진 자체가 개인이 회사 에게 인정받는 훈장 같은 개념이었다. 그러나 요즘 젊은 직원들에게 는 승진보다 일에 대한 자신의 가치를 발현하는 것을 더 좋아하는 경 향이 있다. 이제 더 이상 승진만을 회사에서의 출세로 생각하지 않기 때문이다. 오히려 회사 내에서 역량을 충분히 발휘하고 보상받는 것 에 만족하는 사람들이 늘어나고 있다. 경영자로서 이런 문화 변화에 는 승진이 더 이상 충성심의 보상 도구가 되지 않는다는 단점도 있지 만 능력 위주로 파격적 발탁이나 젊은 상사, 깜짝 인사와 같은 입사 순서나 보상에 기준하지 않고 관리 능력에 따른 인사가 가능해졌다는 장점도 있다.

내가 승진시킨 사람들을 돌아보면 결국 조직의 룰과 문화를 벗어 나지 않으면서 여전히 도전하는 사람들이었다. 오히려 성과는 1회성 이벤트처럼 느껴진다. 그래서 성과가 좋았던 일은 시간이 지나면 기 억에서 사라진다. 때문에 스스로 성과가 좋다고 생각하는 직원들은

'회사에 원칙이 없다'고 불만을 갖는다.

그러나 대기업은 물론이고 작은 회사조차도 그 회사에 맞는 운영 원리가 있다. 회사가 필요할 때 필요한 일을 할 수 있는 사람은 아무리 상황이 나빠도 내보내지 않는다. 뽑을 때는 실력을 보지만 키울 때는 충성도다. 업무 실력이 무난하면 인간관계가 실력이다. 상사와 가깝게 하는 자리를 피하는 사람은 그 이유가 무엇이든 상사도 거리를 둘 수밖에 없다. 그래서 회식 자리나 행사 파티 같은 사적 자리가 평가 기준이 된다.

결국 조직 문화를 이해하는 사람에게 가장 높은 점수를 주기 마련이다. 상사에게 받은 지시만 묵묵히 하는 사람은 그 특정한 역할 이상은 줄 수가 없다. 자신이 가진 노하우를 직원들에게 모두 전달해서 직원들을 키우고 새로운 도전을 시도하고 조직을 통해 함께 일하는 사람이 언제나 승진 후보가 된다. 오래 일했다는 이유로 승진을 원하는 직원은 회사가 원하는 간부 상을 전혀 모르는 것이다. 오래 일한다고 전문성이 생기지 않는다는 것을 알기에 오래 일한 대가로 승진시키지 않는다.

결국 경영자는 직원들에게 승진을 보상으로 주는 것이 아니라 회사 경영에 도움이 되는 방식으로 선정하겠다는 메시지를 평소의 대화에서, 혹은 직접적인 승진을 통해 보여줘야 한다.

047
좋은 직원을 구하는 법

사장학 수업에서 가장 많이 받는 질문이 '좋은 직원을 어떻게 구할 수 있는가라는 질문이다. 이 질문의 의미는 알아서 일도 잘하고 성실하고 능력도 좋고 마치 내 일처럼 일하는 사람을 찾는다는 뜻이다.

결론부터 말하면 그런 사람은 없다. 간혹 그런 사람이 있다해도 대부분 그런 사람은 이미 창업했을 것이다. 그런 사람이 당신이지 않은가?

설령, 창업도 하지 않았고 창업할 생각도 없는 사람 중에 그렇게 좋은 직원이 있을 수 있으나 그런 직원들은 워낙 실력도 좋고 대인관계도 좋아 어디든 취직을 할 수 있는 사람이라서 쉽게 자리를 옮겨 다닌다. 결국 좋은 직원을 구하는 방법은 없다는 뜻이다.

그러나 성공한 사업가들을 보면 한 가지 흥미로운 공통점을 찾을 수 있다. 그것은 바로 사장 자신과 똑같은 열정을 가졌고 사장을 진심으로 존경하고 따르는 최측근 직원이 반드시 있다는 점이다. 그런 직원은 사장이 있는 자리나 없는 자리나 똑같이 사장을 존중하는 태도를 버리지 않으며 충심으로 회사를 위해 전력을 다하는 사람이다. 사장을 하면서 이런 직원을 한 명이라도 얻으면 그는 회사를 몇 배로 키울 수 있다. 이런 사람이 두 명 이상이라면 상장 회사도 만들 수 있다. 유비는 관우와 장비 두 명만 데리고 나라를 만들었고 체 게바라는 충성심 강한 여섯 명의 군인만 있으면 나라 하나를 전복시킬 수 있다고 믿었다. 이런 직원이 사업 초기에 들어오면 초기부터 회사는 무서운 속도로 성장할 것이다.

그러니 이정도 충성심 강한 최측근 직원을 면접이나 공고를 낸다고 쉽게 찾아낼 리 없지 않겠는가? 이런 멋진 직원들은 사실 사장이 만들어 내는 것이다. 적당한 능력과 일정한 품성을 가진 사람이 들어오면 믿어주고 품어주고 격려하고 신의를 지켜 사장 자신의 원대한 꿈에 함께 참여하도록 이끌어 내야 하는 것이다. 이런 인재들을 면접이나 소개 혹은 이력서를 통해 알아볼 수 있다는 생각 자체가 잘못됐다. 만약 이런 것으로 그 사람의 본질을 알아볼 수 있다면 이 세상에 이혼하는 사람이 이토록 흔하지 않을 것이다.

회사에서 일하는 사람은 두 가지 특성으로 나뉜다. 하나는 품성이고 하나는 능력이다. 품성은 여러 단어로 표현할 수 있지만 상징적으로 표현하면 그 사람의 마음그릇의 크기다. 이 마음의 그릇은 목표에 대한 청사진, 보상에 대한 신의, 인간적 매력 등으로 다시 나눌 수 있다. 누구든 이 마음의 그릇이 하나씩 있다. 사장보다 능력이 나은 직원은 품을 수 있지만 사장의 마음의 그릇이 직원보다 작다면 절대로 그 직원을 자신 안에 품을 수 없다. 큰 그릇이 작은 그릇 안에 절대 들어갈 리 없기 때문이다. 사장의 마음 크기에 따라 더 좋은 직원들을 얻게 되는 것이다. 직원들은 자기보다 일 못하는 사장과 일할 수는 있어도 마음 크기가 작은 사장과는 절대로 일하지 못한다. 사장이 비전도 없고 믿을만하지 않고 인간미도 없으면 아무리 업무 환경이 좋아도 결국 떠나게 돼 있다.

즉 고급 인재들을 모으려면 두 가지 인식을 바꿔야 한다. 첫째, 좋은 사람을 찾는 것이 아니라 함께 만들어가는 것이다. 그러니 좋은 사람을 찾기보다 좋지 않은 사람을 거르려고 노력해야 한다. 좋은 사람은 쉽게 보이지 않아도 좋지 않은 사람은 사소한 것에서 걸러낼 수 있다. 시간 약속에 불성실한 사람, 말투에 들어 있는 무례함, 세상에 대한 편견 등은 아무리 감추려 해도 감춰지지 않기 때문이다.

둘째, 좋은 직원은 첫 번째 관문을 통과한 사람과 사장이 같이 만들어 가는 것이다. 누군가에게는 나쁜 사람이라도 나에게는 더 없이 좋은 사람이 될 수 있듯 사람은 상대에 따라 나를 바꾸기 마련이다. 사장이 품위 있으면 직원들도 예의를 갖추게 되고 사장이 욕을 달고 살면 직원들도 고객들을 욕하거나 회사를 폄하하게 돼 있다.

지금 당신이 사장을 하고 있는 이유는 전 직장 사장의 마음의 그릇이 당신을 품을 만큼 크지 못했기 때문일 것이다. 그렇다면 지금 내 직원들에게 어떻게 대해야 할지 조금 보일 것이다.

048
좋은 직원인 것 같지만 가장 경계해야 할 직원의 4가지 유형

1) 사건을 확대하고 해결을 자처하는 유형

회사 내에 사고가 발생하거나 문제가 생기면 이를 과장, 확대하는 직원이 있다. 보통 이런 사람들은 승진에 대한 욕구가 강하고 리더십을 공공연히 나타낸다. 직책과 상관없이 주변에 나이나 경험으로 짓누르는 역할을 아무렇지 않게 한다. 그러나 사장에게는 정중하고 예의 바른 사람이다.

보통 이런 직원들은 개별 업무도 뛰어난 사람이라서 사장도 그 사람의 의견을 쉽게 무시하지 못하는 게 일반적이다. 이런 직원들의 최종목표는 회사에서 가장 중요한 자리에 오르는 것이며 이것을 방해하는 모든 동료, 심지어는 사장에게도 결국 칼을 들이밀 수 있는 유형이다. 이런 직원에게 휘말릴 경우, 아무리 대우를 잘 해줘도 결국 더 달라고 하거나 사장 자신이 약점이 있거나 힘이 없으면 사장을 대신하려고 덤빌 수 있는 사람이다.

이런 극단적 현상까지 밀고들어오는 이유는 이들 마음속에 자신이 생각하는 회사가 따로 있기 때문이다. 또한 권위와 권력에 대한 욕심이 강렬하기 때문이다. 이런 태도라면 차라리 창업을 해도 될 것 같지만 의외로 자신을 자칭 2인자 혹은 참모 역할에 만족한다며 자신을 제갈공명형 참모로 규정하는 습관이 있다.

이런 직원 유형의 초기 증세로 나타나는 것이 사건을 과장, 확대 후 자신이 해결사로 나서는 모습이니 이런 모습이 보이면 특별히 주의해야 하고 승진과 대우 속도를 조절해야 한다.

2) 시스템이 아닌 몸으로 해결하는 유형

이런 직원은 회사 초기에 성실함과 부지런함으로 조직 상층부에 도달한 사람들에게 나타난다. 이들은 성실함이 몸에 배어 있어서 언제든 자신의 삶에서 회사 일을 가장 우선으로 둔다. 안타까운 것은 조직이 커 갈수록 직원들을 자신이 일한 방식대로 가르치려 하고 조직을 통해 일해야 한다는 사실을 배우지 못하는 것이다. 아래 직원이 하는 일이 마음에 들지 않거나 속도가 느리면 지시 후에도 바로 자신이 처리해 버린다.

결국 시간이 부족한데도 수많은 일을 놓지 못하고 사내에 동맥경화를 발생시킨다. 그러다 보니 심지어 자기 몸도 상하게 된다. 이들의 가장 큰 문제는 직원들의 성장을 돕지 못하고 오히려 방해하거나 막게 되는 것이다.

극단적 해결책으로는 아래 직원을 이 사람의 상사로 승진시켜 위아래를 바꿔야 하는 경우까지 나온다. 조직과 시스템으로 일하는 것을 배우지 못하는 사람은 조직의 리더가 될 수 없으며 결국 정해진 업무 이상을 맡지 못하게 된다.

3) 고객에게 너무 친절한 직원

이사회에 참석하러 런던에 갔을 때 일이다. 아침 식사를 하러 호텔 식당에 가보니 30대 후반의 남자 직원이 테이블마다 돌아다니며 아침 식사 중인 손님에게 물을 따라 주고 있었다. 그의 업무는 주전자를 갖고 다니면서 손님들 컵에 물을 따르는 일이다. 그런데 이 일을 너무 열심히 잘하는 것이었다. 얼마나 일을 잘하는지, 손님 한 명 한 명에게 깍듯이 인사를 하며 어디서 오셨는지 안부도 묻고 여행을 왔는지, 업무차 왔는지, 딸 이름은 무엇인지 너무나 친절하고 다정하게 손님들과 대화하고 유쾌하게 웃으며 물을 따라주고 다녔다.

그런데 문제가 발생했다. 식당에 사람은 200명 남짓인데 뒤편에 앉은 사람들의 식사가 거의 끝나도록 물을 가져다주지 않아서 여기저기서 손을 들어 물을 찾고, 불평과 짜증을 하는 사람이 생겼다. 이를 본 다른 직원들이 자신의 업무를 우선 미뤄두고 물 주전자들 들고 이리저리 다녀야 하는 일이 발생한 것이다. 하지만 그 친절한 친구는 여전히 혼자 무아지경의 친절을 베풀고 있었다. 심지어는 독일에서 온 손님과 독일 유머를 하는지 아까부터 깔깔대며 손님의 어깨에 손을 올리고 웃고 있는 것이다. 아마 그 직원 본인은 이 호텔에서 고객에게 가장 친절한 사람이 자신이라고 생각할 것이다.

실제로 손님들에게 가장 많은 친절 평가를 받을 수 있는 직원일 것이다. 그러나 조직 입장에서는 곧바로 해고 해야 할 사람이다. 이유는 이 사람 때문에 다른 사람이 그의 일을 대신하는 경우가 발생하고 그로부터 전체 시스템이 무너지고 있기 때문이다. 경영자가 이를 눈치 채지 못하면 추가 인건비가 발생하고 심지어 이런 직원을 칭찬하거나 일을 잘한다고 생각하면 성실한 다른 직원들이 떠나갈 것이다. 친절에는 정도가 있어야 하며 정도가 넘어서는 직원은 좋은 직원이 아니다. 내가 예전에 건강 식품점을 할 때 직원이 고객에게 너무 친절해서 계산대에 올려놓은 물건의 사용법과 요리법을 가르치고 있는 경우도 보았는데 결국 뒷 줄이 길어지는 바람에 다른 추가 계산대를 열어야 하는 일도 있었다.

이렇듯 친절이 과해지면 다른 고객에게 피해가 발생하고 이일은 추가 비용의 발생으로 전개된다. 이런 직원들의 가장 큰 문제는 자신이 일을 잘한다고 생각한다는 점이다. 그래서 심지어 임금인상을 요구하기도 한다. 이들은 본인 나름대로 열심히 친절하게 일한다고 생각하겠지만 실제로 회사에는 도움이 되지 않는 사람이다. 그리고 사장이 그걸 눈치채지 못하고 급여를 올려준다면 결국 회사는 무너진다. 왜냐하면 같이 일하는 다른 직원은 그 사람 때문에 피해를 보고 있는데 사장이 그를 응원하고 있다는 것을 아는 순간, '나도 그렇게 일할까?'라고 생각하거나, '꼴 보기 싫어 나갈래!' 라며 결국 퇴사하게 되는 것이다. 결과적으로 좋은 직원들이 모두 떠나게 되는 것이다.

4) 사장을 대신하려 하는 지인

"사장님! 이런 사소한 일은 사장님이 나서지 않으셔도 됩니다. 제가 알아서 처리하겠습니다."

만약 최측근 참모 중에 사장에게 이런 말을 하는 사람이 있다면 매우 조심하고 경계해야 한다. 사장이 가스라이팅을 당해 가는 과정일 수 있기 때문이다. 사장의 체면이나 위치에서 품위 없는 일이니 자신이 알아서 대신 처리하겠다는 식으로 업무들이 옮겨가 사장을 거물로 만드는 척하며 모든 업무를 대신하려 들 것이다.

실제로 일을 아주 잘해서 처리나 보고도 정확한 사람들이다. 그러나 밖에 다니면서는 사장은 별로 하는 일이 없고 자신이 이 회사를 거의 경영한다고 말하고 다닐 사람이다. 극적인 상황에서는 배신이나 협박도 망설이지 않는 타입이다. 실제로 거의 본인의 회사라고 생각하기 때문에 사장을 사장으로 인정하지 않고 이에 대한 죄책감도 없다. 위 4가지 유형 중에서 이 유형이 가장 위험하다. 사장을 대우하는 척하면서 모든 업무에서 배제 시키고 회사 전체를 뭉그러뜨릴 수 있는 사람이기 때문이다.

회사가 이미 자리를 잡아 사장도 업무가 싫증 나기 시작하고 사회적으로 인정받는 역할을 좋아해서 유명한 사람들이나 정치인들을 만나고 인터뷰나 하고 다니는 사장들이 있다. 이때 이런 직원이 나타나면 회사는 1년 안에도 망할 수 있다. 그러므로 "이런 일은 사장님이 직접 하시기에…."라는 표현을 들으면 독침을 맞은 듯 주위를 살펴야 한다.

049
사장의 평가와 하급 직원의 평가가 다른 사람들

　당신의 간부 직원 즉, 하급 직원들을 직접 다루는 사람 중에 사장에게는 더없이 좋은 사람이고 열심히 일하지만, 아래 직원들이나 거래처에서는 전혀 다른 평가를 받는 사람이 있을 수 있다. 이런 사람들은 장기적으로 사장의 평판을 깎아내리고 신입 직원들의 퇴사가 많아지는 이유가 된다.

　이런 사람들의 특징을 살펴보고 만약 누군가 이런 특징을 보이면 추후 승진이나 역할 확대를 깊게 고민해야 한다. 문제가 심각해지면 해고를 고려해야 할 수도 있다. 만약 사장인 본인도 이런 특징이 있다면 반드시 고치고 반성해야 한다.

　특징 1. 아래 직원들에 대한 존중이 없다. 아래 직원들을 부하로 생각한다. 스스로 악역을 자처하고 직원들의 실수나 허술함을 한탄이나 비난조로 사장에게 전달하는 일이 많다. 칭찬하는 일이 없고 설령 칭찬할 때라도 그 뿌리에 자신의 역할이 숨겨 있는 칭찬이다.

　특징 2. 함께 일하지 않는다. 일을 시켜 놓고도 느리거나 답답하다

는 이유로 바로 자신이 직접 해 버린다. 그리고 아래 직원
의 무능함과 게으름을 탓한다. 모든 직원이 자기와 같기를
기대하지만 실상은 자기 능력을 강조하려고 하는 말일 뿐
이다.

특징 3. 자신이 생각하는 회사가 따로 있다. 마치 자기가 사장인
듯 회사의 미래에 대한 그림을 스스로 그려 사장에게 제
시하거나 아래 직원들과 의견을 나눈다. 이를 이해 못 하
면 자신의 능력보다 낮은 사람들이라 생각한다. 사장에게
도 예외는 없다.

특징 4. 상사에게는 예의 바르다. 감사 인사나 선물도 잘한다. 그
러나 같은 방식이 아래 직원들에게는 없다. 직원들에게 사
소하고 사적인 일을 시키는 경우도 자주 있다. 커피나 밥을
사는 경우는 없다.

특징 5. 사건이 생기면 부풀려 말하고 앞서서 해결한다. 사장이 이
때 방심하거나 눈치채지 못하면 이런 사람을 회사의 대단
한 자원으로 생각할 수 있다. 이에 대한 보상으로 승진이나
급여가 올라가기 시작하면 하급 직원들은 순식간에 회사에
대한 기대를 접고 이직하게 된다.

특징 6. 후계자를 키우지 않는다. 설령 챙기는 직원이 생겨도 능력 때문이 아니라 자기의 말을 잘 듣는 사람일 뿐이다. 사장에게 요직의 천거를 할 때 회사의 필요가 아니라 자신의 필요에 따라 요청한다.

특징 7. 자신이 당연히 해야 할 일을 직원이나 업체에 하청주는 일이 있다. 자신의 무능을 가리기 위한 것이다.

특징 8. 경비 사용에 일관성이 없다. 출장 후 남은 돈을 절약해서 반납하기도 하지만 의심스러운 지출이 있다. 자신의 정직성이 보일만한 일에만 정직하게 행동한다는 증거다.

특징 9. 회사에서 상당히 많은 시간을 보낸다. 심지어 일이 없거나 하지 않을 때도 회사에 머물거나 퇴근이 늦다.

특징 10. 당신을 좋아한다. 존경한다고 말하고 실제로 존경한다. 심지어 해고해도 당신을 존경하는 태도를 버리지 않는다. 오해가 있을 뿐 언젠가 다시 돌아갈 수 있다고 믿기 때문이다.

만약 당신의 측근이 이런 10가지 특징 중 일부를 보이면 주의해야 하고 한 개인에만 의지하지 말고 조직 전체가 잘 움직이는지를 언제나 면밀히 주시하고 있어야 한다. 당신을 지지하고 존중한다는 이유로 한 사람에게 너무 힘을 실어주거나 이를 방관하면 결국에는 당신과 그 사람만 남아 회사를 운영하게 될 것이다. 그 사람 밑에 있는 직원들의 퇴사가 이어지거나 회사에 웃음이나 활기가 사라지면 이 10가지 특성을 비교해 보며 주의 깊게 관찰하기 바란다.

050
2인자 키우기

성공한 기업에는 훌륭한 2인자들이 있다. 빌 게이츠에게는 스티브 발머, 워런버핏에게는 찰리멍거, 스티브잡스에겐 팀쿡 같은 인물이 있다. 삼성이 대를 이어 한국에서 가장 큰 회사가 된 것도 이병철과 소병해, 이건희와 이학수, 이재용과 최지성같이 오너와 뜻을 같이하는 훌륭한 2인자들이 포진해 있었기 때문이다. 2인자는 오너가 보지 못하는 것을 볼 수 있어야 하고 오너에게 직언할 수 있는 둘만의 문화가 있어야 한다. 단순이 충성심만 큰 2인자는 비서에 불과할 뿐이다.

2인자는 리더의 부담을 줄여주고 리더가 명분상 하지 못하는 일을 대신 처리하거나 어젠다를 이끌어 내줄 수 있다. 특히 기업 내의 오너와 직원들 사이에 조정자 역할을 통해 문제가 극단적으로 흐르지 않도록 통로와 안전장치를 마련하는 일을 할 수 있다. 성공한 2인자들은 오너보다 멀리 보거나 좌우를 살피는 역할에 능했다. 리더의 유고 시에 참모의 역할에서 빠져나와 빠르게 조직을 안정시키고 피해를 입지 않도록 대리자의 역할을 할 능력이 있어야 한다.

기업은 나라와 다르게 지분으로 오너가 결정되기 때문에 기업의 2인자는 정치의 2인자와는 다른 사람이다. 아무리 능력이 뛰어나도 1인자가 될 수 없다. 따라서 다른 형식의 1인자가 된다. 즉 1인자보다 아래의 2인자가 아니라, 2인자지만 1인자 같은 역할과 위치가 있는 2인자가 돼야 한다. 2인자의 위치에 충실함으로써 스스로 그 자리의 1인자가 되는 것이다. 정치에서처럼 호시탐탐 1인자 자리를 노리거나 2인자의 열등감을 갖고 사는 것과 다르다.

중국 역사에서 2인자로 1인자를 능가했던 인물이 관우다. 『삼국지』의 관우는 주군으로 섬겼던 유비를 넘어 신앙의 대상이 됐다. 유비 아래 2인자였던 관우가 신의 반열에 올라간 이유는 유비보다 한 살 많았지만 유비를 형님으로 모셨고 끝까지 신의를 저버리지 않고 수많은 공을 세웠기 때문이다.

신라의 김유신 역시 사실상 왕과 다름없는 존재였지만 90여 세를 사는 동안 2인자의 자리를 유지했다. 역사에서 웬만한 왕도 받지 못하는 흥무대왕興武大王이란 칭호도 받았다. 빌 게이츠는 스티브발머를 두고 "스티브가 1인자이고 나는 2인자다." 라고 말한 적이 있다. 겉으로 보면 사주인 빌 게이츠가 1인자인 것처럼 보여도 실제로는 스티브 발머가 경영상 1인자라는 말이다.

1인자라는 자리는 끊임없이 불안한 자리다. 언제나 주목받고 있고 매번 결과물이 좋아야 한다는 압박을 느낀다. 상대적으로 2인자는 이런 부담에서 벗어나 있는 리더라서 사고와 관점이 더 유연할 수 있는 장점이 있다. 이런 장점은 회사를 더 크게 만들어내며 사내 안전장치

역할이 가능하다. 그러므로 1인자는 이런 유능한 2인자가 있어야 한다. 그리고 2인자에게 걸 맞는 신임과 권한을 주어야 한다.

한국의 경영자들은 자신을 대신할 사장을 뽑거나 위임할 때 권한은 주지 않고 책임만 준다. 그리고 회사가 망할까 봐 전전긍긍하며 등 뒤에 매달려 있다. 심지어 자식들에게 자리를 물려줘도 같은 식이다. 이렇게 해서는 절대 훌륭한 2인자가 자랄 수 없다. 성공하기를 원하는 1인자라면 주저 없이 2인자 리더십을 만들어주고 그가 능력을 발휘할 수 있도록 최대한 공간을 열어주어야 한다.

따라서 이런 2인자를 원하는 1인자는 대등할 정도의 파트너십을 공유해야 한다. 보스-부하로서 상명하복 마인드로는 곤란하다. 부부와 같아야 한다. 오피스 부부다. 1인자는 믿고 맡겨야 하고 2인자는 책임지고 해내야 한다. 음양의 조화처럼 오너가 강성이면 부드러운 사람이, 오너가 진격하면 물자와 수송을, 오너가 목표를 그려내면 2인자는 실행가여야 한다. 그래야 서로 상생의 효과가 나온다.

자신을 대신할 수 있는 사람이 없는 조직은 분갈이 없이 하나의 화분에 심어진 나무와 같다. 결국 한계가 오고 제한된 성장안에 갇혀 경쟁자가 앞지르는 것을 지켜볼 수밖에 없다.

051
직원의 보고를 받는 3대 규칙

1) 결론부터 말하고 의견은 그 다음에 말하라.

"사장님 심각한 상황이 발생했습니다."라고 말하는 직원은 "거래처에서 15% 물량에 대해 반품 요청이 들어 왔습니다."라고 말하도록 가르쳐야 한다. 두괄식 보고다. 결론부터 말하고 자신의 의견을 말하도록 해야 한다.

심각한지 아닌지는 사장이 결정한다. 그리고 미리 의견을 말하면 듣는 순간 자동으로 판단이 들어가기 때문에 부정적인 상태에서 판단할 수밖에 없다. 객관적이고 냉정하게 실제 상태에서부터 사고 처리를 하기 위해서는 결론을 먼저 말하게 하는 보고 방식을 가르쳐야 한다.

"김 대리가 아무래도 사고를 칠 것 같습니다."가 아니라, "김 대리가 어제 오후부터 연락이 되지 않고 있습니다." 라고 보고 해야 한다. 이것이 회사의 언어다. "금요일 날 일정이 있으신가요?"가 아니라 "금요일 2시에 일본 바이어가 긴급 온라인 회의를 하자는 요청이 있었습니다."라고 말해야 한다. 언제나 회사 언어를 실제 상황 그대로 설명하고 필요하면 부연하고 의견을 내는 것으로 진행해야 한다. 이런 언어 형태가 익숙한 회사는 사고도 줄고 일 처리가 빠르다. 두괄식 결론 보고는 잘 나가는 회사의 숨겨진 보물이다.

　2) 형용사가 아니라 숫자로 말하게 하라.

　"이번 프로젝트는 상당한 성과가 있어 보입니다." 크게 잘못된 보고다. 그게 어느 정도 상당한 성과인지 구체적으로 알 수 없기 때문이다. 옳은 보고는 "이번 프로젝트 이후 70% 이상의 고객이 재사용 의사가 있다고 조사되었습니다"라고 하는 보고다. 이렇게 보고 받으면 그 상당한 성과가 구체적으로 어느 정도인지 명확히 알 수 있다.

　형용사는 업무가 끝난 회식 자리에서나 할 수 있는 단어다. 회사는 언제나 숫자로 알 수 있게 움직여야 한다. 이렇게 해야 상대적 비교 가치가 나타난다. 사내에서는 숫자가 많이 사용될수록 자원분배에 대한 판단이 빨라지고 의사 결정이 쉬워진다. 숫자로 말하기 위해 들어가는 사내 에너지 총량이 다른 판단 전체에 들어가는 에너지를 충분히 상쇄시킬 수 있으니 직원들은 가능하면 모든 것을 숫자로 말하도록 훈련받아야 한다. 익숙해지면 정말 쉽게 회사를 운영할 수 있게 된다.

　3) 모호하지 않고 구체적으로 말하게 하라.

　"이번 기획안에 저희 부서 의견도 고려해주십시오."라고 말하는 팀장은 자리를 옮겨야 한다. 이렇게 시작하는 보고는 회사에 피로감을 가중시킨다. 보고를 받는 입장에서는 '그래서 도대체 뭘 하고 싶다는 거지?'라며 되물을 수밖에 없다. 그러므로 팀장이라면 "이번 행사장

디자인은 저희 팀에서 하고 싶습니다."라고 말해야 한다.

부연 설명으로 "김 대리와 이 대리가 이번에 자신들의 능력을 보여 주고 싶어 하고 저도 두 사람이 해낼 수 있다고 생각합니다"라는 후속 설명이 붙으면 충분한 것이다.

직원들은 구체적으로 직설적인 요구와 보고가 습관화 돼야 한다. 불편한 상황을 무마시키고 자신들의 요구를 합리화하기 위해 이리 저리 분위기를 조성하는 언어 형태는 오히려 오해와 오차를 만들어 낸다. 회사 언어는 감정을 갖지 않아도 된다. 구체적이고 직설적 언어로 지시하고 보고 받는 것이 가장 아름다운 회사 언어다.

052
모든 지시의 끝은 마무리 보고

내가 생각하는 최고 직원이란, 업무가 끝난 후에 마무리 보고를 하는 직원이다. 정말 좋은 남자는 헤어진 후에 알 수 있고, 사람은 죽은 후에야 그 가치를 알 수 있듯이 직원은 일을 마친 후의 행동이 일하는 과정만큼 중요하다. 내가 만난 최고의 직원들은 모두, 업무가 지시되면 그 지시를 명확히 확인하고 업무가 생각보다 늦어지면 상황 보고하고 마치면 완료했다고 보고하는 사람들이었다.

회사의 분기 보고서 작성 관련해 직원과 업무가 진행되고 있다고 가정하자. 이 분기보고서는 상장과 관련된 아주 중요한 일이며 재검토 시간이 필요해서 조금 서둘러야 하는 일이다. 이 지시를 받은 뛰어난 직원은 다음과 같이 보고한다.

'회계사에게 증빙 자료를 3월 15일 전에 보내라는 말씀이시죠? 재무 팀의 일부 자료가 아직 준비되지 않아 시간이 조금 더 필요할 수 있겠습니다. 다행히 지시하신 대로 관련 서류를 모두 담당 회계사에게 오늘 오후 3시에 넘겼습니다. 회계사가 잘 받은 것까지 모두 확인했습니다.'

이 세 번의 보고에서 가장 중요하며 가장 잘한 것은 '받았다고 확인했습니다.'라는 보고다. 그 업무가 끝났다고 업무가 종료된 것이 아니라 업무 종료 후의 확인 보고까지가 실제 업무의 종료다. 만약 지시만 받고 아무런 보고가 없다면 지시한 상사는 3월 15일이 다가오면 다시 확인해야 한다. 혹시 변수가 생기면 재무팀에 지시할 기회가 있어야 한다. 심지어 회계사에게 서류를 보냈다 해도 실제로 잘 받았는지 확인 전까지는 모든 사고의 여지가 남아 있다.

당연히 이 지시에 관련된 많은 추가 지시나 확인이 이어질 수밖에 없고 이런 감시와 참견은 서로의 기분을 상하게 만들 수 있다. 또한 이런 질 나쁜 추가 확인 업무 형태가 회사 내부의 모든 업무에 들어와 있다면 회사는 항상 사고에 노출되고, 불필요한 업무량이 증가해 사내 긴장감과 피로감이 가득한 회사로 운영될 수 있다.

그러므로 사장은 자기 직원들을 이런 상태로 교육해야 하며 이런 마무리 보고 방식을 가진 직원을 격려하고 승진시키고 사내 문화가 되도록 만들어야 한다.

회사의 프로젝트는 마무리 보고가 최종 끝이다. 마무리 보고가 없는 프로젝트는 엔딩 크레딧 없는 영화와 마찬가지다. 이것은 주요 프로젝트에만 해당하는 일이 아니라 상사의 모든 지시에 필요하다. 마무리 보고가 없으면 화재는 다시 살아날 수 있다. 단 한 번의 화재로 모든 것을 잃는다. 마무리 보고가 일상화된 회사는 업무 효율이 오히려 높아질 것이고 불량률이 낮다. 이런 일에 익숙하지 않은 회사 조직은 액자에 〈모든 지시의 끝은 마무리 보고〉라고 써 붙여 놓기 바란다.

053
어차피 해고해야 할 직원과 해고하는 태도

출근이 늦는 사람, 연락 없이 사라지는 사람, 약속 시간에 늦게 나타나는 사람, 마감을 지키지 못하는 사람처럼 행동과 시간이 예측되지 않는 사람은 앞으로도 개선을 기대하기 어렵다. 툭하면 나간다는 사람이나 이런 종류의 불성실을 이해받고 싶다면 엄청난 성과를 내거나 회사에 반드시 필요한 사람이어야 한다. 그렇더라도 교체 가능한 후보가 나타나면 언제든 해고해야 한다. 회사의 규정을 해치는 나쁜 문화를 만들 수 있기 때문이다. 따라서 당장은 아니라도 결국 해고 해야 하기 때문에 준비하고 있어야 한다.

그러나 횡령, 독직직책을 더럽힘, 폭력, 성추행 같은 범죄를 저지른 사람은 즉각 해고 해야 한다. 범죄가 아니라도 바로 해고해야 할 사람은 이 직원의 일 처리를 위해 다른 직원이 뒷수습 하는 경우가 발생할 때다. 인쇄물에 오타 확인을 제대로 못 해 모든 직원이 전시회 전날부터 스티커를 붙여야 한다거나, 수량 계산 실수로 입고된 상품을 처리하기 위해 점포 직원들이 고생하거나, 잦은 실수로 요리를 잘못 만들어 음식을 버려야 하고 동시에 다른 직원이 도와야 하는 경우라면, 사소한 실수라도 반복적이라면, 해고 대상이다.

회사는 교육 기관이 아니다. 가르쳐서 급여 가치를 할 때까지 기다려 줄 수는 있다 해도 그 실수가 다른 사람의 급여 가치를 해치는 순간, 해고를 고려해야 한다.

직원 중에 날카로운 식견으로 부정적 의견을 내는 사람이 있다. 여기까지는 크게 문제가 안 된다. 경우에 따라서는 이런 의견들이 사내의 위험 신호가 돼 주기도 하기 때문이다. 그러나 매사에 부정적인 사람은 요주의 해야 한다. 보통 부정적인 사람은 자기 혼자 부정적이지 않다. 이런 부정을 주변에 전달하고 동조자들을 모으기 마련이다. 동조자들은 처음부터 동조자가 되는 것이 아니다. 그냥 들어 준 것뿐이다. 하지만 부정적인 사람의 지속적인 의견을 듣다 보면 본인도 어느 날 부정적인 말에 동조하거나 적극 참여하게 된다. 이런 사고는 썩은 사과처럼 번져 나간다.

이런 부정적 컴플레이너Complainer는 월요일까지도 기다리면 안 된다. 이 한 사람 때문에 조직 전체가 현재 썩고 있다. 이런 경우 해고를 미루면 다음 주는 두 사람을 내보내야 할 수도 있고 다음 달은 열 명을 해고해야 할 수도 있다.

또 다른 해고자 명단에 있는 직원은 작은 거짓말을 곧잘 하는 유능한 직원이다. 이들은 자신의 유능함에 손상이 될 일이 생기면 금방 들통 날 거짓말도 천연덕스럽게 한다. 들통나면 다른 핑계를 대거나 이유를 다시 만든다. 절대 자기 잘못이 없다. 그런데 업무는 잘한다. 그러나 이런 사람을 계속 데리고 있으면 조직 내에 성실하고 정직한 사람은 떠나게 된다. 그 거짓말에 한 번씩 피해를 보는 일이 있었기 때문이다. 능력이 좋다는 이유로 감싸거나 방관하면 그의 거짓말은 점점 큰 거짓말로 변할 것이다. 다행히 컴플레이너와 달리 조직 내 동조자가 없어서 해고해도 따라 나가는 사람은 없다.

회사의 사정이나 변화로 할 수 없이 해고해야 할 경우도 생긴다. 미국 조지아 주 노동법에 At Will이라는 개념이 있다. 이 개념은 고용주가 직원을 해고하기를 원하거나 직원이 퇴사를 원할 때 양자 모두에게 적용되는 개념이다. At Will이란 단어는 '마음대로 하시오'라는 의미다. 이 말은 문장 그대로 '마음대로' 해고하라는 말이 아니다. 누군가를 해고할 때 특별한 이유가 필요 없다는 의미다.

만약 고용주가 해고하고 싶은 직원이 있다면 특별한 이유 없이 해고 할 수 있다. 직원 입장에서는 이런 At Will 노동법이 매우 불리한 법이라고 생각들 수도 있다.

하지만 같은 개념이 이직을 원하는 직원에게도 해당된다. 직원은 더 나은 좋은 직장을 찾으면 언제든 떠날 수 있다. 그러나 At Will 노동법이 일상적일 수는 없다. 고용인은 고용주에 비해 여전히 약자이기 때문이다. 하지만 해고를 하는 것 자체를 어렵게 생각하는 사장들은 이런 법 취지를 생각해 볼 만하다. 즉 해고를 너무 감상적으로 받아들이지 말라는 뜻이다.

직원이 언제든 좋은 일터가 생기면 떠날 수 있듯 사장도 더 좋은 직원으로 교체할 수 있고 사정이 좋지 않으면 내보낼 수 있는 권리가 있다는 것을 상기시키고 싶다. 단지 이 말은 상대적으로 좋은 직원이 퇴사하지 않도록 급여나 업무 환경을 개선해가야 하는 책임이 있다는 것을 말한다.

해고할 때 그 과정에서 늘 그들의 자존감과 자부심에 상처를 주는 말을 하면 안 된다. 이때 모호한 표현을 쓰거나 간접적인 방법으로 접근해도 안 된다. 관리자가 직접, 명확한 언어로 회사의 입장과 결정을 설명해야 한다. 변명을 댈 필요가 없다. 다만 퇴사하는 직원의 구직 활동에 대해 회사도 배려 할 수 있는 것은 도와야 한다. 이런 배려는 남아 있는 직원들도 불안감을 느끼지 않게 해준다.

사람을 해고하는 일은 힘든 일이다. 그러나 관리자는 한편으로 조직 입장에서 나쁜 소식을 전해야 하면서도 다른 한편으로는 고락을 함께했던 동료로서의 입장도 생각해야 된다. 해고된 직원의 고통과 처지를 인간적으로 공감하면서도 혹시 있을 소송이나 사후 리스크도 함께 고려해야 한다.

하지만 이런 어려움을 이유로 문제를 회피하거나 미루는 것은 회사나 직원 개인에게 도움이 되지 않는다. 해고 자체는 원칙에 따라 단호하게 실행하되 그 과정에서 인간미까지 잃지 않는 방법을 관리자들이 터득해야 하는 이유다. 여기서는 실수가 많은 사람이라도 다른 직장에서는 유능한 사람일 수 있기 때문이다.

나는 들어온 직원이 매달, 매해 성장을 한다면 더뎌도 절대 해고하지 않는다. 그러나 해고할 일이 생기면 오히려 빨리 해고하는 것이 서로에게 좋다. 하루라도 빨리 그 직원이 자기에게 맞는 일을 찾아갈 기회를 주기 때문이다.

054
직원을 해고하는 방법

사장들이 듣기 가장 무서운 말이 "사장님, 드릴 말씀있습니다." 이다. 이렇게 시작하는 대화는 대부분 퇴사를 통고하는 일이기 때문이다. 그러나 직원들의 퇴사 통고보다 더 힘든 일은 직원을 해고하는 일이다. 이것은 비즈니스에서 가장 어려운 일 중 하나다. 그 과정은 잠재적인 법적 문제로 가득 차 있을 뿐만 아니라 누군가의 인생을 바꾸는 일이라 죄책감, 불안, 심지어 공황장애까지 들게 된다.

해고의 최종 목적은 떠나는 직원이 존중받는 상태에서 해고가 잘 이뤄지고 고용주나 회사에 부정적인 인상을 갖고 회사를 떠나지 않게 해서 새로운 일자리를 얻는 데 더 집중하도록 하는 것이다.

해고 사유는 반드시 문서화한다. 실적 부진, 회사 정책 위반 또는 법률이나 규정 위반 같은 해고 사유를 명확하게 문서화 하는 것이 중요하다. 해고가 공정하고 합법적으로 처리될 수 있도록 절차를 따르는 것이다. 해고 직후 직원의 작업 및 역할과 책임의 전환을 계획해두는 것이 중요하므로 대체 직원을 확보하거나 나머지 직원에게 직원의 업무량을 재분배하는 것이 계획에 포함돼야 하다

해고가 유쾌한 사람은 없다. 때문에 이것을 핑계로 전화나 이메일

혹은 문자로 해고하면 그 방식 자체가 감정을 상하게 하는 요인이 된다. 따라서 자신이 직접 고용한 사람은 직접 해고하는 것이 옳다. 장소는 사장실보다 중립적인 장소인 회의실이 낫다. 필요한 경우 해고 직원의 상사, 인사 담당자, 보안 책임자가 동석할 수 있지만 위협을 느끼게 하면 안 된다.

또한 해고에 필요한 모든 자료를 수집한다. 최종 급여, 퇴직금 내역 및 직원이 새로운 직업을 찾는 데 도움이 되는 세부 정보 항목이 포함될 수 있다. 통고 내내 개인의 존엄성 가치를 훼손할만한 행동이나 언어를 조심해야 한다.

해고 과정은 당사자에게는 감정적일 수 있으니 미리 휴지도 준비하고 프라이버시가 지켜질 수 있는 자리를 선택해야 한다. 다른 사람들이 지켜보는 곳에서 공개 처형을 당하는 느낌을 받지 않도록 유의해야 하며 혹시라도 창문이나 문이 열려있어 소리가 새나가지 않도록 사소한 것도 신경 써줘야 한다. 특히 주말이나 공휴일, 혹은 휴가 직전에 해고하지 말고 너무 이른 아침 출근부터 부르지 않아야 한다. 이런 시간대는 모두 나중에 감정이 격해지면 상처가 된다. 해고의 내용보다 해고 방식에 기분이 상하는 해고자들이 많다.

해고 소식은 직원을 놀라게 하거나 혼란스럽게 할 수 있어 설명이 필요하다. 해고 이유를 간략하게 설명하고 정직하게 행동하라. 당신의 선택이 최종 결정이라는 자신감을 유지하라. 당신의 결정이 최종적인 것임을 직원이 이해하는 것은 아주 중요하다. 직원을 재고용, 혹은 해고가 취소될 수 있다는 인상을 주면 직원이 더 감정적으로 느끼고 회사와 관계가 악화될 수 있다.

이미 경직된 분위기가 시작됐는데 분위기를 부드럽게 한답시고 어젯밤 경기나 날씨를 말 하는 것은 실수다. 간결하고 명확한 용어로, 그러나 예의를 잊지 않고 다음과 같이 말해야 한다.

"OOO씨! 안타깝게도 회사에서 당신의 자리가 없어진다는 것을 알리게 되어 이 자리를 마련했습니다. 이를 먼저 구두로 통지합니다. 그동안 OOO씨의 노력과 성과를 생각하면 매우 어려운 결정이었고 결코 쉬운 일이 아니었습니다만, 결국 최종 결정 할 수밖에 없었음을 알아주시길 바랍니다. 이 서류는 OOO씨의 공식 해고 통지서입니다."

그리고 해고자가 서류를 읽을 시간을 충분히 주기 위해 잠시 기다려줘야 한다. 여기까지 마치면 반은 끝난 것이다. 이때부터는 비언어적인 몸짓, 태도, 감정에 대한 반응이 해고 이후의 감정을 다스리게 된다.

청하지 않은 조언이나 지키지 못할 약속은 하지 않는 것이 좋다. 가장 주의할 점 중의 하나는 해고를 개인적 사건으로 만들지 않는 것이다. 해고가 개인 의지의 결정이 아니라 회사 차원의 결정임을 알려야 한다. 직원을 해고할 때는 특정한 사실에 집중해야 하고 그 직원의 실수를 공격해서는 안 된다. 이미 해고가 결정되었다면 그 사람의 인간성을 문제 삼을 필요는 없기 때문이다. 전체 해고 시간이 30분 이상 길게 이어지지 않도록 한다. 10분 이내의 너무 짧은 시간에서도 모욕을 느낄 수 있지만 너무 긴 시간은 해고가 개인감정으로 흐를 가능성을 만든다. 경우에 따라 퇴직금, 보상금 등 해당 지역의 특정한 법률을 따라야 한다.

나는 다음의 경우에 해당되면 즉시 해고한다.

성희롱, 따돌림, 폭력 등의 범죄 행위/ 약물중독, 마약, 알코올중독/ 사회가 용인하지 못하는 인종차별, 범위를 넘는 정치적 입장, 특정 종교관 주장 같은 비윤리적 행위/ 회사 자산의 절도, 업무 시간에 회사 일이 아닌 다른 일을 하는 업무 시간 절도/ 채용 정보의 심각한 의도적 조작/ 과도한 지각, 조퇴, 결석, 연락 두절. 이 밖에도 회사의 성장 둔화로 인한 인원 감축의 경우에는 당연히 즉각적으로 해고를 단행한다.

그러나 상대적으로 업무 능력이 떨어지거나 조직 문화에 적응하지 못할 때는 가능한 기회를 더 주는 편이다. 다만 개선할 시간과 방향성을 주었어도 성과가 나타나지 않으면 이를 문서화하고 실적 저하를 주요 근거로 삼아 해고한다.

해고는 언제나 가장 어렵다. 해고가 쉬운 사장은 아무도 없다. 그래도 적절한 시기에 적절한 해고는 회사와 해고 당사자 모두에게 큰 이득이 될 수 있다. 해고 당사자도 우리 회사에서 역할을 못 할 뿐이지 다른 곳의 다른 직책에서는 능력이 돋보이고 성공할 수 있기 때문이다. 심지어 어쩌면 나처럼 직원 역할은 못 해도 사장 역할은 잘할 수 있을지도 모른다. 결정이 끝났으면 빠른 해고가 답이다.

055
직원들이 스스로 일하기를 원한다면

알아서 일 잘 하는 직원들이 있다. 시키지 않아도 일을 찾아내고 창의력을 발휘하며 개선하는 사람들이다. 그런데 문제는 그런 사람들은 창업해서 나간다는 것이다. 아마 당신도 그래서 창업해서 사장을 하고 있을 것이다. 사실 알아서 일 잘하는 직원들만 있는 회사는 존재하지 않는다. 그래서 어떻게 하면 직원들이 창의적으로 알아서 일하게 할 수 있을까를 고민하기보다, 사장이 이런 행동을 해서 직원들이 스스로 일 하지 않는 것이 아닌지 살펴보자.

첫째, 지나치게 세세한 부분까지 지시한다. 이런 사장들은 직원들에게 창의력을 기대하면 안 된다. 디테일을 그런 방식으로 이해하면 디자이너나 요리사는 기능공이 되고 부사장은 대변인이 되며 관리자들은 관리를 하지 않고 지시만 기다리는 사람들이 된다. 그들이 알아서 일을 하려면 알아서 일을 한 부분들이 크게 문제 없거나 나와 다른 견해 차이 정도라면 그냥 지켜봐 줘야 한다. 매번 모든 일에 관여하는 순간, 회사의 모든 일은 나에게 들어오고 나로부터 나가게 된다. 나머지 사람들은 사장의 디테일한 지시가 있기 전까지 아무것도 하지 않을 것이다.

둘째, 왜 이 일을 하는지 설명해 주지 않는다. 그 일의 가치와 목적을 절대로 말해주지 않는다. 그러면 직원은 업무 개선이나 효율에 관심을 보이지 않는다. 당연히 일에 대한 애정도 사라지고 상사에게 인정을 받지 못한다는 것 때문에 시키지 않은 것은 절대 건들지 않는 사람이 된다.

셋째, 직원들을 항상 가르친다. 한 번도 업무상 배우려 하지 않고 가르치기만 한다. 그러면 직원들은 자신들이 알고 있는 노하우를 공개하지 않고 배우려 하지도 않는다. '이건 어떻게 하는 거죠?,' '이건 어떻게 했어요?,' '이건 어떻게 해야 할 것 같아요?' 같은 말은 절대 하지 않는다.

넷째, 직원들을 회사 장단기 목표 설정에서 배제한다. 목표는 내가 설정하고 내가 지시한다. 그러면 직원들에게 목표란, 나의 것이 아니라 사장의 것으로 변한다. 과다한 목표로 매번 목표 달성 자체가 의미 없게 만들면 회사는 목표 자체가 사라진다. 조직원 스스로 목표를 정하고 권한을 주는 법을 모르니 작은 성공도 칭찬이나 격려가 사라진다. 당연히 조직원들의 협동이나 정보 공유가 사라진다.

056
좋은 직원을 내 보내는 두 가지 경우

    창업 초기에 중간 간부 이하, 초기 직원 중에 회사 내에서 잘 성장하고 성과도 좋은 직원들이 있다. 이런 직원들을 보면 작은 회사에 들어와 열심히 일하는 것을 보며 고맙기도 하고 기특하기도 해서 칭찬을 아끼지 않는 사장들이 있다. 그런데 이런 칭찬이 이어지면 신기하게도 얼마 되지 않아 퇴직한다. 칭찬은 듬뿍 주면서 급여는 오르지 않기 때문이다. 심지어 급여가 다른 회사에 비해 적지 않은데도 이직하는 경우가 흔히 발생한다. 사장의 잘못은 단 하나다. 칭찬을 너무 자주 했기 때문이다.

    직원이 칭찬받으면 보상을 주어야 한다. 그런데 칭찬과 보상이 연결되지 않으면 사람은 실망하게 돼 있다. 그래서 좋은 사장에게 칭찬을 받고 급여가 적절해도 더 나은 대우를 찾아 떠나는 것이다. 그러므로 사장의 칭찬은 더 정교해야 한다. '고맙다'가 아니라 '잘했다'라고 말해야 하며 '수고했어. 고생 많았어요'가 아니라, '일 처리가 마음에 들었어. 계속 그렇게 해줘' 라고 말해야 한다.

    즉 감사보다는 인정하며 급여 또는 직책으로 보상이 돌아갈 때까지 칭찬이 아닌 인정을 해주며 그릇을 키워 냈어야 하는 것이다. 섣부른 칭찬과 과다한 칭찬이 반복될 때마다 당사자는 '보상은 언제?' 라는 물음표가 따르고 어느 날 실망이 커져 결국 퇴사하게 된다. 이렇게 초급 사장들은 회사 내 주요 인재로 클 수 있는 사람을 날리는 것이다.

두 번째 경우는 간부급 직원이나 주요 직원들에게 직무 교육이 아닌 경영 교육을 참여시키는 경우다. 타 회사 사장들이 모이는 자리나 CEO 교육과정, 대학의 최고위 과정같이 경영자들이 모여 있고 경영에 관련된 교육을 받게 되면 이들은 대부분 창업하기 위해 퇴사한다. 간혹 내 수업을 듣고 난 후에 자기 회사의 2인자나 임원들을 수업에 보내는 경우가 있다. 그러나 가족 경영자가 아닌 경우에는 수업에 보내지 말라고 한다. 내 기억으로는 퇴사하지 않은 사람이 거의 없었기 때문이다. 그러므로 경영자는 반드시 필요한 직원들은 직무교육이면 몰라도 경영교육은 가려서 보내야 한다.

물론 이 두 방법을 이용해, 퇴사했으면 하는 직원이 있다면 이 챕터를 역으로 사용하는 것은 안 비밀.

057
직원은 아랫사람이 아니다

직원은 '직장 내에서 업무상 내 지시를 받는 사람'이라는 뜻이다.

직장을 벗어나면 이 관계는 사라진다. 상사라는 이유로 혹은 사장이라는 이유로 직원을 아랫사람 취급하는 것은 옳지 못하다. 직원이라도 인품과 전체 삶의 지식은 상사보다 월등할 수 있다. 단지, 나이가 젊거나 입사가 늦은 것뿐이다. 그러므로 사장은 직원을 업무 이상으로 가르치거나 훈육하는 자세를 보이면 안 된다.

나는 직원들에게 사무실 외의 장소에서 만나면 인사하지 말라고 한다. 가끔 한인마켓이나 동네 극장에 가면 직원들이 가족과 함께 장을 보러 오거나 놀러 나온 사람들을 만나곤 하는데 이때도 마찬가지다. 그들이 퇴근해서 집으로 돌아가면 그 집의 가장이다. 그 가장이 자녀와 배우자가 함께 있는 자리에서 상사를 어려워하는 것을 보여주지 않기 바라는 마음이다.

업무 외에 사적인 성장을 같이 나누는 관계는 서로가 원할 때뿐이다. 특히 초기 사업 단계에서는 공과 사가 섞일 수 있고 만약 호칭과 업무까지 엉켜있을 때는 상하관계라기보다 동료 관계에 가까워서 개인 일상을 함께 하기 마련이다. 그래도 상대가 원하지 않으면 개인적 관계를 맺지 않는 것이 더 좋다. 상사와 아래 직원 관계는 존중으로 충분하기 때문이다.

그러니 "너는 꿈이 뭐냐?," "왜 꿈이 없어?," "다음 주까지 꿈을 생각해 와!" 같은 질문이나 지시는 직원과의 관계를 돈독하게 하기는커녕, 다음 주에 직원이 사직서를 갖고 올 수도 있게 만든다. 이 질문에는 나는 너보다 상사고 어른이고 선생이고 리더라는 모든 의식이 들어 있다.

상당히 많은 사장이 직원들과 어느 정도 스킨십을 해야 하는지 고민한다. 직원들은 장작불에 모여든 사람과 마찬가지다. 사장은 장작불이고 직원들은 그 불가에 모여든 사람이다. 불길이 약하면 사람들의 손바닥이 불 가까이로 모여들겠지만, 회사가 커지고 사장의 위엄이 생겨서 불길이 거세지면 직원들은 알아서 조금 더 스스로 물러설 것이다. 그렇다고 모닥불이 사람들 쪽으로 먼저 다가가면 놀라 도망갈 것이다. 회사가 커지면 커질수록 즉 불길이 점점 더 거세질수록, 직원들은 점점 더 멀어지게 돼 있고 당신은 회사에서 왕따 아닌 왕따가 되어 혼자 밥먹는 일이 늘어난다.

만약 직원 중에 어떤 사람이 당신을 상사이자 멘토 혹은 선생으로 생각하고 다가오면 어떻게 해야 할까? 상사와 선생을 병행하기는 어렵다. 두 사람 모두 순수한 의도라고 해도 조직의 눈치를 봐야 한다. 아무리 편하게 따라도 따로 만나 식사하거나 방으로 불러 속닥이거나 하는 일은 지극히 조심해야 한다. 조직이 커지면 누군가를 만나는 일 자체가 그 조직 안에서 의미를 주게 돼 있다. 공개된 장소에서 공개된 방식으로 가르쳐야 그 직원도 조직 안에서 스스로 인정받으며 성장하게 된다.

또한 내 가족이 회사 내에 들어와 있다면 주의할 것들이 있다. 가족이라는 이유로 만나는 시간도 많고 심지어 퇴근하면 한 집에 살아야 하는 관계도 있다. 그런 경우 회사 내 직급과 상관없이 사장과 함께 회사 전반에 관해 이야기 나누는 상황이 연출되면 안 된다. 사장은 그런 질문이 들어 오면 이를 즉각 인지하고 대답하지 않아야 하며 자신도 회사 경영 이야기를 하는 버릇을 가지면 안 된다. 회사 일은 직책과 조직 안에서 상의되고 논의되어야 한다.

만약 가족이라는 이유로 이런 이야기를 자연스럽게 나누고 상의하면 그 피해는 다른 전체 직원에게 돌아갈 수 있고 회사 직원들은 그 가족의 직급과 상관없이 하나의 다른 권위 계통이 생긴 것을 느끼고 조직체계에 금이 갈 수 있다.

나도 가족들이 자회사의 사장 직원으로 같이 사업하는 사람들이 있다. 나는 이들과 가족 모임에서 절대로 사업 이야기를 하지 않는다. 가족이라는 이유로 다른 회사나 조직에 관한 이야기를 나누지도 않는다. 내가 만약 이런 대화를 나눈다는 것을 다른 사장들이나 조직 구성원이 알면, 그 이야기를 나누는 것 자체가 권한의 분산으로 나타나기 때문이다. 득은 하나도 없고 실만 생긴다.

058
모든 직원이 우수한 직원인 회사는 가능한가?

어느 회사든 회사에 꼭 필요한 유능한 직원이 있다. 급여 이상의 실적을 보이고 능력과 충성도도 뛰어난 직원들이다. 전체 직원들 중에 이런 고급 인력의 범위는 30% 정도다. 상위 30% 직원들이 회사를 이끌고 창의적 아이디어를 가져오고 매출을 만들어 낸다. 퇴직이나 이직을 한다면 아쉬운 사람들이다.

다음으로 약 40% 직원들은 급여만큼 일한다. 중간급 직원들이다. 이들은 반복적인 일에 능하고 딱히 승진에 욕심도 없다. 창의적이지는 않지만 주어진 일을 정해진 시간에 해낸다. 이들은 회사의 허리에 해당된다. 상고급 직원들만 못해도 매우 필요한 직원들이다. 이들이 없다면 회사의 기본 기능이 멈추기 때문이다. 퇴직이나 이직을 해도 크게 문제가 되지 않는다. 새로운 신입 직원이 들어오면 얼마 후에 업무가 이어지기 때문이다.

나머지 하위급 직원 30%는 회사에 손해가 되거나 도움이 되지 않는 사람들이다. 나갔으면 좋겠지만 자신들도 나가면 딱히 갈 곳이 없어 나가려고 하지도 않는다.

모든 회사가 대부분 이런 비율이다. 사장을 처음 하는 사람은 매번 이런 상황이 안타깝다. 그래서 하위급 30%를 내보내고 새로 좋은 사람을 뽑으면 전체 60% 이상을 우수한 직원으로 채울 수 있지 않을까 생각해 본다. 그러나 문제는 그렇게 쉽지 않다.

새로운 좋은 사람으로 30%를 채워도 여전히 3:4:3의 비율로 상중하가 다시 만들어지기 때문이다. 그래서 능숙한 사장은 3:4:3의 비율을 인정한 상태에서 전체의 수준을 올릴 방법을 생각한다. 내게 직원이 백 명이라면 집으로 불러 같이 밥먹을 정도의 핵심 최측근 5명, 이름을 기억하고 능력을 인정할 수 있는 우수 직원 25명이라면 이미 최고의 직원들로 구성돼 있다고 봐도 무리가 없다.

세상 어느 회사도 회사 직원 대부분이 우수한 사람으로 채워진 회사는 없다. 따라서 사장은 직원들을 자기 회사 내부에서 상대 비교하는 버릇을 지우고 타 회사보다 우리 회사의 전체 효율이 더 높은지 비교하고 판단해야 한다. 우리와 같은 매출, 같은 이익을 만드는 회사보다 더 적은 인원으로 회사를 운영하고 있다면 우리 직원들은 전체가 좋은 직원인 것이다. 그러므로 일 인당 매출, 일 인당 순수입과 관련해 타 회사와의 상대적 평가로 우리 회사 직원들을 평가해야 한다. 그리고 그것이 결국 사장의 경영 능력에 대한 점수표다.

직원들은 어느 회사라도 대부분 비슷한 평균치다. 각 회사의 우수한 사람들만 모은다는 생각을 버려라. 이런 평균적인 사람들로 평균 이상의 일을 할 수 있게 만드는 것은 그들의 책임이 아니라 당신의 책임이다.

규모가 비슷한 다른 회사와 상대적 평가를 해봤을 때, 당신은 상중
하 중 어느 등급의 사장인가?

059
직원에게 존경받으려면

사장의 행동 중에 절대로 존경 받지 못하는 행동은 변덕이다. 변덕이야말로 직원들이 가장 싫어하는 경영자의 성품이다. 변덕은 직원들이 마친 업무를 무의미하게 만들며 매번 내일을 불안하게 만든다. 경영에 규칙성이 없고 임의적이고 돌발적인 행동이 많으면 절대로 리더가 될 수 없다. 이런 변덕을 창의성이라고 생각하는 사장이라면 오래 근무할 직원은 아무도 없을 것이다. 사장은 직원들의 의견을 묻는다고 생각할 수 있지만 하나의 사안에 이런저런 의견을 계속 말하는 것도 변덕이다. '어떻게 거기로 갈까?'는 직원들과 상의해도 좋지만 '어디를 갈까? 말까?'를 결정하는 것은 리더의 몫이기 때문이다.

생각보다 그리 상관없는 리더의 품성으로는 무식하거나 부도덕하거나 욕설하는 경우다. 물론 이런 것은 없는 게 더 낫지만 능력이 좋으면 무시되거나 오히려 어느 때는 장점이 되기도 하는 품성이다. 물론 없으면 더 좋다.

존경받기 위해 반드시 있어야 하는 성품은 신용이다. 신용은 신뢰가 있는 사람이라는 것을 증명하는 도구다. 리더의 신용은 신뢰로 나타나고 신뢰가 있는 조직은 미래의 가치를 위해 현재를 잘 사용할 수 있는 조직이 된다.

우리의 삶은 모든 것이 신뢰라는 기반 위에 서 있다. 생명 보존에 있어서 신뢰는 제1 필수 조건이다. 심지어 사기꾼 같은 범죄자들조차 신뢰없는 사람하고는 거래하지 않는다. 어쩌면 사랑보다도 더 근본적이면서 의미 있는 가치다. 심지어 사랑조차 신뢰를 기반으로 하기 때문이다. 사랑 없는 신뢰는 가능하지만 신뢰가 없다면 사랑도 존재할 수 없다. 신뢰가 무너질 때 가장 큰 문제는 두려움과 비용 증가다. 이웃에 대한 신뢰가 없으면 도둑이 들까 무섭고 자물쇠를 채우고 보안 장치를 해야 하는 등 두려움과 비용이 증가한다. 사장에 대한 신뢰가 무너지면 이직은 물론이고 당연히 지켜야 할 회사 자산이나 가치에 대한 애정이 사라지며 비용이 증가한다. 그래서 사장은 자신이 할 말을 조심하고 뱉은 말은 반드시 지키고 변경이 생기면 책임지는 태도를 지켜야 한다.

그 외에 존경받지 못하는 행위로 매사 가르치기, 매사 참견하기, 고객 흉보기, 정치 이야기, 종교 이야기, UFO 이야기, 외계인 이야기하기 등이 있고, 사소한 것 같아도 아주 많이 존경받는 행위로는 츤데레 행동, 의리, 믿어주는 것, 보호해 주는 것, 말 전하지 않는 것, 오해받고도 해명하지 않는 것 등이다.

060
직원에게 절대 하지 말아야 하는 것 열 가지

많은 시간을 같이 보내고 회사를 통해 운명 공동체의 삶을 살아가는 직원들에게도 절대 하지 말아야 할 행동과 언어가 있다. 부부에게도 절대 넘지 말아야 할 선과 마지막까지 지켜야 할 예의가 있는 것처럼, 직원들에게도 똑같은 선과 예의가 있다. 사장은 이것을 지킴으로써 급여를 주는 사람이 아닌 어른의 위치에 서게 된다.

1. 다른 직원의 험담을 하지 마라.

   사장이 하는 험담은 직원들 사이의 험담과는 차원이 다르다. 이 험담에 모두가 동참할 수 있고 당사자가 아는 순간 관계는 회복될 수 없다. 특히 공개비난은 최악이다.

2. 자신의 재정 상태에 대해 말하지 마라.

   그것이 사치에 해당되거나 모자란 잔고 이야기든 직원들은 사장의 개인 재정 상태를 회사의 재정 상태와 곧바로 연결하게 된다.

3. 직원들의 개인사를 너무 깊게 묻지 마라.

   예전의 연애에서 집 앞에 찾아가는 것은 낭만이었으나 지금은 범죄가 되었다. 직원들의 개인사도 마찬가지다. 너무 깊게 묻고 알려고 하는 것은 범죄에 가깝다. 묻는 순간 관여하게 되며 심지어 사적인 관계가 될 가능성이 커진다.

4. 너무 뜬금없는 계획을 말하지 말라.

회사를 옮겼으면 한다든지, 2년 후엔 제주도에 살고 싶다든지 하는 말들은 직원들을 단기 근무자로 만들 수 있다.

5. 노골적인 편애를 하지 마라.

한 사람을 얻는 대신 모든 사람을 잃게 된다. 조직의 존경심을 얻으려면 편파적이면 안 된다. 아무리 편해도 한 사람과 식사한 다거나 자주 부르지 마라.

6. 공개적인 논쟁은 피한다.

공개적인 토론은 괜찮다. 공개적인 지시나 칭찬도 괜찮다. 그러나 싸우는 듯 보이는 논쟁은 하지 않는다. 당신의 권위에 손상이 생기기 시작하면 여러 부분에서 도전이 시작된다.

7. 비윤리적이고 불법적인 행위를 하지 않는다.

여성이나 장애인, 외국인을 모독하거나 불법적인 행위를 하는 것은 사업가로 결코 하지 말아야 할 행동이다. 그런 사람이 직원들에게 윤리나 도덕심을 요구하면 위선이다.

8. 화난 것처럼 얼굴을 꾸미지 말라.

한숨을 자주 쉬는 것도 안 된다. 사장의 분위기가 회사의 분위기다. 사장이 겨울인데 다른 곳에 봄이 있을 리 없다. 웃을 일이 없어도 편안한 얼굴을 하고 힘든 일이 있어도 담담히 굳건해야 한다.

9. 직업을 준 것을 고맙게 생각하라는 말투와 행동을 하지 않는다.

고용주에게 빚을 졌다고 느끼도록 만드는 환경에서 이에 보답하려고 감사하며 일 잘하는 사람은 없다. 직원을 고용하는 이유는 그 직원의 기술과 지식으로 특정 작업을 수행할 일이 필요하기 때문이다.

10. 해고하기 전까지는 해고라는 단어를 사용하지 말라.

해고를 협박 삼아 원하는 일을 하도록 직원을 위협하는 것은 지속 가능하지 않다. 처음에는 당신의 요구에 반응하겠지만 곧 의욕을 잃고 기회를 얻는 즉시 그만두고 말 것이다.

061
직원을 힘들게 하는 사장의 패턴들

　종교나 정치 성향이 사업 목적인 사장은 일보다 직원들을 힘들게 한다. 기도로 시작하거나 끝없는 정치 평론은 일을 힘들게 만든다. 박애주의가 몸에 밴 착한 사장은 다른 사람을 돕기 위해 직원들까지 희생시킨다. 사람이 좋아 욕 할 수도 없어서 더욱 직원들은 힘들 뿐이다.

　부부가 공동 사장인 경우는 매일 '아빠가 좋아? 엄마가 좋아?'를 강요받는 느낌이다. 서로 다투면 누구 편을 들어야 할지도 모르겠고 머리가 둘이라 지시도 둘이다. 그런데 급여는 한 사람만 준다.

　손님이 나가기만 하면 욕하는 사장, 내가 퇴근하면 무슨 소리 할지 뻔하다. 알아서 참 잘하네~ 라며 가스라이팅 하는 사장. 알아서 잘하기가 얼마나 힘든데……. 업무 중에 가장 힘든 업무가 사장님 속마음 읽기라는 것을 모른다.

062
작은 친절과 불편한 친절

품성이 원래 좋고 평소에 친절한 사람도 친절의 종류가 다양하고 심지어 어떤 친절은 악이 되기도 하고 다른 사람을 불편하게 만든다는 것을 모를 수 있다. 경영자는 작은 친절을 베풀 때도 후속 파급 효과를 언제나 고려해야 한다.

길을 묻는 노인을 아예 목적지 근처까지 모셔다드리는 바람에 아르바이트생 혼자 손님을 상대해가며 진땀을 흘리게 하거나, 젊은 여성에게 자리를 양보받자 얼굴이 파래진 중년 남자를 본 적도 있다. 50살 다 된 연예인들이 길거리에서 방송 중에 중년 여성에게 어머니라고 부르는 바람에 혼나는 장면도 있다. 이처럼 지나친 예의나 친절은 오히려 타인을 불편하게 만든다. 그래서 친절이라고 모두 훌륭하고 선한 것이 아니다.

작은 선은 큰 악을 키우기 마련이고 큰 선은 작은 악에서 무너진다. 그래서 옳고 그름의 판단을 할 때는 더 멀리서 바라봐야 한다. 마땅히 지적해야 할 직원의 실수를 방치하면 나중에 모든 직원에게 권리가 돼 버린다. 그까짓 봉지 커피 몇 개 가져간 것이 뭘 대수라고 생각했다가 더 많은 직원이 커피를 가져가고, 결국 제때 수습하지 못해서 커피 자체를 없앨 수밖에 없게 된다. 결국 모든 직원이 커피를 먹지 못하는 일이 발생할 수 있다. 그래서 사장은 친절을 베풀기 이전에 다음 세 가지를 스스로 자문해 봐야 한다.

첫째, 이 친절이 앞으로 평생 유지할 수 있는 것인가? 둘째, 지금 베푸는 친절이 회사가 열 배, 백 배 커져도 유지 할 수 있는 것인가? 셋째, 이 친절을 위해 혹시 가까운 사람이 희생되고 있지 않은가?

어떤 친절은 한번 베풀었다가 그만두면 다음에 욕 먹는 친절이 있다. 선물용이라기에 예쁘게 포장까지 해서 줬더니 다음에는 포장해 주지 않는다고 화내는 손님도 있다. 어떤 친절은 회사가 커지면 도저히 감당할 수 없는 친절도 있다. 점주들에게 선 배달 후, 결제를 허용했다가 회사가 커지면서 결제 대금 관리와 재고 부담을 이기지 못하고 혹자 도산하는 회사도 있다. 어떤 친절은 내 가족이나 가까운 직원들의 희생이 담보된 상태의 친절도 있다. 친구에게 회사 주차장을 사용하도록 편의를 봐주는 바람에 하급 직원 한명이 차를 가져오지 못하게 되거나, 잘못 인쇄된 프린트물의 오타로 온 직원들이 수정 스티커를 붙이게 되는 일에는 가까운 주변의 희생이 요구된다. 이런 세 가지 문제가 걸리면 친절은 오히려 독이 될 수 있다.

언제나 나의 친절이 가까운 이들의 희생 없이, 회사가 아무리 커져도 계속할 수 있는지 확인하고 베풀어야 한다. 이것을 벗어나면 의미

없이 의무가 되거나 비용이 증가하거나 주변의 지지를 얻지 못하기 때문이다.

063
지분을 주기보다는 이익 배당이 낫다

회사가 막 설립되어 직원이 서너 명 정도 있는 사장들의 고민 중에 하나는, '어떻게 직원들이 주인 의식을 갖고 일하게 만들 수 있을까'다. 그래서 생각해 내는 것이 '지분을 주면 어떨까'를 생각한다.

결론부터 말하면 지분을 주는 것은 현명하지 못하다. 정 그런 마음이 들면 차라리 이익 배당을 하는 것이 좋다. 직원들 입장에서도 아직 이 회사의 가치도 모르겠고 정을 붙이고 일을 할지 말지도 모르겠고 회사가 계속 성장할지, 망할지도 모르는 장래가 불분명한 회사의 지분을 갖느니 차라리 지금 당장 돈을 더 받는 것을 좋아한다.

설령 지분을 준다 해도 주는 사장은 3%도 많아 보이는데 받는 사람은 30% 줘도 마음에 차지 않는다. 회사의 미래 가치를 상상하는 수준이 다른 데서 생기는 자연스런 오차다. 문제는 이 오차가 너무 커서 서로에게 도움이 되지 않는다는 것이다. 한 사람은 화가 나고 한 사람은 모욕을 느낄 것이다. 그리고 지분이 나뉘어 있으면 투자를 받거나 매각할 때도 여전히 문제가 발생한다. 그러므로 그에 해당하는 이익을 매 분기, 혹은 매년 정산해서 이익 배당을 해주는 것이 사장으로서는 훨씬 유리하다.

특히 사장은 회사의 실제 성장률에 근거한 매출과 이익에 대한 구체적 상상력을 잘 발휘해야 한다. 내 회사가 현실적으로 가장 잘 성장하면 어디까지 성장할지를 그려봐야 한다. 그 수준에 도달했을 때 해당 직원이나 임원들에게 얼마의 배당이 돌아가면 모두 만족할지 다시 상상해서 그 지점에 목표를 두고 보너스나 배당 정책을 마련해야 한다. 하지만 목표가 구름을 닿아 있는데 실제로는 2층에 있고, 구성원 누구도 그 목표를 달성하지 못할 것으로 생각한다면 구름에 맞춘 보너스 정책은 아예 의미가 없다.

반대로 저절로 별 노력 없이 현재 여력으로 그럭저럭 올라갈 수 있는 자리를 목표로 두면 그 또한 효율성 없이 보상만 지불하게 된다. 그래서 현실 가능한 지점에서 최선을 다해 열심히 하면 도달할 지점에 목표를 둬야 한다.

참고로 나는 목표를 내가 하고 있는 것의 열 배 앞에 둔다. 내가 하루에 천 불을 벌었을 때는 만 불에 목표를 두었고 만 불을 벌었을 때는 10만 불을 목표했다. 그러나 회사 목표를 정할 때 첫 5년은 일 년에 두 배, 5년 후부터는 매년 30% 정도 수준으로 목표를 잡는 편이었다.

064
급여를 많이 주면 좋은 직원들이 모일까?

급여를 많이 주면 실력 있는 직원들이 모이기는 한다. 그러나 실력이 있다고 좋은 직원일 수는 없다. 인간에게 급여만큼 일의 동기가 되는 것이 하나 더 있다. 심지어 어떤 사람들은 급여가 줄어도 이 동기를 찾아 나간다. 그것은 '일에서 자신의 가치를 느끼고 성취감을 얻는 것'이다. 직원들이 자기 일이 무의미하다고 느끼면 일에서 만족을 찾을 가능성이 크게 줄고 오래 머물지 않을 것이다.

또한 회사는 개별 직원들에게 회사 내 성장과 발전의 기회를 제공할 수 있어야 한다. 즉 고용할 때 직원을 위한 장기 계획이 있어야 하고 직원이 그 계획에 잘 맞는지, 어떻게 적용되는지에 대해 서로 이해가 있어야 한다. 가장 좋은 전략은 회사의 목표를 명확하게 제시하고 그것을 직원 개개인의 개인적 가치와 연결 할 수 있어야 한다.

직원 입장에서는 내가 잘하고 있는지, 나는 필요한 사람인지, 인정받고 있는지, 확인받지 못할 때 언제든 나갈 기회가 생기면 나갈 것이다. 이 말이 잘 공감되지 않으면 이렇게 비유로 생각해 보자.

연애하는 두 남녀가 있다. 그런데 상대가 날 사랑하는지, 필요한지, 내가 애인이 맞는지 알 수 없는 사이라면 연애한다고 말 할 수 있을까? 그러니 급여만 올리지 말고 가치와 필요와 인정도 올려주기 바란다.

065
직원을 향한 칭찬의 역설

사장이 직원을 칭찬하는 목적은 두 가지다. 바람직한 행동을 했을 때 그 행동이 계속 되도록 하기 위한 것과, 어떤 행위에 대한 보상으로 칭찬하는 경우다. 남에게 칭찬 받으면 기분이 좋다. 그래서 칭찬을 조직 결속과 인정욕구 충족, 충성도를 높이고 능력을 더 발휘할 수 있게 만드는 좋은 일로만 생각하기 쉽다. 이것이 모두 사실이면 모든 조직은 칭찬이 난무하고 어디서든 좋은 소리만 들릴 것이다.

대표적인 칭찬의 폐해는 당사자에게 자만심을 주고 주변 동료들에게는 상대적 열등감을 느끼게 하는 것이다. 특히 칭찬은 계속되지만 보상이 오지 않는 경우 당사자의 자만심은 계속 커지게 되고 결국에는 조직 내 위화감을 조성하거나 퇴사하게 만든다.

따라서 경영자들은 직원에 대한 칭찬에 정교해질 필요가 있다. 특히 '고맙다'와 '잘했다'를 남발하면 자만심이 커져서 스스로 보상을 챙기려고 나서거나 심지어 일을 좀 덜해도 괜찮다는 생각을 하게 만들 수도 있다. 또한 업무의 포괄적 가치를 이해하려 하지 않고 칭찬을 받기 위한 일을 할 수도 있다. 사장이 의도를 갖고 상대적으로 어떤 부면에서든 약한 직원에게 계속 칭찬할 경우, 당사자는 사장의 기대를 저버리지 않으려는 지나친 두려움을 갖기도 한다.

따라서 '고맙다'보다 '수고했다'는 표현이 더 낫다.

칭찬은 고래도 춤추게 한다는 유명한 말이 있지만 고래가 칭찬받을 때마다 춤을 추려면 그 큰 몸이 얼마나 힘들지 상상해 보라.

- 결과를 칭찬하기보다 과정을 칭찬하는 것이 좋다.

    '보고서가 훌륭해요.' x

    '마감 지키려고 며칠 고생했다면서요.' o

- 재능보다 의지를 칭찬한다.

    '머리가 참 좋아요.' x

    '이렇게 성실하니 항상 결과가 좋군요.' o

- 바로 즉시 칭찬한다.

    '오늘 너무 잘 했어요.' x

    '오늘 아침 발표 많이 준비했더군요.' o

- 칭찬의 내용이 구체적이어야 한다.

    '오늘도 멋지네요.' x

    '그 넥타이 푸른색이 재킷하고 잘 어울리네요.' o

- 상대의 관점이 아닌 내 관점에서 칭찬한다.

  '참 좋으시겠어요.' ×

  '잘 돼서 기분이 좋습니다.' ○

- 때때로 말로 그치지 말고 보상으로 칭찬을 해야 한다.

  '늘 기대 이상이네요.' ×

  '잘 했으니 오늘 저녁 살게요' ○

평소에 칭찬을 많이 하고 잘하는 사장들은 칭찬만큼 참견도 많은 경향이 있다. 칭찬을 잘하면서 참견도 적은 사람은 흔하지 않다. 하지만 참견은 직원들의 창의성을 죽이는 최고의 무기다. 때문에 칭찬과 참견을 자주하는 사장하고 오래 일하는 직원은 없다.

칭찬을 정교하게 잘하는 사람이라면 당연히 참견도 적다. 칭찬을 잘 하는데도 직원들이 계속 나갈 때 '나는 인복이 없나 보다'라며 남 탓하지 말라. 좋은 것도 매번 좋은 것이 아니라는 사실을 기억하면 조금 더 나를 살피게 될 것이다.

066
한 명부터 백 명까지
직원 수에 따른 사장의 행동 변화

창업을 한 후 혼자 어렵게 고생할 때는 '직원 한 명만 있어도 좋겠다.'라는 마음이 들지만, 실제 첫 직원이 들어와서 얼마 지나면 '저 사람만 없으면 좋겠다.'란 생각이 들기 마련이다. 초보 사장에게는 사람을 고용해서 상사가 되는 일이 쉽지 않아서 어차피 혼자 일을 다 하기 마련이고 일의 내용도 거의 혼자 알고 있어서 직원이 따라올 수가 없다.

마음만큼 상사 노릇 하는 것이 쉽지 않다. 직원을 다루는 것도 경험이고 공부가 필요하다. 결국 회사가 커져 직원이 늘어난다는 것은 내가 경영을 잘하고 있다는 지표다. 하지만 직원이 늘면 늘수록 일은 더 힘들어진다. 절대로 쉬워지지 않는다. 일에 대한 스트레스보다 직원들에 대한 스트레스가 더 강하기 때문이다.

게다가 투자자나 동업자라도 생기면 그 스트레스 강도는 일 강도의 몇 배까지도 가중된다. 스트레스 강도는 업무, 직원, 동업자, 투자자, 혹은 채무 순으로 증가한다.

정말 다행인 것은 직원이 점점 늘어서 열 명이 넘어가면 직원에 대한 스트레스가 점점 줄기 시작한다는 것이다. 더불어 나머지 업무에 대한 스트레스도 서서히 줄기 시작한다. 열 명의 직원을 가진 회사는 그 조직 안에 각자의 직책이 다들 있고 나름 뚜렷한 업무 영역이 생긴다. 그러나 아직까지는 사장이 직접 모두 지시하고 관리해야 할 회사 규모라서 한 개인이 다룰 수 있는 극한치다. 열 명이 넘어가면 쉬워진다는 말은 열 명이 되면 가장 어렵다는 의미와 같다.

1~10명

사장은 직원 열 명까지는 스킨십을 개별적으로 할 수 있고 해야 되며 해도 좋은 시기다. 주요 직원 한 명이라도 나가면 회사가 흔들거리기 때문이다. 그래서 이때는 사장의 매력이 중요한 시기다. 듬직한 형이나 누나같이 보여야 할 시기다. 그 대신 직원이 열 명이 넘기 시작하면 조직이 제대로 작동하고 위임과 권한이 생긴다. 이것은 회사의 성장이 지속되고 있다는 의미다.

10~30명

열 명이 넘어가는 순간, 조직을 통해 일해야 해서 직급이 낮은 사람이 중간 간부를 거치지 않고 사장을 찾는 일을 못 하게 해야 하며, 사장과 직접 독대해서 그의 상사도 모르는 업무 지시를 받거나 개인적, 시간을 보내는 일이 없어야 한다.

버릇처럼 상사를 거치지 않고 사장에게 업무를 직접 묻거나 제안하는 행위를 금지 시키고 이때부터는 함께 식사하는 것도 특정 직원과 자주 함께하는 것도 조심해야 한다. 즉 시시를 흔기 해야 하는 시기다. 구두로 진행하던 업무를 문서화하고 사내에 여러 문서 양식들이 필요한 지점이다. 조직 문화를 만들기에 적당한 시기이니, 사내 기업 문화를 안착시켜야 한다.

다만 너무 지나친 복지 정책을 주의해야 하며 한번 복지 정책이 주어지면 회사 사정이 나빠지거나, 경쟁자가 밀고 들어오거나, 경기가 나빠져도 되돌리기 쉽지 않기 때문에 영구 지속 가능한 것 중에 찾아야 한다. 직원들 사이에서 사장은 점점 위엄을 갖추는 시기다. 국가로 말하면 형님, 동생 사이가 아니라 군신의 관계를 맺어 권위와 시스템이 들어가는 시기다.

30~100명

보통 30명이 넘어가면 직책을 모르는 직원이 생기고, 50명이 넘어가면 이름을 모르는 직원이 생기고, 100명이 넘어가면 얼굴을 모르는 직원이 생긴다. 지금부터는 옷을 점잖게 입고 좋은 차를 갖거나 집을 근사하게 바꿔도 좋다. 외형적으로 보이는 부분이 더 큰 신용을 만들어내기 때문이다. 이제는 제법 기업의 규모가 나타났는데도 외형적으로 보이는 것이 너무 초라하면 직원이든 거래처든 의심하기 마련이다. 하지만 정도를 넘어서는 사치는 절대로 하면 안 된다. 사무실을 품위 있게 꾸미는 것은 좋지만, 과장해서 치장하면 오히려 경박스러워 보이고 회사의 신용이 하락한다.

청바지나 티셔츠를 입던 버릇이 남아 있으면 조금 더 정갈하고 품위 있게 옷을 입기 시작해야 한다. 그렇지 않으면 절대로 나를 대신할 근사한 직원들은 모이지 않을 것이고, 다들 청바지에 신발을 접어서 신는 사람들이 나를 대신하게 될 것이다.

　또한 이때는 직원들과 다시 사사로이 따뜻한 말을 하고 어렵지 않은 사람으로 돌아가도 좋다. 대신 사업 초기와 달리 형, 동생 하는 사이가 아니라 자상한 아버지의 얼굴로 나아가야 한다. 다정함과 위엄을 지닌 아버지 상이다.

067
상대의 이름을 기억하는 것의 가치

큰아들은 식당 서빙 직원이 음식을 가져다주면 '땡큐! 캐서린!' 하며 이름을 불러준다. 찰나의 순간 그녀 가슴에 달린 명찰에 이름을 본 것이다. 캐서린의 얼굴은 금방 달라진다. 큰아들이 캐서린을 다시 만날 확률은 거의 없을지도 모른다. 그러나 그 이름을 불러준 그 순간, 캐서린은 자신이 하는 힘든 일을 자랑스러워하고 조금이라도 행복해질 수 있다. 누군가 자기의 이름을 알아주었기 때문이다. 카네기의 『인간관계론』의 핵심, 그것은 이름을 기억하고 인정해주는 것이다.

세상의 모든 사람은 자신의 이름을 누군가 기억해주고 자신을 인정해 주는 것에서 삶의 가장 큰 행복을 느낀다. 심지어 대통령에 오른 사람도 자신의 이름이 붙은 공항이나 고속도로가 생기면 더 없는 영광으로 생각한다. 어떤 이들은 대학 연구소나 건물 앞 명명권(경기장,극장,박물관 등의 명칭에 기업명이나 브랜드명을 붙일 수 있는 권리)을 수천만 달러를 지불하고 사기까지 한다. 워싱턴 D.C에 있는 토머스 제퍼슨 기념관은 미국 건국에 핵심적인 역할을 한 미국 3대 대통령의 이름을 따서 명명되었다. 매사추세츠주 보스턴에 있는 존 F. 케네디 대통령 도서관과 박물관은 1963년에 암살된 미국 35대 대통령의 이름을 따서 명명되었다. 영국 런던에 있는 빅토리아 앨버트 박물관은 빅토리아 여왕과 그녀의 배우자 앨버트 공의 이름을 따서 명명되었다. 뉴욕시의 구겐하임 미술관은 박물관을 설립한 사업가이자 예술품 수집가인 솔로몬 R. 구겐하임의 이름을 따서 명명되었다.

이것은 개인의 이름을 딴 유명한 건물의 몇 가지 예일 뿐이다. 역사, 예술, 과학 외 기타 분야에서 저명한 인물의 이름을 따서 명명된 경우는 전 세계적으로 수없이 많다. 그러니 남이 나서서 자신의 이름을 알아주고 인정해 준다면 더더욱 행복할 것이다.

《사기》의 『자객열전刺客列傳』에 보면 예양豫讓이란 이름이 나온다. 예양은 지백智伯이란 자를 섬기게 됐다. 지백은 진나라 육경의 한 명으로 세력이 강성했다. 예양은 그를 극진히 예우했다. 그런 지백이 조양자趙襄子를 공격했는데, 오히려 한나라, 위나라와 연합한 조양자에게 패해 죽음을 맞이하고 후손까지 끊어졌다. 예양은 자신의 진가를 알아준 주군 지백을 위해 원수를 갚기로 마음먹고 조양자를 암살하려 했으나 여러 번 실패하다 결국 붙들렸다. 예양은 조양자의 옷이라도 칼로 베어 원수를 갚으려는 뜻을 이루게 해주면 죽어도 여한이 없겠다고 말했다. 이 말을 들은 조양자는 그의 기상에 크게 감탄하고는 사람을 시켜 자기 옷을 예양에게 갖다주도록 했다. 예양은 옷을 베어버리고는 칼에 엎어져 스스로 목숨을 끊었다. 이때 예양이 남겼던 유명한 말이 사위지기자사士爲知己者死다. '선비는 자기를 알아주는 사람을 위해 목숨을 아끼지 않는다'라는 뜻으로 충성심의 극치를 보여준 일화다. 자기를 알아주었다는 이유로 누군가를 위해 목숨을 아끼지 않는 것이다. 인정받는 가치가 이렇게 크다.

　자 그렇다면 직원들에게 소속감과 자부심을 주고 애사심을 주기 위해 할 수 있는 몇 가지 아이디어를 나열해 본다. 가장 흔하지만 효과적인 방법은 상장이나 감사패, 공로패 같은 것이다. 상장은 종이만 주지 말고 액자에 넣어 걸기 좋게 해주면 좋다. 이름이 적혀있고 인쇄가 되어 걸어 놓을 수 있는 것은 그 무엇이든 좋다. 권위 있는 사람이 인정한 것을 공개적으로 자랑할 수 있도록 해 주는 것이다. 사옥 외부에 정원이나 나무를 심을 곳이 있는 회사라면 뜰 주변에 과일나무를 심고 각각 직원들 이름을 붙인 팻말을 붙여 주면 좋다. 회사 내에 자신의 이름이 붙어 있는 나무가 땅에 뿌리를 박고 움직이지 못하고 자란다는 사실에 소속감이 생길 수밖에 없다. 성과를 이룬 직원의 부모에게 선물이나 감사를 전하는 것, 사장의 차를 보내 아내와 자식들을 데려와서 공개 칭찬해 주는 것도 있다.

　이런 일을 실속 있게 가장 잘하는 곳이 국가 공무원 조직이다. 공적인 예우, 의전, 훈장, 상장은 모두 그 개인의 가치를 공개적으로 인정하는 방법이다. 간첩을 잡은 군인을 헬기에 태워 휴가 보내는 일도 같은 맥락이다. 평생의 자랑을 만들어 주는 것이다. 이런 방식의 보상은 일시적인 보너스보다 효과가 더 크다.

　누군가 나의 이름을 불러주었다는 의미는 그에게 인식의 대상이 되고 존재감이 생겨났다는 뜻이다. 그 이름을 칭찬하는 것은 그 존재가 의미있고 가치 있다는 뜻이다. 인간은 자기의 존재감과 가치를 느낄 때 가장 행복한 사람이 된다.

　세상에 나의 존재감과 가치를 주는 사람을 위해 하지 못할 일이 무엇인가? 그러니 그들을 불러주고 인정해 주는 기회를 절대로 놓치지 말라.

068
직원을 친구로 만들면 안 되는 이유

직원들과 친해지면 개인의 삶과 직업 사이에서 균형을 유지하기 힘들다. 특히 사장으로서 당신은 직원들이 당신을 좋아하기를 원하고, 동시에 당신을 존경하기를 원하며 지시에 순종하기를 원한다. 그러나 원한다면, 보스와 버디친구, 단짝 사이의 경계가 혼란스럽고 둘 다 얻지 못하게 될 수 있다.

이런 일의 가장 참혹한 결과는 정말 좋은 사람들과 헤어져야 한다는 것이다. 초보 사장들은 흔히 좋은 사장이 되고 싶은 욕심에 직원들과 친근하고 격식 없이 지내는 경우가 많다. 하지만 이런 일을 통해 몇 번 상처를 받으면 이번엔 반대로 너무 권위적으로 변하기도 한다.

직원들이 회사에 들어온 핵심 이유는 친구를 구하러 온 것이 아니라는 점에 주목해야 한다. 좋은 업무 분위기는 친구 같은 사장이 있을 때만 가능한 것도 아니고 그것이 필요한 일도 아니라는 것을 알아야 한다. 직장이란 누가 보스인지 정확히 알고 있어야 하는 곳임을 양쪽 모두 분명히 기억해야 한다. 직원들은 직장에서 사장이 친구가 되는 것보다 상사가 되는 것이 더 중요하다는 것을 명심해야 한다. 사장이 호감을 얻는 데 덜 집중하고 지침과 지원을 제공하는 데 더 집중할 때 직원들은 오히려 당신을 더 좋아하게 될 것이다. 너무 친절하면 권위가 위태로워질 수 있다. 너무 사적인 것에도 함께 하고 회사 업무 외에 시간을 같이 보내는 것은 옳은 태도가 아니다. 너무 개인적이지 않으면서도 개인적 수준의 인연이 적당하다.

예를 들면 그들의 결혼, 자녀의 졸업, 가족의 사망 같은 일은 챙겨주고 배려해도 함께 파티를 가거나 직원의 친구들과 친구가 되는 일은 안 된다. 개인적인 친구가 되면 공정한 관리자 또는 리더로서 지위가 심각하게 손상될 수 있다. 직원들과 친구가 되려 하지 말고 친한 사람이 되는 것으로 적당하다. 페이스북이나 인스타그램 같은 경우도 너무 사적인 정보들이 공개되는 경우, 서로를 팔로우 하는 것은 옳지 않다.

일부 직원과 친구가 되면 회사나 유익한 결정보다 친구에게 유익한 결정을 내릴 가능성이 더 커진다. 업무에서 실제로 편애를 보이지 않아도 특정 직원과 친구라면 다른 사람에게 편애하는 것으로 인식될 수 있다. 이것은 다른 직원들 사이에 불신과 질투를 일으킬 수 있다. 만약 이런 직원이 이성이라면 엉뚱한 소문으로 그 직원의 경력과 평판을 망칠 수 있다. 또한 잘못한 일에 관한 지적이나 혼내는 것이 불편할 수 있어서 건설적인 피드백을 제공하거나 문제를 해결하는 데 어려움이 생긴다. 반대로 공적 지적을 사적으로 받아들여 오히려 일을 그르칠 가능성도 커진다.

당신이 직원들과 친해지고 친구가 되려는 것에 문제를 인지하지 못하는 경우라면 직원을 동료라고 생각하기 때문일 가능성이 높다. 동료들과 좋은 시간을 보내고 따뜻한 관계를 발전시키는 것은 자연스러운 일이며 진정한 우정을 쌓을 수도 있다. 분명 그것은 좋은 일이다. 그러나 당신이 동료가 아니고 사장이기 때문에 다른 규칙이 적용되는 것이다. 상사와 직원 관계의 권력 역학은 현실적으로 진정한 우정을 불가능하게 만든다. 관리자의 역할은 직원들의 업무를 판단하고 그들의 생계에 영향을 미치는 결정을 내리는 것이므로 관계 자체가 본질적으로 불평등하다. 따라서 당신은 친절한 사람은 될 수 있지만 친구가 될 수는 없다. 특히 이런 우정이 독점화되거나 더 깊은 우정을 원하는 경우가 발생한다면 끔찍하게 곤란한 일이 발생할 수 있다.

직원들과 친구가 되는 것은 실제로 직원들도 원하지 않는 것이다. 따라서 괜히 직원들과 친구가 되려고 애쓰지 말라. 실제 직원들이 원하는 것은 그들을 공정하게 대하고, 그들에게 동등한 기회를 주고, 그들 하나하나가 경력을 쌓을 수 있도록 기회를 마련해주고, 그들의 노고에 감사하는 사장이다.

직원들의 성공은 당신과 친구가 되는 것이 아니라 직장 안에서 그들의 가치가 인정받는 것이다. 그럼에도 직원들과 친구가 되지 말라는 이야기가 직원들과 좋은 관계가 필요 없다는 뜻이 절대 아니다. 나는 당신이 직원과 친구가 아니어도 그 일을 더 잘할 수 있다고 생각한다는 뜻이다.

4장

사업을 넘어 기업으로

"이 다음 단계, 어디로 가야 할까요?"

069
이 중에서 사장의 잘못이 아닌 것은?

a. 불경기

b. 직원들 간의 불화

c. 경쟁업체 난립

d. 환율 상승

e. 이자율 상승

f. 전쟁

g. 횡령, 도난

h. 소송

i. 구인난

j. 임금 상승

정답은 f. 전쟁 하나뿐이다. 나머지는 모두 사장 책임이다. 어떤 사람은 나머지들도 내 책임이 아니라고 생각되는 것들이 많다고 느낄 수 있다. 심지어 모두 내 책임이 아닌 것 같은 사람도 있을 것이다. 하지만 모두 내 잘못이다.

불경기에 안 되는 사업 하는 내 잘못이다. 직원들 간의 불화는 관리나 고용을 잘못한 내 책임이다. 경쟁업체가 난립하는 사업 세계에 들어온 것도 내 잘못이다. 환율에 취약한 비즈니스를 하는 내가 잘못이다. 이자율이 상승하면 누군가는 돈을 버는 데 나는 손해를 보고 있다. 내 잘못이다. 횡령이나 도난은 내 관리 부족이다. 누구를 탓할까? 소송은 소송의 빌미를 준 내 잘못, 구인난 역시 다른 사장들은 이 와중에도 걱정하지 않는 사람이 있다. 임금 상승에 취약한 비즈니스를 하고 있으니 구인난이 와도 급여를 올려 줄 수 없다. 모두 내 잘못이다. 거래처가 다른 곳으로 간 것도 내 잘못이다. 직원들의 운전사고가 계속 나는 것도 내 잘못이다. 임대료가 계속 오르는 것도 내 잘못이다. 갑질 고객을 만나는 것도 내 잘못이다.

이것이 내 책임이 아니라고 생각하면 불경기가 호경기가 될 때까지 기다리고 직원들은 책임감 없는 사람들만 들어온다고 생각할 것이다. 경쟁자가 망하기만 기다리고 미국이 이자를 언제 내리나 조바심만 내고 새 정권이 임금 억제 정책을 써 주길 바라고 욕만 하고 있게 된다. 그러나 이런 모든 것이 모두 내 잘못이라고 생각하는 순간, 개선할 방법이 나온다. 천주교 고백기도문에 Mea culpa, mea culpa, mea maxima culpa메아 쿨파 메아 쿨파 메아 막시마 쿨파, 즉, '모든 것이 내 탓이오, 내 탓이오, 내 큰 탓이로소이다'로 돼 있는 고백의 기도가 있다. 다른 사람의 잘못을 대신하겠다는 뜻이 아니다. 남을 탓하기에 앞서 자기의 허물을 반성하고 성찰하기 위한 탄식의 문장이다. 당신이 당신 회사의 경영자로 최종 책임자라면 전쟁 이외에는 모두 당신 책임이라는 것을 받아들여라.

누군가는 불경기에도 경쟁 업체가 난립하고 직원들 구하기 쉽지 않고 환율이 요동쳐도, 여전히 사업을 키우는 사람들이 있지 않는가? 심지어 어떤 사람은 전쟁 중에도 성장해 나간다. 모두 당신 탓이다. 전쟁을 제외하고는 결국 당신이 이 모든 문제를 해결해야 할 사람이기 때문이다.

070
혁명이냐 반란이냐

비록 지금은 작은 매장 하나에 직원도 몇 명 되지 않지만 당신의 꿈은 전국을 삼킬 정도로 크다. 그렇다면 이 사업이 혁명을 할지, 반란을 할지 결정해야 한다. 혁명은 권력이나 사회 구조의 갑작스런 변화를 의미한다. 이전의 방식을 단번에 무너트리고 혁신하는 것이다. 그래서 혁명은 보통 권력 중심부 혹은 그 인근에서 일어난다. 사업에서 혁명처럼 변혁이 일어날 때도 한 나라의 수도, 혹은 그 중에서도 시내 가장 번화가에서 일어난다. 불길처럼 타오르며 시내를 점령해 나가는 사업은 모두 수도에서 일어나 지방으로 세력을 확장해 나간다.

반면에 반란은 주로 변방이라고 칭하는 지방에서 시작해 그 세를 확장해가며 수도를 점령하는 방식이다. 내 회사의 상품이 신기술이고 젊은 고객층을 상대하며 혹은 외국 상품이라면 수도에서 시작해 변방까지 가는 작전을 짜야 한다. 내 사업이 오래전부터 누구나 아는 사업을 개선해서 기존 경쟁자들을 무찌르는 사업이라면 변방에서 반란을 하듯 수도의 경쟁자들이 눈치채지 못하는 사이에 지방 한 곳을 먼저 장악해야 한다. 그곳에서 군대의 힘을 키워 인근 도시들을 계속 흡수하는 작전을 짜야 한다.

식당으로 예를 들면 감자탕, 김치찌개, 칼국수, 순댓국 같은 제품들은 변방에서 수도로 가는 사업군이다. 반면 스테이크, 카스테라, 아이스크림, 파스타, 에클레어 같은 제품들은 수도에서 브랜드를 알린 후 지방으로 가는 것이 순서다.

수도에서 시작하는 제품들의 장점은 강남대로에 몇 개만 깔아도 전국 브랜드로 커 나갈 수 있다는 점이다. 이때는 도미넌트, 즉 고밀도 다점포 전략을 펴야 한다. 고밀도 다점포 방식은 핵심 유통 지역에 집중적으로 매장을 열어서 인원 배치나 물류 시스템의 생산성과 안정성을 유지하기 위한 것이다. 본사에서 적은 인원으로 전 매장을 관리하기 쉽고 유동 인구가 많은 곳에서는 불과 몇 개의 매장만으로 수십 개의 매장을 가진 회사처럼 브랜드 확장성이 생겨 홍보에 많은 이득을 볼 수 있다.

단점은 점포 하나의 임대료나 보증금 같은 자본이 많이 들고 처음부터 브랜드로 나타날 수 있도록 디자인까지 완벽해야 한다는 점, 그리고 수명이 짧다는 것이다. 빨리 불타는 모든 것은 빨리 꺼지기 마련이라서 오픈과 동시에 출구 전략을 갖고 있어야 한다.

변방지방에서 시작할 때는 그런 고민이 필요 없다. 무조건 장사만 잘되면 로고나 브랜드는 나중에 자본력과 함께 수정해 나가도 상관없다. 수도로 진격해 나가는 속도에 맞춰 고북도 사고 깃발도 만들고 군가를 만들어서 서울에 도착할 무렵이면 정규군이 되는 것으로도 충분하다. 변방에서 크는 회사는 전통적으로 오래 지속된 사업군을 장악한 사업이다. 유행에 흔들이지 않는 업종들이다. 이것은 변방에서 크는 사업의 가장 큰 장점이라서 대부분 사업이 대를 이을 정도로 길게 뻗어 갈 수 있다. 처음부터 폼을 잡지 않아도 되기에 상대적으로 많은 자본이 필요하지도 않다.

이제 자신의 사업이 혁명적인 제품인지, 변방의 제품인지 살펴보고 전국 시장 제패를 위해 전략을 고민해 보기 바란다.

071
사장은 공포를 두려워하면 끝이다

어떤 상황에서도 사장은 절대로 공포를 느끼지 말아야 한다. 내가 경험했던 모든 공포는 지나고 보니 모두 해결할 수 있는 것이었다. 이것이 사업이든 개인적 일이든 혹은 사회적 일이든 지금까지 죽지 않고 살아 있다는 것은 견뎌냈고 견딜 방법이 있었다는 것을 반증한다.

젊어서 스쿠버 다이빙 라이센스를 받기 위해 물속 18미터 호수 아래로 내려간 적이 있었다. 나는 겨우 혼자 10여 미터 허우적거리며 수영할 솜씨였다. 그러니 물 속 깊은 곳까지 내려가 스쿠버 장비를 모두 벗은 후 다시 입는 마지막 통과 과정이 겁났다. 하지만 마음을 다잡고 수영장 안에서 배운 대로 긴장을 떨쳐버리자 거뜬히 시험에 통과 할 수 있었다. 호수 바닥과 수영장 바닥은 어차피 물속이라는 생각을 하자마자 호수의 깊이는 아무런 공포를 주지 못했다.

만약 내가 햇빛이 흐려진 차가운 호수의 깊은 바닥에 내려앉은, 수영도 제대로 못하는 사람이라고 생각했다면 굉장한 공포에 싸여 있었을 것이다. 그곳에서 공기 호흡기를 떼고 장비를 벗었다가 다시 입는 일을 한다는 것은 불가능한 일이었을 것이다. 하지만 20여 초 정도 숨을 멈추고 옷을 여미는 일 정도는 얼마든지 가능하다고 생각했다. 이렇게 같은 상황에서도 공포를 느끼는 것과 공포를 느끼지 않는 것의 차이는 목숨이 왔다 갔다 하는 일이 될 수도 있다. 자연 상태에서는 공포를 느끼지 않는 동물은 모두 죽었을 것이다. 모든 동물은 공포나 두려움에서 멀리 떨어져 있는 방식으로 살아남았다. 인간 역시 다를 바 없다. 하지만 현대 사회는 자연적 공포보다는 구조적 공포가 더 많아서 모든 공포로부터 멀리 떨어진다는 것이 불가능하다. 그런 인간은 어떤 성공의 기회도 얻지 못하기 때문이다.

우리는 평소 다양한 종류의 공포에 노출돼 있다. 불확실성에 대한 두려움, 죽음 혹은 건강에 대한 두려움, 상실에 대한 두려움, 초자연적인 것에 대한 두려움, 자연재해나 전쟁에 대한 두려움 등이다. 이중 대부분은 우리가 통제하지 못하는 것들이라서 두려움에 싸여 올바른 결정을 내리지 못한다.

그러나 현실에서는 공포 자체보다 공포를 대하는 태도가 공포의 실질적 위험보다 더 클 때가 많다. 따라서 두려움이 당신을 지배하지 못하도록 공포 자체를 관찰하고 경험의 한 과정으로 받아들일 필요가 있다. 공포를 피하지 말고 정면으로 직시하는 용기를 가지면 오히려 삶에 많은 긍정적 변화를 가져올 수 있다. 부족한 것보다 가진 것에 집중하면 두려움과 공포도 줄고 올바른 판단을 하는데 큰 힘이 된다. 또한 실패를 하나의 성장 과정과 학습 기회로 보는 사고방식을 갖고 있으면 오히려 실패를 줄이고 공포를 느끼지 않을 수 있다.

모든 사람이 공포를 같은 방법으로 느끼지 않는다. 때때로 어떤 이들은 공포를 자연스럽게 받아들이고 심지어 즐기는 사람도 있다. 심지어 현대 사회에서 공포는 사업이다. 세상의 거의 모든 공포는 사업과 연결돼 있다. 왜냐하면 모든 공포는 공포가 이미 현실이 되기 전부터 누군가 이익을 보거나 목적을 달성하기 때문이다. 그래서 어떤 조직이나 이익 집단들은 일부러 공포를 만들어 내거나 과장한다. 사장의 직책을 가진 사람들은 이런 공포의 제조와 배포가 누구에게서 나오는지 항상 살펴야 한다. 이것을 알아내지 못하면 매번 새로운 공포에 자신이 먼저 놀라고 도망 다니거나 피해자로 전락하고 말 것이다. 조직의 머리가 공포에 놀라면 모든 조직은 무너지기 마련이다.

당신은 사장이다. 회사의 장이다. 모든 공포는 당신을 거쳐 간다. 신문, 방송, 여론, 평판이라는 가면을 쓰고 당신에게 매번 다른 얼굴로 다가올 것이다. 이때 당신이 공포를 어떻게 대하느냐에 따라 당신의 회사는 성공과 실패의 방향으로 나올 것이다. 당신 자신의 공포의 피해자가 될 수도 있고 공포에 전혀 영향을 받지 않거나 심지어 공포에 이득을 볼 수도 있다.

결국 사장이라는 직책은 공포를 다루는 사람이다. 그러니 공포가 호랑이처럼 생겼어도 누군가는 물려 죽고 누군가는 가죽을 벗겨 팔고 누군가는 애완동물로 키운다는 사실을 상기해야 한다. 공포는 나를 죽일 수도 있고 도울 수도 있다는 사실을 받아들이면 생각보다 그렇게 공포가 두렵지 않고 만만해 보일 것이다.

나는 수많은 공포에서 기회를 봤고 이득을 봤던 사람이다. 그러니 공포를 기회라는 이름으로 불러주기 바란다.

072
임대료의 비밀

커피숍에서 한 번쯤은 '이 커피 한 잔의 원가는 얼마일까?'라고 생각해 본 적이 있을 것이다. 커피 한 잔의 원가 구성을 살펴보면 원두 외에도 컵, 포장지, 임대료, 인건비, 감가상각비, 보험료, 세금 등으로 비용이 나뉜다. 그러나 우리는 건물을 사용하기 위해 임대료를 내면서 이 임대료의 원가가 얼마인지 한 번도 궁금해하지 않는다. 임대료란 상품과 다르다고 생각하기 때문이다.

그러나 임대료도 역시 상품이다. 임대료 안에도 여러 원가 구성이 숨어 있다. 천만 원짜리 임대료 안에는 건물주가 받은 은행 융자의 이자금, 원금, 세금, 관리비, 감가상각비, 보험료, 공실 손해금, 연체금, 부동산 복비, 양도세 혹은 증여세, 건물 가치 하락 손실금, 수리 관리 비용 등이 포함돼 있다. 건물주도 건물의 사용 권리라는 상품을 파는 사람이다. 당연히 매번 이익만 보는 게 아니라 손해를 보거나 심지어 원가 이하로 물건을 팔고 있는 경우도 생긴다.

여기서 하고 싶은 말은 임대료에도 원가가 있다는 것이다. 원가는 보통 여러 가지다. 단순히 원두의 가격이 원가라고 하면 5,000원짜리 커피 원두 가격은 300원 정도다. 상품 제조 가치의 모든 비용을 말하는 상품 원가 비율은 50%가 넘는 2,500원 정도다. 하지만 운영비 전체와 세금까지 모두 포함하면 4,500원 이상 올라간다. 한국 스타벅스 재무제표를 살펴본 결과다. 내가 직접 커피 원두를 사서 만들어 먹으면 몇백 원에도 먹을 수 있고, 만약 에스프레소 기계와 분쇄기와 필터를 사고 우유를 사서 만들어 먹으면 이천 원 정도가 될 수도 있다. 매일 커피를 두세 잔씩 반드시 먹어야 하는 사람이라면 실제로 집에서 만들어 먹는 것이 더 싸다. 심지어 두 시간마다 커피를 먹어야 하는 커피 중독자라면 어떨까?

하지만 임대료는 아무도 이런 고민을 하지 않는다. 내가 매일 24시간씩 사용하고 있고 더구나 매년 임대료가 오르거나 쫓겨나서 다른 곳을 찾아야 하는 위험에 처해 있는데도 집에서 만들어 먹을 생각을 하지 않고 평생 사 먹어야 된다고 생각한다. 가장 큰 이유는 건물을 산다는 생각을 못 하기 때문이다. 엄청난 돈을 벌기 전에는 건물이란 사기 어려운 물건이라 생각하기 때문이다. 애초에 살 생각을 못 하니 사려고 알아보거나 묻거나, 관심을 갖지도 않는다.

여기서 두 가지 잘못 알고 있는 점을 지적하고 싶다. 지금 건물을 갖고 있는 거의 모든 건물주 모두는 돈이 엄청 많을 때 건물을 갖게 된 것이 아니라는 점이다. 그들의 시작은 어쩌면 당신보다 자산이 없었을 때부터 건물을 갖기 위해 발품을 팔고 정보를 모으고 은행을 설득해가며 건물주가 됐을 것이다. 심지어 지금도 건물의 대부분이 은행 융자를 받은 담보 재산일 것이다. 건물주의 대부분은 돈이 많아서 건물을 갖게 된 것이 아니라 돈을 벌려고 건물을 가진 레버리지 사업가들이다.

잘못 이해하고 있는 또 다른 하나는 임대를 내는 사람이라면 현재 건물주보다 그 건물을 가질 권리가 높은 사람이라는 점이다. 내가 임대를 내는 사람이라는 뜻은 그 건물이 가진 원가와 기타 비용을 모두 내는 소비자란 뜻이다. 그리고 그걸 매일 사는 사람이다. 즉 은행 입장에서 보면 실사용자이자 융자를 주는데 가장 안심되는 사람이란 뜻이다. 돈은 신용을 따라 움직인다. 그 건물에 내가 현재 임대료를 밀리지 않고 지급한다는 것은 은행으로서는 가장 신용이 높은 사람이란 뜻과 같다.

이제 당신에게 필요한 것은 매물정보와 은행 정보다. 이 둘을 연결하는 것이다. 상업용 건물의 담보 대출은 80%까지도 가능하다. 이 책에 쓰지는 못하지만 20%의 대금이 없어도 이것을 해결할 방법은 여러 가지다. 다른 사람은 못 해도 당신은 가능하다. 왜냐하면 당신은 실제 사용자이기 때문이다.

이 글을 여러분이 5년 일찍 읽었다면 지금 자기 건물에서 사업을 하고 있었을 것이다. 당신이 그동안 사업을 하면서 낸 임대료의 총액을 계산해 보고 혼자 상품처럼 원가 계산을 한 번 해보기 바란다. 커피 중독자인 당신, 아직도 커피를 매 두 시간마다 사서 먹고 싶은가?

073
프랜차이즈의 성공 핵심 두 가지

프랜차이즈로 성공하려면 딱 두 가지만 이해하면 된다. 일단 프랜차이즈를 해야 하는 상황은 다음과 같다. 추가 사업을 하기에 자신의 자본이 모자라거나 시장을 빨리 장악해야 할 때는 프랜차이즈가 효과적이다. 나는 노하우를 가졌지만 현재 전국에 매장을 열 만한 자본이 없다면 프랜차이즈를 모집해서 자본과 노하우를 합쳐 점주나 본사가 모두 이익을 볼 수 있기 때문이다. 혹은 자본이 있어도 시장을 빨리 장악하고 싶다면 이 또한 프랜차이즈 모델이다.

그러나 시간도 많고 자본도 여유가 있다면 그런 사람은 굳이 프랜차이즈를 하기보다는 직영 매장을 많이 여는 것이 더 효과적이다. 하지만 이때도 직영 매장이 너무 소형 매출 중심의 매장이라서 인건비 효율이 없다면 여전히 프랜차이즈로 풀어야 한다.

프랜차이즈로 성공하는 데 필요한 첫 번째는 균일화다. 균일화는 프랜차이즈의 생명이다. 첫 매장이 성공 했어도 균일화되지 못하고 매장이 늘어나면 어느 순간, 한꺼번에 공멸하게 된다. 마치 등을 맞대고 서로 둥글게 기대 있는 사람 중에 한사람이 무너지면 전체가 무너지는 것과 마찬가지다.

균일화란 개별 매장의 모든 사람이 모두 똑같은 서비스나 상품을 만들 수 있게 하는 일이라 초고급, 초고수, 최고급, 최상의 상품이나 서비스가 제공되기 힘들다. 미슐랭 식당이 프랜차이즈로 복제가 되지 않는 이유다.

한때 미슐랭 가이드별 1개 등급 식당에 선정되며 '가장 저렴한 미슐랭 식당'으로 유명세를 얻었던 싱가포르의 행상인 호커 찬식당이 프랜차이즈로 동남아 곳곳에 매장을 열어 시도해 봤지만 곧바로 별을 잃고 말았다. 차오면과 함께 나오는 2싱가포르달러약 1천700원 짜리 간장조림 닭고기 요리로, 그리 복잡하지 않은 요리였지만 실패하고 말았다. 프랜차이즈는 어느 매장을 가도 어느 정도 맛은 보장이 된다는 신용이 고객에게 있기에 살아남은 것이다. 그런데 매장마다 품질이 다르면 그 브랜드에 신용이 순식간에 사라져 버린다. 심지어 어느 매장에서 품질이나 서비스가 떨어지면 말할 것도 없다. 어느 매장의 품질이 올라가도 다른 매장에서 같은 서비스가 나오지 않으면 이미 표준이 높아진 고객은 결국 브랜드에서 발길을 돌리게 된다.

그래서 프랜차이즈를 하려면 얼마나 전체 서비스를 동일하게 끌어올리는가에 관한 공부가 꼭 필요하다. 세상에서 가장 맛있는 만두를 만들 수 있지만 모든 매장의 모든 점주가 만들 수 없다면 무용지물이다. 이 균일화에 대한 인식이 결국 프랜차이즈 성공의 한쪽 다리다.

둘째로 반드시 필요한 것은 점주가 돈을 버는 모델이어야 한다. 점주가 내 모델과 내 상품 아이디어와 내 이름을 달고 돈을 벌 수 있다면 프랜차이즈는 저절로 성공한다. 좋은 프랜차이즈는 대리점 모집 문구를 간판에 넣지 않는다. 이 당연한 말을 하는 이유는 프랜차이즈를 넓히는 것으로 돈을 벌려는 본사들이 아직도 많기 때문이다. 점주와 본사는 둘 모두 돈을 벌어야 한다. 둘의 관계는 사실 미묘하다. 공동운명체지만 동시에 이익을 나누기 때문이다. 본사의 책임은 점주들 모두가 사업을 유지할 이유가 있을 만큼 이익이 나오도록 구조를 만드는 일이다. 점주는 자기 잘못이 다른 점주에게 피해가 갈 수 있다는 것을 알고 프랜차이즈 구조를 벗어나거나 균일화를 침해하지 않아야 한다. 결국 점주가 돈을 벌면 사업은 커진다. 내가 점주를 모집해야 하는 모델이라면 아직 프랜차이즈를 하면 안 된다. 점주가 회사를 찾아오게 만들어야 한다.

현재 한국 구조에서는 프랜차이즈를 하나 만들려면 수십억이 들어간다. 성공 확률도 높지 않다. 심지어 사회에서는 프랜차이즈 본사를 악덕 갈취구조로 이해하는 경우도 있다. 제품 하나하나에 수많은 시간과 돈을 들이고 당근 채 하나 만들기 위해 전국 당근을 모조리 찾아다니고, 일정한 크기로 채 썰고 다듬어서 몇 가지 향을 첨가한 식초에 재워 보내도, 흙도 털어내지 않고 양파 자루에 구겨 담긴 당근 가격하고 같은 가격이 아니라며 신문에서 욕을 먹을 수도 있는 게 프랜차이즈다.

점주들 중에는 본사에 로열티를 주는 것을 극단적으로 싫어하거나 이해하지 못하는 사람들도 있다. 라이센스와 브랜드에 대한 가치를 이해하지 못하기 때문이다. 브랜드와 노하우는 쓰고 싶은데 그 가치는 인정하지 않는 경우다.

　사실 대부분의 프랜차이즈 사장은 수년간 이익을 보지 못하고 매장이 50개가 넘어도 본사 자체는 잘 나가는 점주 한두 명만도 못한 회사도 많다. 본사라는 것이 애초에 기업형 구조이기에 사무실, 직원, 개발, 투자 등에 상당한 자본이 들어가기 때문이다. 보통은 100개 정도 매장을 만들어야 정상적으로 직원들 복지 대우를 하며 회사를 운영할 수 있다. 통상적으로 한국에서 300개 정도의 매장을 만들 수 있는 모델이면 미국은 3,000개까지 가능하다. 일부 한국 내 모델은 100개 정도로 끝나는 모델도 많다. 국민 전체가 모두 알아볼 정도가 되려면 보통 300개는 넘어야 한다. 물론 일부 시내 중심지로 들어가는 사업 모델은 100개 매장으로도 국가 브랜드가 되기도 한다.

　정리하면 이렇다. 자본이 모자라거나 시장을 빨리 장악해야 한다면 프랜차이즈를 해라. 성공하려면 반드시 모든 매장을 균일화하고 점주가 돈을 벌 수 있도록 도와라. 그래서 성공하면 온갖 동창들이 당신을 친구라고 말하고 다닐 것이다.

074
산업의 2대 발달 과정- 대형화, 고급화

1903년 라이트 형제가 최초의 비행을 한 이후 항공 산업은 눈부신 발전을 거듭했으며 수년에 걸쳐 많은 항공기 제조 회사가 설립되었다. 전쟁 도구로써의 활용 가치를 본 미 육군의 주문을 비롯해 승객 운송 시장의 확장을 따라 항공 산업이 기하급수적으로 늘기 시작했다. 그동안 미국에서 생겨났다 사라진 비행기 제작사는 328개가 넘는다.

모든 산업은 시작이 있고 시작된 후 사업체가 폭발적으로 증가하다 대형화와 고급화의 과정을 겪으며 독점화되어간다. 초기 항공기 사업은 차고에서 기술자 몇 명이 만드는 수준이었다. 이후 품질이 높아지고 기술과 자본이 집약되면서 높은 진입장벽을 만들게 된다. 높은 진입장벽에는 부품뿐만 아니라 고객 지원, 유지, 관리, 기술 등이 포함된다. 현재는 에어버스와 보잉이 항공기 제작 시장의 99%를 지배하고 있다.

이런 모습은 영국의 섬유 방직 업계나, 미국의 자동차 업계, 전화기 업계, 컴퓨터 제작업계에서도 마찬가지로 찾아볼 수 있다. 어떤 산업이 자리를 잡고 커지면 시장 참여자가 증가하게 되고 이들 중 누군가는 자본과 합작하고 자본에 힘입은 업체는 대형화되거나 고급화된다. 혹은 이 둘을 합친 대형 고급화 같은 과정을 통해 시장을 장악해 나간다. 이 두 가지 중에 하나 혹은 둘을 사용해서 시장의 강자가 되는 방법을 자세히 살펴보자.

대형화는 고만고만한 업체들이 동네나 골목을 장악하고 있는 경우에 사용하는 방식이다. 산업의 형태는 분명히 있지만 그 어떤 특별한 강자도, 브랜드도 없는 경우다. 이런 업종을 대형화, 혹은 초대형화하는 것이다. 미국의 섬유제조업, 철강생산, 철도건설, 석유정제, 화학생산, 식품가공 같은 전통제조업 사업에서는 대형화를 통해 효율을 극대화한 후 시장 장악이 일어났고 일반 유통업에 해당하는 장난감, 공구, 문구류, 건축자재, 비타민, 유기농산물, 농부용마켓 같은 곳은 오래전부터 미리 대형화 작업에 성공한 소매업체들이 시장을 장악해 왔다.

한국에서 대형화로 가장 성공한 것은 교회다. 그 외 학원업, 서점, 영화관 사업들이 오래전부터 대형화 작업을 통해 시장을 장악해 왔다. 현재 진행 중인 대형화 사업들로는 PC방, 법무서비스업, 성형외과, 요양병원, 목공 사업 등이 눈에 띈다. 그 외 체육관사업, 원예업, 부동산중개업, 철물점, 공구상, 운동용품점, 치과 등에는 아직 눈에 띄는 초대형화 업체나 브랜드가 보이지 않는다.

일반적으로 회사의 규모를 빠르게 확장하는 프로세스를 의미하는 비즈니스 대형화에는 몇 가지 잠재적인 이점이 있다. 먼저 효율성 증가로 인해 촉발된다. 운영 규모가 커짐에 따라 상품이나 서비스를 보다 효율적으로 생산할 수 있다. 또한 이것은 비용 절감으로도 이어져 더 낮은 가격을 고객에게 제공함으로써 경쟁 업체의 성장을 막을 수 있다. 시장 지배력을 가질 수 있고 공급업체, 유통업체 및 기타 파트너와 더 나은 조건으로 협상할 수 있게 된다.

결과적으로 재무 건전성 혹은 개선으로 나타나고 균일화된 수익 모델로 투자자나 주주들에게 인기 회사가 된다. 그로부터 평판과 브랜드 인지도가 높아져 소비자에게 더 잘 인식되기에 신규 고객을 유치하고 기존 고객을 유지하는 데에도 도움이 된다.

물론 비즈니스 규모를 확장하는 데에는 고유한 일련의 문제와 위험이 따를 수 있다. 모든 업종의 회사에 언제나 좋은 전략은 아니라는 점에 유의할 것을 당부한다. 그럼에도 대형화 작업은 여전히 강력한 시장 장악력을 가진 도구다. 보통 이런 대형화 비즈니스로 가기 위한 구조 변화는 능력있는 업체와 자본가들의 결탁으로 시작돼 최종적으로 시장 장악을 목적으로 한다. 종국에는 별다른 변화없이 시장 참여자만 들고나던 산업이 극적인 발전 단계를 겪으며 기업화되는 것이 큰 특징이다.

고급화는 소비자 시장을 가격에서 품질로 분류해 내는 방식이다. 부유하고 안목 있는 고객 기반에, 고급 프리미엄 제품 또는 서비스를 제공하는 데 중점을 둔 럭셔리 비즈니스를 운영하면 몇 가지 잠재적인 이점이 있다. 럭셔리 비즈니스를 운영하면 높은 이윤 확보가 가능해진다. 고급 제품과 서비스는 종종 프리미엄 가격으로 판매돼 높은 이윤을 가져올 수 있다. 또한 강력한 브랜드 인지도가 생긴다. 고급화는 강력한 평판을 얻는 데 유리하고 소비자들 사이에서 스스로 홍보가 되는 효과가 있다. 때문에 신규 고객을 유치하고 판매를 촉진하는 데 큰 도움이 된다. 고객 충성도 또한 상승한다.

고급 브랜드 고객은 브랜드가 제공하는 품질과 고급스러움에 기꺼이 프리미엄을 지불하기 때문에 대중 시장 브랜드 고객보다 훨씬 강력한 브랜드 충성도를 보인다. 럭셔리 비즈니스를 운영하면 국제적 확장 가능성이 더 높아진다. 국내 고객들의 강한 브랜드 충성도는 세계적인 매력을 끌어낼 수 있으며 이것은 다른 유형의 비즈니스보다 더 쉽게 국제 시장으로 확장할 힘을 가진다. 또한 고급화는 종종 더 혁신적이고 새로운 제품과 서비스를 실험할 수 있는 자원과 자유를 갖고 있어 앞으로의 경쟁에서 우위를 유지하는 데 도움이 된다. 일상생활에서 자주 사용하는 구둣주걱, 효자손, 고무장갑, 선풍기, 가정용 사다리도 고급화 혹은 초고급 제품으로 만들 수 있는 영역이다. 애완동물양로원, 목욕탕업, 점술업, 타로점, 부동산업, 정육점, 쌀가게, 떡집 등도 모두 고급화 가능성이 열려 있는 업종들이다.

30%의 성장을 이루는 것보다 30배의 성장을 이루는 것이 때로 더 쉬운 이유는 당신의 사업에 극적인 변화가 일어날 수 있기 때문이다.

경쟁자 사이에서 우뚝 서고 싶다면 그리고 아무도 대형화나 고급화를 시작하지 않았다면, 적극적으로 고민해 봐야 한다.

'내 경쟁자가 대형화나 고급화를 하면 내가 위험해질까?'를 역으로 생각해 보기 바란다. 불안하고 겁나면 당신이 먼저 하면 된다.

075
해외시장에 진출하려는 CEO가
꼭 배워야 할 두 가지

첫째, 자기가 진출하려는 나라의 역사와 지리를 반드시 공부하라. 해당 나라에 수출을 하든 매장을 열든 반드시 그 나라 지도와 역사를 미리 공부해야 한다. 이 두 가지를 공부하지 않고 진출하는 것은 안개 낀 숲을 들어가는 것과 같다. 역사와 지리는 사업의 좌표다. 시간과 공간의 축을 이루는 것이 역사와 지리다. 우리가 폄하하는 어떤 정치인도 그들 나라와 주변국, 자기 선거구 지리를 모르는 사람은 없다. 사업가라면 당연히 더 잘 알아야 한다. 이 지식은 결국 이익과 직결되는 판단을 하는데 가장 근본이 되기 때문이다. 이것은 심지어 예의다. 반드시 해당 국가의 지도와 세계지도를 사도록 한다. 지구본 하나 없이 사업한다는 것은 말이 안 된다.

둘째, 국제적 예의를 배워라. 국제 비즈니스 에티켓과 관련해 고려해야 할 몇 가지 주요 사항이 있다.

문화적 차이

문화적 차이를 이해하고 다른 나라의 관습과 규범을 존중하는 것이 중요하다. 여기에는 인사 관습, 칭호 및 경어 사용, 선물 제공 관행 등이 포함될 수 있다.

커뮤니케이션 스타일

국가마다 커뮤니케이션 스타일이 다를 수 있어서 차이점을 인식하고 자신의 커뮤니케이션 스타일을 조정하는 것이 중요하다. 예를 들어 어떤 문화는 직접적인 의사소통을 더 강조하는 반면 다른 문화는 대리인이나 친구를 통해 전달하는 간접적 방법이 예의일 수 있다.

비즈니스 프로토콜

각 국가마다 명함 사용, 다른 사람을 호칭하는 적절한 방법, 적절한 복장 규정과 같은 비즈니스 미팅을 위한 고유한 비즈니스 프로토콜 및 프로토콜 세트가 있을 수 있다. 오해나 문화적 실수를 피하기 위해 이를 공부하고 이해해야 한다.

시간 관리

국가마다 시간 관리에 대한 접근 방식이 다를 수 있으며 이런 차이점을 인식하는 것이 중요하다. 예를 들어 어떤 문화는 비즈니스 미팅에서 시간 엄수를 다른 것보다 더 중시할 수 있지만 다른 문화는 시간에 대해 비교적 여유가 있을 수 있다.

비즈니스 관계

비즈니스 관계를 구축하고 유지하는 것은 많은 국가에서 중요시하며 이런 관계를 구축하는 방식에서 문화적 차이를 인식하는 것이 중요하다. 예를 들어, 일부 문화권에서는 비즈니스에 대해 논의하기 전에 개인적인 관계를 구축하는 것이 중요할 수 있지만 다른 문화권에서는 처음부터 비즈니스에 집중하는 것이 더 적합할 수 있다. 해당 문화에 대한 존중이 생기면 저절로 공부하고 이해하게 된다.

세상 어느 나라에서도 통하는 예절들은 다음과 같다. 이것은 그 나라의 문제가 아니라 한 인간과 인간 사이의 예절 문제이고 한 개인의 품격 문제다.

격에 맞는 복장, 수준 있는 테이블 매너, 걷는 자세, 경청하는 태도는 세상 어디에서도 유용하다. 흘리지 말고, 입에 묻히지 말고, 몰려 다니며 부딪히지 말고, 큰 목소리로 부르지 말고, 바닥에 앉지 말고, 아랫사람을 함부로 하지 말고, 침 뱉지 말고, 트림하지 말고, 혀로 이 닦지 말고, 반바지나 운동화로 나타나지 말고, 호텔 복도에서 떠들면서 지나가지 말고, 꾹꾹 찌르지 말고, 이상한 음식 보고 얼굴 찡그리지 말고, 사람 보고 놀라지 말고, 식당 테이블에 불쑥 들어가 앉지 말고, 남의 집 냉장고 열지 말고, 못 알아듣는다고 한국말로 깔깔대지 말라. 이것은 언어의 문제가 아니라 품위의 문제다. 품위와 품격은 신용의 가장 높은 상층부의 모습이다.

누가 사업가들을 위해 국제 예절 학교를 좀 만들었으면 좋겠다.

076
회사 브랜드가 만들어지는 과정

　브랜드는 반드시 가져야 한다. 자신의 브랜드가 없는 비즈니스는 아직 자기 것이 아니기 때문이다. 심지어 일정하게 수입이 발생하는 경우라도 그것이 자기 브랜드가 아니면 언제든 그 수입은 몰수당하게 돼 있다. 따라서 다단계, 대리점 사업, 라이센스 비즈니스, 관리업, 매니지먼트 등과 같이 남의 브랜드에 의지하는 모든 사업은 실제로 내 사업이 아직 아니다. 내 브랜드가 있는 것이 내 사업이고 내 사업을 위해서도 브랜드가 반드시 필요하다.

　흔히 내 사업에 있어 브랜드를 만든다 하면 로고와 상호를 잘 만들어 명함이나 회사 간판, 혹은 컵이나 차량에 붙이거나, 들고 다니는 다이어리 앞에 인쇄된 로고를 붙이는 것으로 브랜드가 완성된 것으로 생각한다. 그러나 브랜드는 내가 부를 때 나타나지 않는다. 브랜드는 남이 나를 인지해줄 때 나타난다. 로고나 상호는 남이 나를 불러줄 때를 대비해 만들어 놓을 뿐이지, 그 자체는 아직 브랜드가 아니다.

　하늘에 별이 많지만 그 별 중에 이름을 아는 별들은 몇 개 없을 것이다. 사람들은 수없이 많은 별들 중 일부 별들만을 알아본다. 그중에서 가장 대표적인 것 하나가 영어로 폴라리스Polaris라고 부르는 북극성이다. 북극성이 어디인지 정확히 모르는 사람도 북두칠성은 대부분이 알아본다. 조금 더 관심 있는 사람들은 시리우스Sirius 정도를 알아본다. 이처럼 별들이 수없이 많아도 이름을 알린 별들은 생각보다 적다. 브랜드란 이름 없는 별 같은 내 회사를 누구나 알 수 있는 회사로 만들어 내는 과정이다.

내 회사를 브랜드로 만들기 위해서는 실제로 두 가지 방법이 있다.

첫 번째 방법은 정교한 브랜딩 작업을 거치는 것이다. 경영자의 철학을 담고 스토리나 기업 문화를 정리해서 제품과 홈페이지 같은 영상물을 만드는 등, 체계화되고 일관된 디자인 이미지를 구성해 나가는 방법이 있다. 즉 CICorporate Identity 작업을 통해 자기 기업의 사회에 대한 사명, 역할, 비전 등을 명확히 하여 기업 이미지나 행동을 하나로 통일시키는 작업을 하는 것이다. 동시에 BIBrand Identity 작업을 통해 제품 특성에 맞는 특정 디자인 작업으로 경쟁력을 갖고 차별화된 브랜드 이미지를 통일화 시키는 작업을 진행해야 한다.

두 번째 방법은 첫 번째의 모든 방식을 몰라도 무조건 장사든 사업이든 잘되게 만드는 것이다. 즉 사람들이 줄 서게 만들고 상품이나 서비스의 인기가 높아 사람들 입에 계속 오르내리게 하는 노력에 집중하는 일이다.

둘 중 성공 확률은 두 번째가 훨씬 더 높다. 사실 모든 브랜드는 거의 두 번째 방식을 통해 나온다. 일단 살아남아 유명해지기 시작한 후에 CI나 BI 작업을 하는 것이 더 흔한 일이다. 특별히 생계형 비즈니스로 시작한 경우에는 브랜드에 쓸데없는 초기 에너지나 자본을 쓰지 않고 생존과 매출에 집중하고 그 이후에 브랜드 작업을 하는 것이 유리하다. 하지만 회사의 색깔, 로고, 글자체에 대한 가치는 최소한 이해하고 있어야 한다.

　브랜드란 결국 세상에 내가 존재하는 것을 인정받는 일이다. 세상이 나를 찾아오게 하든지, 내가 세상에 나타나든지, 둘 중 하나다. 세상이 나를 알 정도로 유명해지면 심지어 그것이 브랜드인지 모르는 상황까지 갈 수도 있다.

　우리가 아는 별 중에 가장 밝고 이름을 모르는 사람이 아무도 없는 별 하나가 있다. 바로 태양이라는 별인데 태양은 별이지만 '별'이라고 생각하지 않는다. 너무 밝은 별이라 밤을 낮으로 바꿔 놓았기 때문이다. 태양과 같은 브랜드를 만드는 일이야말로 사업가의 마지막 꿈이다.

077
사업 이익의 종류

회계에서 말하는 이익은 매출 총이익_{매출 - 제조원가}, 영업이익_{매출 총이익 -}
_{판매비 및 관리비}, 경상이익_{사업 외에 이자, 배당소득, 환차익, 부동산 및 주식이익}, 당기 순이
익_{세금을 내고 난 이익} 등으로 크게 분류된다.

이해하기 쉽게, 매출 총이익이 올라간다는 뜻은 원가 절감을 잘하
고 있다는 뜻이다. 영업이익이 오른다는 뜻은 본 사업이 잘되고 있다
는 의미이고, 경상이익이 늘었다는 것은 재산 운영을 잘하거나 다른
투자에서 이익을 봤다는 뜻이다. '당기 순이익이 늘었다' 하면 그 해
전체 회사 순이익이 증가했다는 뜻이다. 그러나 사회에서 통용되는
이익이 하나 더 있다. 매출을 이익으로 인식하는 경우다.

어느 연예인이 김치 사업을 해서 400억을 벌었다는 기사가 나왔
다. 우리는 이 기사 하나만으로 그 연예인 사업가가 매년 400억을 벌
고 있다고 인지하게 된다. 하지만 기사를 자세히 보면 누적 매출이
란 용어가 있다. 그동안 사업해서 벌어들인 총 매출이 400억이란 뜻
이다. 이 매출에서 재료비인 제조원가를 빼고 관리비와 세금을 제하
고 나면 이 회사는 20년도에 9억 원을 번 것으로 나온다. 매출 대비
4.3% 수준이다. 만약 이 회사가 전년도 보다 매출이 줄었는데 이익이

두 배로 늘었다면 경상이익이 발생한 경우일 수도 있다.

한 해 9억 원의 이익이 결코 적은 돈이 아니지만 400억을 버는 사업가의 이미지와는 전혀 다른 속사정이다. 특별히 이런 회사의 문제는 정기 고객에게 들어온 매출이 아니라 홈쇼핑 같은 기획을 통한 매출이 많아 비정규적인 수입구조를 갖고 있다. 그래서 해마다 수입이 우상향 그래프를 그리지 못하고 들락날락하게 된다.

사업가들은 이런 이익 종류를 인지하고 자신의 소비, 지출 형태를 면밀하게 살펴야 한다. 주변에서 수백억 수입을 얻는 사업가로 대해주고 추켜세운다고 수백억대 사업가의 삶을 살면 안 된다는 뜻이다. 실수입 중 정기적 수입 기준으로 살아야 한다. 즉 매출 기준이 아니라 당기순이익에서 경상이익조차 뺀 소득 수준에 자신을 맞춰야 한다. 당연히 회사의 투자나 지출도 같은 수준에서 고려해야 한다.

매출은 흘러가는 돈이다. 내 집 앞에 흘러가는 개울물이 다 내 물이 아니다. 장맛비에 흥분하지도 말고 개울이 커졌다고 우쭐하지 말라. 바가지에 퍼서 담아 온 물만 내 물이다. 큰 바가지를 만들 때까지 조금 더 참고 기다려야 한다.

078
당신의 출구전략은 무엇인가?

회사를 창업하거나 현재 사업하는 모든 사람은 출구전략Exit Strategy 을 갖고 있어야 한다. 출구전략은 사업 초기부터 계획돼 있어야 방향성을 갖게 된다. 사업을 하면서 출구전략을 전혀 고민하지 않거나 심지어 이런 말을 처음 듣는 사람도 있을 것이다.

우리는 어떤 사업을 시작하면 평생 할 거로 생각하지만 실제로 평생 같은 사업을 할 기회는 생각보다 적다. 사업 환경은 날마다 변하고 나의 재정적 상태나 능력에 따라 변수가 많기 때문이다. 보통 사업은 세 가지 정도의 출구전략으로 나뉜다. 이 세 가지 전략 중에 자신에게 어떤 것이 가장 유용한가에 대한 결정은 자신이 소유한 사업의 지속 성장 가능성에 비례한다.

본인의 사업체가 현재 매우 잘되고 있어도 앞으로 몇 년 안에 존속 가능성이 없거나 경쟁자가 늘어날 것 같으면 매각을 하는 것이 첫 번째 출구전략이다. 보통 사업을 하는 사람들은 지금 사업이나 장사가 잘되고 있으면 매각을 전혀 생각하지 않는다. 현재 사업이 10년 혹은 30년 후에도 존재할 수 있다면 다른 문제지만 어떤 사업들은 매우 잘돼도 일 년 앞을 장담할 수 없는 사업이 있다. 주식이 과열되면 팔고 나와야 하는 것처럼 이때는 사업체도 팔고 나와야 한다. 사업체를 팔 때 가장 높은 가격을 받을 방법은 당연히 가장 잘 될 때다. 팔 생각을 가진 사업체를 가장 좋은 가격에 파는 방법은 자신도 팔기 싫을 때다. 하지만 자기도 하기 싫을 때 팔려고 하기에 제값을 받지 못하는 것이다.

사람들은 자기가 만든 사업체에 개인적 애착이 생긴다. 어떤 사람은 심지어 본인 이름이나 자녀 이름으로 브랜드를 만든다. 그러나 내 이름으로 만든 브랜드라도 언제나 팔 생각을 하고 있어야 한다. '나'라는 사람은 내 브랜드보다 고귀한 사람이기 때문이다. 파는 시기를 놓치면 그것이 망하는 것이다. 그러므로 함부로 자기 이름을 사업체에 넣지 말고 회사에 자신을 투영시키지 말라. 간혹 어떤 회사들은 사업이 잘돼서 매각 요청을 받으면 지나친 가격을 요구하다가 성장률에 둔화기를 맞는다. 더 이상 성장이 이어지지 않는 구간에 다다르면 매매가격은 급격히 내려간다. 앞으로 더 이상 성장하지 않을 회사를 정상가격에 사고 싶은 사람은 없다. 구매하는 사람은 추가 성장에 대한 욕구가 매입의 가장 큰 이유이기 때문이다.

가끔 프랜차이즈로 매장을 100여 개 넘게 키운 회사들이 이런 실수를 많이 한다. 매장이 백 개가 넘으면 개인이 살 수는 없다. 보통 펀드나 기관이 매입하는데 만약에 추가 성장 여력이 없다면 펀드는 살 이유가 없는 것이다. 현재 이익이 많아도 지속 성장 가능성을 곱하기 때문에 오히려 매각 가격이 낮아질 수 있다. 사업체는 사업체다. 회사는 내가 아니다. 잘 나갈 때 떠날 준비를 해야 한다.

두 번째 출구 전략이 유용한 회사는 지속 성장 가능성이 높은 회사다. 회사가 산업 안에서 자리를 잘 잡았고 앞으로도 성장 가능성이 높고, 성장을 마친 후에도 오랫동안 수입이 지속해 발생할 수 있는 사업을 만들었다면 가장 대표적인 출구전략은 기업공개 IPOInitial Public Offering 혹은 큰 기업과의 인수, 합병M&A이다.

기업공개를 추진하는 이유는 크게 두 가지다. 회사가 너무 커져서 개인들이 살 수 있는 규모가 아니기에 여러 개인에게 분산시켜 팔려는 기업공개가 있고, 증자를 통해 자본 조달 후 더 빨리 시장을 장악하려는 목적의 기업공개가 있다. 전자는 창업자가 팔고 나가려는 의도가 있고 후자는 회사를 키우려는 목적이 있다.

마지막 출구 전략은 출구전략이 없는 출구 전략이다. 이 전략은 사업체가 대를 이을 정도로 단단하고 강력한 브랜드 파워를 가졌거나 특정 영역에서 시장을 장악하고 있을 때 가능하다. 즉 해당 사업체를 팔아서 이만한 사업체를 다시 만들 수도, 살 수도 없는 경우일 때는 평생 사업체를 운영하며 수입을 만드는 것이 전략이다. 동네를 넘어 전국에서 손님들이 찾아오는 맛집이나 이미 확실한 브랜드 파워를 가진 공산품들도 팔 이유가 없다. 대를 이어가도 좋은 사업체다. 이런 사업체를 갖는 것이야말로 가장 최선의 출구 전략일 수 있다. 첫 번째 매각 출구 전략을 가질 수밖에 없는 사람들의 꿈이 바로 출구전략 없는 출구 전략이다.

사업을 하는 사람들은 이 세 가지 출구 전략을 놓고 자신의 사업체가 어디에 해당하는지, 앞으로 어떻게 할 것인지를 고민하고 준비해 놔야 한다. 미리 준비하면 거기에 맞춰 자신의 사업 방향을 면밀하게 조정해 나갈 수 있고 투자 방향과 한계를 미리 계산할 수 있다. 선택한 전략에 따라 설비, 시설 개선, 증설, 부동산 매입 등의 큰 결정이 쉬워지고 불필요한 자금을 사용하지 않게 된다.

사업을 시작할 때 사업 계획서가 있듯 사업에서 물러설 때도 사업 계획서가 필요하다는 것을 기억하기 바란다.

079
흑자 도산

흔히 사업을 시작하면 매출만 잘 나오거나 장사만 잘되면 다들 돈 벌 줄 안다. 반은 맞고 반은 틀리다. 장사가 잘돼야 되는 것은 기본이다. 문제는 이것이 부자가 되는 충분조건이 아니라 필요 조건이란 뜻이다. 적절한 시기에 적절한 자금조달은 기술이나 아이디어 못지않게 사업 성과에 영향을 미친다. 특히 자금의 관리 중에서 현금흐름 관리만큼 중요한 것은 없다. 흑자도산이란 말이 있다. 회계 장부상의 숫자가 현재 보유하고 있는 현금흐름과 일치되지 않는 경우는 많다.

예를 들어 제품을 판매 후 대금을 60일짜리 어음으로 받았다. 판매 대금은 90일 뒤에나 받을 수 있을 것이다. 그런데 현금을 받기 전에 상환해야 할 채무가 있는 경우, 그리고 현재 가지고 있는 현금으로 채무를 감당할 수 없는 경우 흑자 상태라도 부도가 날 수 있다.

이렇게 매출이 아무리 잘 나오고 이익이 발생해도 현금흐름을 잘못 예측해서 자금이 모자라게 되면 기업이 도산할 수 있다. 그래서 사업에서 성장이나 매출만큼 중요한 것이 관리다. 이와 같은 흑자도산은 대차대조표나 손익계산서상에 잘 드러나지 않기 때문에 쉽게 파악하기 힘들다. 따라서 현금흐름표가 중요한 평가 기준이 되어 현금

흐름을 예상하고, 흑자도산을 미연에 방지하기 위해 현금흐름표를 확실히 이해해야 한다. 매출이 채권으로 묶이고 회수가 지연되거나 회수에 비용이 발생한다면 현금흐름표에 나타난다. 매출이 늘면 단기적 구매 물품 비용이 증가하고 장기적으로는 설비 투자금이 증가한다. 사업이 커지면 당연히 재고도 늘고 물품 창고 등 부동산 비용도 증가한다. 이러다 보면 회사의 성과와는 상관없이 현금흐름이 나빠져 운영자금이 부족해 도산할 수도 있는 것이다.

물론 노동력 부족이 원인이 돼 파산하는 경우도 있다. 1980년대 일본의 경우 거품경제로 인해 일하지 않아도 소득이 생기는 상황이 빈번했다. 때문에 노동자들이 일을 하지 않는 상황이 발생했고 일손을 구하기 어려웠던 많은 중소 제조기업을 시작으로 흑자도산이 발생했다. 거품 경제로 실적이 좋아도 노동자를 구하지 못한 경우다. 현재 한국도 노동력 수급 문제에 직면해 많은 회사가 파산할 수 있는 상황이다.

손익계산서상 매월 흑자인데 통장에 항상 돈이 없는 회사는 분명 현금이 매출채권이나 재고 등 어딘가에 잠겨있다는 뜻이고, 이것은 내 손이 자라 내 목을 누르고 있는 상황과 같다. 때문에 CEO는 상품 판매, 고객 증가에 갖는 관심만큼 현금흐름에 관한 관심과 공부가 필요하다.

사업가에게 성공의 제일 큰 조건은 매출의 증가다. 그러나 실패의 가장 큰 요인은 자금 관리 미숙이다. 매출의 증가가 사업에서 가장 큰 핵심인 것에는 반론의 여지가 없다. 초보 사장들은 자신의 특기에 따라 기술자나 전문가처럼 사업을 시작하기에 매출만 만들어도 잘했다고 생각하고 자랑스러워한다. 그러나 창업하는 순간부터는 기술자나 전문가가 아니라 경영자다. 의사도 변호사도 학원 원장님도 오너 셰프도 경영자다. 경영자가 자금 관리를 방심하거나 모른다는 말은 한쪽 다리로 경쟁하겠다는 말과 똑같다. 현금 흐름을 몸의 핏줄의 흐름처럼 생각하고 들고 나는 돈의 앞뒤를 모두 장악하고 이해해야 한다.

대기업조차 경기가 조금만 불안해져도 지출을 줄이고 잔고를 늘리기 위해 노력한다. 현금 유동성 확보와 관리는 요즘처럼 불확실한 사업과 경제 환경에 더욱 필요하다. 현금 유동성의 중요성을 잘 알고 있는 대기업들은 중소기업 대금 지급을 미루면서까지 현금 유동성을 높여 놓는다.

현금 유동성을 좋게 하기 위해서는 어느 부분에서 현금이 묶여있는지를 파악해야 한다. 대차 대조표를 확실히 파악하고, 그것을 위해서는 손익 계산서를 쓰고 읽고 보는 법을 배워야 한다. 대차 대조표에는 사업체의 건강 상태를 살펴볼 수 있는 현금 유동성과 부채 등의 중요한 내용이 있다. 대차 대조표에서 너무 많은 고정 자산이나 재고 자산이 있거나 아니면 미수금이 많다는 것은 지금 현금이 묶여 있다는 신호다. 어디에서 현금이 들어오고 있고 어느 부분에서 현금이 새나가고 있는지 손익 계산서와 대차 대조표를 들여다보며 확인해야 한다.

사업을 오래 했어도 이 부분이 공부가 돼 있지 못한 경영자들이 생각보다 많다. 음식을 먹을 때, 먹은 것보다 많이 배변하는 사람은 없다. 그러나 사업에서는 그렇게 빠져나가는 것을 방치하는 사람이 너무 많고 심지어 빠져나가는 것조차 모르는 경영자도 많다. 이유는 매출을 만드는 일에 몰두하고 있다는 핑계로 면피가 될 줄 알기 때문이다.

그러나 생각해 보자. 아무리 많은 음식을 먹는다 한들, 먹은 것보다 더 내보내면 살 수 없다. 결국 뼈만 앙상하게 남아 종국에는 말라버린 거친 목에 음식을 넣어줘도 넘어가지 않을 것이다. 그래서 작은 회사는 매출에서 돈을 벌지만 큰 회사는 재무관리에서 번다는 소리를 하는 것이다.

080
왜 우리 회사는 성장이 멈췄는가?

발전 가능성이 충분한데도 더 이상 성장하지 못하는 회사가 많다. 성장하지 못하는 이유는 여러 가지다. 늘어난 경쟁자, 불경기, 고객 변화 등 여러 가지 이유가 존재한다. 그러나 이 일의 가장 큰 요인은 사장 본인의 문제가 가장 크다. 사장 자신이 나태해졌거나 관심이 멀어졌거나 자기 능력 부족을 느끼는 경우 생겨나는 생각의 한계가 그것이다.

무엇보다 이런 일이 자신의 문제라는 것을 받아들이지 않을 것이다. 이런저런 핑계도 구실이 되지 않으면, 운이 없었다며 어쩔 수 없는 힘에 자신을 변명하고 있을 확률이 높다.

최근에 큰아들이 주식 일부를 받으면서 새로운 스타트업에 합류하고 싶다며 상의해 왔다. 나는 급여는 얼마고 무슨 사업이냐를 묻기도 전에 그 창업자가 '회사 가치가 얼마까지 커질 것으로 상상'하는지부터 물었다. 회사는 사장의 그릇만큼만 성장한다. 그래서 창업자의 그릇 사이즈가 가장 궁금했다. 결국 회사는 사장의 생각만큼 크는 것이고 그것이 사장의 그릇이다. 심지어 어떤 사장들은 그릇 크기를 바꿔가며 회사를 키우기도 한다. 그러나 그릇이 작으면 그릇 이상 크는 회사는 없다.

사장이 자기 그릇 크기를 키우기 위해서는 회사 성장에 걸맞게 지속적으로 변신해야 한다. 현재에 만족하고 안주하는 순간 그릇은 정지된다. 사장의 그릇을 키우지 못하면 회사의 성장 자체가 멈춰 버리거나 생존에 실패할 수도 있다. 자신의 능력 범위라며 미리 포기하거나 겁먹는 사장도 있다.

그러나 사장은 모든 것을 잘할 필요도 없고 모두 잘하지 않아도 된다. 자신이 부족한 점이나 약한 점은 다른 사람의 도움을 받거나 위임을 하거나 전문가의 도움을 받으면 된다. 이런 도움을 잘 받는 것도 능력이다. 어쩌면 이 능력은 본인의 개인적 능력보다 더 위대한 능력이다. 이 능력을 갖추면 그릇을 무한대로 키울 수 있기 때문이다.

어쩌면 본인도 여기까지 오느라고 너무 힘들었고 지쳐있을 수 있다. 도망가고 싶거나 이 정도면 만족한다고 안주하고 싶은 마음이 들수도 있다. 그러나 어쩔 수 없다. 회사란 안주하면 죽기 때문이다. 회사가 성장을 멈추면 미래가 없는 회사로 전락한다. 회사에 기가 사라지니 흥이 나지 않고 직원들은 불안해한다. 조직이 성장해야 개인도 성장에 대한 열망이 나오는 것이다. 성장하지 않으면 승진이나 급여상승도 기대할 수 없으니 결국 안착되고 나중에는 썩은 물이 된다. 그래서 사장의 안주나 만족은 풍선에 구멍을 만드는 일이 되는 것이다.

이런 조직의 원리는 자연의 원리와 다르지 않다. 성장을 멈춘 나무가 죽은 나무다. 죽으면 성장이 멈추기 때문이다. 더구나 경쟁사들이 성장을 지속하는데 우리 회사는 성장이 정체됐다면 상대적 마이너스 성장을 한 것이다. 주변에 나무들이 어느 날 하늘을 가려버려 햇빛을 전혀 보지 못하게 되면 정말 죽게 된다.

　경영자는 조직 구성원 전체를 책임지는 사람이다. 자신이 힘이 없어도 힘을 억지로라도 내야 하는 사람이다. 억지로라도 욕망과 꿈을 더 키워야 하는 직업이다. 그 어려운 일을 하라고 사장 자리를 받은 것이다. 당신의 어깨 위에 수많은 사람이 매달려 있다. 원대한 꿈은 소년에게만 필요한 것이 아니다. 당신도 원대한 꿈을 가져야 한다. 회사가 성장하지 않는 책임을 절대로 외부에서 가져오지 말라. 당신이 그릇을 키우는 순간, 모든 것은 당신을 중심으로 다시 돌아갈 것이다.

081
회사를 상장 시킬 때 미리 주의할 점들

주식시장에서 주식을 거래할 수 있는 회사를 통상 '상장회사'라고 부르고 코스피, 코스닥이라는 거래소를 통해 상장시킨다. 상장은 크게 두 가지 방식으로 진행된다. 첫째는 기존 주주들의 지분을 주식시장에 공개하는 것이고 둘째는 새로운 주식을 발행해 주식시장에 공개하는 것이다. 물론 이 둘을 혼합해서 진행할 수도 있다. 여기서 '공개'라는 말은 일반 투자자들에게 해당 주식을 매수할 수 있게 한다는 의미로, 영어로는 Initial Public Offering(IPO)라고 한다.

기업공개는 자신이 키워온 회사의 주식 일부를 매각하여 현금화하려는 목적이나, 추가 주식을 발행해 자본을 키워 회사를 부채 없이 더 크게 키울 수 있는 목적으로 추진할 수 있다. 상장 자체가 경영자에게 출구 전략의 일환이 된다. 회사가 너무 커져서 개인에게는 팔 수 없다는 뜻이기도 하다. 무엇보다 상장하면 '상장회사'라는 프리미엄이 붙어 회사의 가치도 올라간다. 기업인으로서 자신이 키운 회사가 상장한다는 의미는 군인이 별을 다는 것과 같은 일일 것이다. 분명 자랑이고 보람 있는 일이다. 자신을 믿고 투자해 준 주요 주주들이나 직원들에게도 많은 혜택을 줄 수 있다.

그러나 한국에 회사가 있다고 반드시 한국에 해야 하는 것은 아니다. 코스피, 코스닥에 상장을 신청해도 되지만 미국이나 다른 나라에도 상장을 신청할 수 있다. 물론 한국보다는 자격 조건이나 규모 제한이 더 있기는 하지만 이미 기업 형태를 유지하는 회사는 충분히 고려할 수 있는 상황이다. 한국은 아직도 PER가 작게 나와서 외국과 거래가 많은 회사는 미국에 상장을 꿈꾸는 것도 고려해 볼 만한 일이다. 해외자본시장을 통한 상장 진출은 국제자본 유치로 대규모 자금조달을 실현하고 국제적 회계 기준을 통과한 글로벌 기업으로서 발판을 마련할 수 있다. 이를 통해 해외 현지 영업 시장에 신용도를 올려 사업에 가속을 불어넣을 수도 있다.

상장을 위해서는 최소 2년은 걸린다고 생각하고 미리부터 준비해야 한다. 주요 직원들이나 주거래 은행, 회계법인들은 이 목표에 일치돼 있어야 한다.

상장, 합병, 매각 같은 일은 회사의 경영 체계가 근본적으로 바뀌는 일이다. 갑자기 상장한다고 하면 주요 구성원들의 이해관계가 달라서 회사의 본질적 이익을 따라 경영자를 돕는 것이 아니라 자신의 이익에 따라 경영자를 설득하려 들 것이다. 상대와 협상에 나서기 전까지는 내 직원들은 모두 내 편이라고 생각하겠지만 실상은 이 순간부터 단 한 명도 내 편이 없다. 심지어 회계법인, 자문 변호사그룹, 최측근이나 가족까지도 모두 이해관계가 나와 다른 상황에 들어가게 된다. 경영자 입장에서 보면 상장에서 가장 어려운 점이 핵심 직원들과 전문가 조언 그룹들의 압력이다. 무엇이 옳고 그른지 판단하기 어려울 때가 많다. 따라서 의견과 실제 의도를 항상 면밀히 살펴야 한다. 이들은 상장 구조에 따라 자신의 자리가 없어지거나 거래가 사라지기 때문에 당연히 자기 목적에 따른 조언을 할 것이기 때문이다.

그래서 일을 시작하기 전에 반드시 누구를 끝까지 챙길 것인지 정하고 해당 인물에게는 '이 일로 자리가 없어져도 책임지고 이에 걸맞은 보상을 하겠다'는 신호나 약속을 해줘야 한다. 그렇지 않으면 당신이 원하는 정보나 방향이 그들의 직업적 생존을 중심으로 당신을 설득, 이해시키려 할 것이다.

이 항목에서 당신에게 주는 메시지는 딱 두 개다. 누가 자신의 자리가 없어져도 당신의 이익을 위해 일할 것인가? 그런 사람이 있다면 나는 그를 위해 무엇을 해줄 수 있는가? 이다. 결국 경영자는 이 두 질문을 통과해야 상장이나 합병, 매각 같은 큰일을 실행할 수 있다.

서류나 회계 장부는 국제 기준에 맞게 2년 이상 충분히 준비하고 핵심 참모들이 열심히 참여할 수 있도록 상장 후 기대와 가치를 제시할 수 있어야 한다. 경영권에 대한 분명한 태도와 방안도 마련돼야 한다. 또한 사장 개인의 입장에서 상장 방식과 규모에 따라 세금 문제가 다양하게 발생할 수 있으니 미리 회계 법인의 전문가들과 이런 문제를 상의하고 이해하고 있어야 한다. 상장이 되돌릴 수 없는 지점까지 가거나 상장이 끝난 후에 갑자기 발생하는 세금 문제는 모든 상장의 목적을 무의미하게 만들 수도 있다.

그리고 사장 개인은 상장을 앞두고 특별히 조심해야 할 것이 있다. 상장이 완전히 끝나서 실제 본인의 주식이 현금화되어 통장에 들어오기 전까지는 아무런 계획을 세우면 안 된다. 상장이 불발되거나 연기될 상황에 놓였을 경우 곤란해질 상황을 만들어 놓지 않아야 한다는 뜻이다. 만약 이렇게 대비해 놓지 않을 때 상장 도중에 벌어지는 어떤 변수에도 대응하지 못하고 어이없이 지분을 빼앗기거나 막대한 비용이 증가될 수 있다.

상장이 완전히 끝나기 전까지 최측근 직원도, 가족도, 심지어 당신 자신도 믿지 말라. 실제 상장을 고민 중인 사람이 이 글을 읽는다면 그에게 이 말의 가치가 수백억, 수천억이 될 수도 있음을 자신 있게 말할 수 있다. 조금 더 강조하면 돈이 통장에 입금되었을 때가 아니라 상장이 완전히 끝나고 1년쯤 지난 후에 다른 계획이나 목표를 만들 것을 권한다.

당신은 항상 미래를 그려왔고 부지런했고 목표를 갖고 사업을 키운 사람일 것이다. 그래서 큰돈이 들어올 것이 예상되면 온갖 상상과 목표가 나오고 심지어 동시에 진행될 가능성도 있다. 집, 차, 다른 사업체 매입, 경쟁사 합병 등, 그동안 미뤄왔던 모든 것들이 현실로 다가오기 때문이다. 그러나 이번은 아니다. 1년만 참자. 아무 계획이 없는 일 년이 당신을 살릴 것이다.

082
사업 속에 숨겨진 다른 사업

휴스턴 인근에는 갖가지 건축용 석제 돌을 파는 회사가 있다. 이런 회사들은 주로 시내가 끝나는 외곽지 고속도로변에 위치한다. 돌의 종류도 다양하고 큰 트럭이 들고나는데 편해야 하니 넓은 땅을 필요로 한다. 시내 안에는 땅값이 비싸 도시 바깥 끝자락에 자리 잡기 마련이다.

사실 내 눈에 이런 회사들은 부동산 개발회사다. 시내가 확장되는 바람에 인근 고속도로 길가에 대형 토지를 사들여 사업을 하다가 도시가 팽창되면 그 땅을 팔고 다시 조금씩 뒤로 물러서기를 거듭하며 사업을 이어가고 있다. 대략 10년에 한 번씩이다. 추측컨대 그들이 돌을 팔아 벌어들인 돈보다 부동산으로 벌어들인 돈이 훨씬 많을 것이다.

이처럼 한 사업의 이면에 다른 사업이 숨어있는 비즈니스들이 꽤 있다. 예를 들어 한국의 대형 서점들은 홍보 회사다. 그들은 매장의 곳곳을 홍보용 매대로 판매하고 있다. 책 몇 권 펼쳐 놓을 수 있는 자리에 출판사가 지불하는 임대료를 평 단위로 계산하면 다들 놀랄 것이다. 서점이 단순히 책을 파는 곳이 아니라 서점에 온 고객들을 대상으로 홍보의 장을 열어 놓은 것이니 이에 상응하는 광고료를 지불하게 되는 것이다. 한국의 대형 백화점들은 부동산 임대업을 하는 것이고, 편의점 본사가 카드 결제를 장악하면 금융업이 되며, 호텔은 행사 대관 사업을 하고, 맛집이나 제조업 등은 실제로는 부동산 사업을 함께 할 수 있고, 교육업이나 다이어트사업, 미용 사업 등도 결국은 대형화되면 데이터 사업으로 전환이 가능하다.

창업 후 10년 이상 생존하는 회사는 단 4%에 불과하다. 생존에 성공한 기업들은 상품의 관점이 아닌 기업가의 관점에서 회사를 변형시켜가며 살아남았다. 기업의 모습을 특정 상품이나 서비스에 국한하지 않고 현대 사회가 필요로 하는 모든 문제에 생산적인 해결책을 제시하는 것을 기업이라고 생각한 것이다. 그래서 지속 발전하는 회사는 창업 후 주요 사업이 지속해 변화해 나갔다.

예를 들어 자동차 산업은 가장 전통적인 제조 생산업이다. 그러나 100년 만에 완전히 달라지고 있다. 전 세계 10억여 만 대의 자동차 중 오직 4%만 지금 이 시간에 활용되고 있다. 주요 이동 수단이지만 대부분의 자동차는 주차장에 머물고 있고 교통체증과 지구 온난화의 원인 제공자라는 비판을 받고 있다. 이제 자동차는 소유하기보다 공유가 필요한 시점이라는 업의 변화가 일어났다. 또한 자동차 이동 시에 나타나는 정보의 양과 품질이 데이터 수집을 위한 도구로 사용될 수 있다는 것이 알려지며 테슬라 같은 전기 자동차 회사가 정보 수집 회사와 에너지 회사로서 가치를 인정받는 것이다. 컴퓨터는 테크

놀로지 장비라는 단순한 개념에서 엔터테인먼트라는 새 시장에 이미 들어갔고, 디즈니는 행복을 파는 일이라면 무엇이든 한다. 심지어 대학도 젊은 학생 대상의 학부와 대학원 프로그램뿐 아니라 세계인을 대상으로 평생교육과 글로벌 교육에 초점을 맞춘 지식은행으로 변해가고 있다.

이처럼 모든 사업은 사업 이면에 숨어 있는 다른 사업을 찾아내야 한다. 이를 통해 극적인 매출 변화와 더불어 시장을 선도 할 수 있는 것이다. 결국 이런 사업의 본질 안에 숨어 있는 다른 사업을 찾아야 30% 성장이 아닌 30배 성장이 가능하다. 그래서 때때로 30% 성장보다 30배 성장이 더 쉬울 때가 있다.

083
사업가들은 어떻게 사기를 당할까?

　부자들은 부자가 되는 과정에서 상대적으로 돈에 대한 경험이 많기 때문에 사기를 당하지 않을 것이라고 생각한다. 그러나 사기는 급여 생활자에게는 그에 알맞은 사기꾼이 붙고 10억 부자에게는 10억짜리 사기꾼, 100억 부자에게는 100억짜리 사기꾼이 붙는 차이만 있을 뿐이다. 심지어 금액이 커지면 전혀 사기꾼이라고 짐작하지 못할 만큼 화려한 과거와 직업과 직장과 직책을 갖는 차이가 있다.

　나스닥 증권거래소 위원장, 유대계 대학 이사장, 미국에서 인정받는 투자자로 아르바이트를 하며 번 돈으로 투자를 해 자수성가한 인물, 각종 자선활동으로 매년 막대한 양의 기부금을 여러 단체에 지원했고 자기 아들이 암에 걸렸을 때 5억 달러를 암 연구에 지원 했던 인물과 미 역사상 최대 규모의 금융 사기범은 동일 인물인 버나드 메이도프다. 총 피해액은 약 650억 달러85조 6천 7백 억에 달한다. 그에게 사기를 당한 인물 중에는 스티븐 스필버그, 존 말코비치, 케빈 베이컨, 엘리 비젤, 뉴욕 메츠의 구단주 프레드 윌폰 같은 유명 인사가 있다. 많은 투자자가 이 사건으로 비관했고 자살한 사람도 있다.

　사실 부자들은 사소한 사기는 잘 당하지 않는다. 무료 나눔, 원금 보장, 급등주 안내, 중고 사기 거래, 한 달에 1억 버는 법, 모델하우스 사기, 스팸 메일, 가슴 커지는 약처럼 비상식적이고 무언가 음흉한 구석이 있는 것은 매우 잘 피해 다닌다. 그러나 부자들도 약한 구석이 있는데 이것이 바로 금융과 부동산 관련 시장이다. 그래서 부자들이 당하는 사기는 모두 이 두 곳에서 나타난다.

부자들의 첫 번째 목표는 자산을 '지키는 것'이다. 그런데 실제로 물가 상승률 이상 잃지 않고 자산을 현 수준으로 보유한다는 것이 생각보다 쉽지 않다. 둘째 목적은 '증식'이다. 더욱더 어렵다. 결국 자산 보유와 증식에 관련해 가장 좋은 곳이 금융과 부동산이다. 이 두 가지는 정보와 공부로 성과가 나온다.

문제는 정보는 공유가 되지 않고 공부는 너무 전문적이라 아무리 자산이 많은 부자들도 전문가를 고용할 수밖에 없다. 대부분 사기는 이 지점에서 발생한다. 그래서 정보가 부족하거나 공부가 돼 있지 않으면, 육식 동물들이 득실거리는 들판에 혼자 남겨진 들소 신세와 같아진다. 저보다 작은 사자는 고사하고 작은 하이에나조차 당해내지 못한다.

가장 무서운 것은 사기꾼 중에 자기가 사기꾼이라고 생각하지 않는 사기꾼도 있어서 사기를 당하고도 사기당한 줄도 모르는 일이다. 이런 사기꾼들은 주로 전문 직업의 타이틀을 갖고 있다. 따라서 부자들에게 이익을 주면 보상을 얻지만 손해를 입혔을 때 자기는 영향을 받지 않는 구조다. 실제로 사기치다 실패해도 아무런 이득을 취하지 않았다는 이유로 '무능한 사람'이라는 욕만 먹을 뿐이다. 또한 이들은 본인에게 현실적 이득이 없어도 부자들에게 영향력을 행사하는 것만으로 자신의 목표를 충족하는 사람들이다. 부자들과의 관계 자체가 목적이기 때문이다.

즉 부자가 되었다고 사기를 당하지 않는 것이 아니다. 그러니 부자가 된 사람은 자신의 자산을 지키기 위해 자신이 할 수 있는 최대까지 부동산이나 금융 공부를 해야 한다. 특히 금융 용어는 사전에 나오는 모든 전문 용어를 이해하고 있어야 한다. 무엇보다 괜한 자만심으로 전문가를 만나서 모르는 것을 아는 척하지 말고 매사 물어야 한다.

"외람된 질문인지 모르지만……. 제가 잘 몰라서 그러는데…"라는 말을 달고 살아야 한다. 당신이 모르는 것은 전혀 부끄러운 일이 아니다. 당신은 그런 것을 모르고도 부자가 되지 않았는가?

그러므로 모르는 문장, 모르는 단어가 나오면 묻고 확인하는 습관을 항상 유지해야 한다. 무엇보다 사기를 당하지 않는 가장 중요한 핵심은 욕심을 부리지 않는 일이다. 모든 사기는 과한 욕심에서 나온다. 세상에 공짜가 없다고 생각하고 아무리 가까운 사람과 존경받는 사람의 제안이라도 의심해야 한다.

내가 매일 살피고 밥을 주고 간식을 주는 고양이도 새로운 것을 주면 냄새를 맡는다. 누가 무엇을 줘도 언제나 냄새를 맡자.

084
미국에 진출해야 국제브랜드가 된다

우리 아이들이 초등학교를 다닐 때, 일 년에 한 번씩 인터내셔널 대회가 있었다. 총 학생 수가 654명이고 한 학년에 100여 명 남짓의 학생들이 있었다. 이날은 아이들이 각자 부모 나라의 국기들 들고 전통 복장을 하고 오는 날이었다. 그날 체육관에 걸려 있는 국기의 종류가 86개였다. 말 그대로 만국기였다. 미국은 이민자들이 만든 나라이고 하나의 나라가 아니라는 것을 뜻한다. 월드컵 축구 경기가 벌어지면 참여한 나라 숫자만큼 각 나라 응원단이 만들어진다. 집집마다 자신들의 모국을 응원하기 때문이다.

미국은 2021년 기준으로 전 세계 GDP의 25% 내외, 약 4분의 1을 독점하고 있다. 유럽연합 전체를 합쳐도 미국보다 적을 때도 많다. GDP로는 전 세계에서 1위다. 2021년 10월 IMF 통계에서 미국의 GDP는 전 세계 GDP 2, 3위에 해당하는 중국, 일본을 합친 것보다 근소하게 거대한 수준이다. 그리고 2020년 기준으로 캘리포니아 주 하나가 세계 GDP 5위 수준이다. 주 하나인 캘리포니아가 영국보다 높다. 21년 IMF 기준으로 미국을 제외한 G7 여섯 국가보다 미국이 많다.

그 나라의 물리적 힘을 알 수 있는 국방비는 2021년 기준으로 801

빌리언 달러로 2위인 중국의 3배에 달한다. 2위부터 10위 국가를 합친 것보다 많다. 그나마 21세기 들어 한국, 중국, 인도가 경제력이 성장했기 때문이다. 소련이 붕괴한 냉전 직후 부터 21세기 초반의 미국 국방비는 전 세계와 맞먹었던 때도 있다.

인구도 2022년 5월 3억 3,700만 명으로 중국, 인도에 이어 세계 3위다. 흔히 인구를 국력이라고 하는데 미국은 선진국이라도 인구가 줄고 있는 한국, 일본, 대만, 서유럽과 달리 인구가 계속 증가하고 있다. 지난 25년 동안 인구가 6천만 명이 늘었다. 1년에 대구광역시 급의 대도시 인구가 하나씩 생긴다. 지금도 주요 도시는 이런 인구 증가 수요에 따른 주택 공급이 끝없이 이어지고 있다. 이렇게 인구가 많아도 여전히 영토는 인구에 비해 매우 크다. 미국보다 영토가 조금 작은 중국이 14억, 미국의 1/3 정도인 인도의 14억 인구에 비하면 인구 밀도는 여전히 낮은 편이다. 자원도 넘쳐서 인구가 몇 배 늘어도 먹여 살릴 수 있다.

이렇게 간단히 미국 경제와 국방, 인구 수준만 봐도 미국이 특별한 나라라는 것을 알 수 있다. 이런 거대하고 강력한 나라, 미합중국은 1776년 건설된 현존하는 가장 오래된 연방 국가다. 미국은 '법에 따라 소수자의 권리를 보호하며 다수결의 원칙을 조정하는' 대의 민주주의 입헌 공화국이다. 미국 정부는 미국 최 상위법인 헌법에 규정된 견제와 균형 체제에 따라 통제된다.

세상 이곳저곳에서 모여든 모든 사람이, 미 헌법이라는 절대가치 기준을 지키기로 약속하고 나라들 위에 나라를 만든 것이 미국이다.

미국의 경제력, 그리고 국방력은 전 세계에 즉각적으로 영향을 주고 이런 미국 안에 살고 있는 이민자 미국 국민은 국제적인 확장을 익숙한 개념으로 받아들인다. 이런 미국의 특수성 때문에 미국에서 성공한 비즈니스는 곧바로 전 세계 비즈니스로 받아들여진다. 치킨점 하나가 미국에서 성공하면 전 세계 145국에 25,000개 매장을 만든 KFC가 되고, 커피숍 하나가 성공하면 35,711개의 매장을 가진 스타벅스가 되는 것이다.

스타벅스가 캐나다에서 태어났거나 KFC가 멕시코에서 나왔다면 그런 일은 생겨나지 않았을 것이다. 이것이 미국의 힘이고 미국의 영향력이다. 만약 아이러브스쿨을 미국에서 만들었다면 지금의 페이스북일 것이다. 어떤 사업도 미국에서 성공하면 그 자체가 국제 비즈니스 가치를 가진다.

나는 한국 젊은 청년 사업가들이 반드시 미국을 공략하는 기회를 갖기를 바라고 있다. 미국은 미국적이라는 것이 없다. 모든 미국적인 것은 전부 이민자 문화에서 나왔다. 결국 가장 미국적인 것은, 어느 이민자가 미국에서 자신의 모국에서의 아이디어를 미국식으로 풀어 냈을 때 미국적으로 변한다. 미국 음식이란 세계 어딘가 어떤 나라에서 이민 온 엄마가 만든 음식이 미국식으로 변한 것들이다.

미국은 법적으로 외국인이 차별 없이 비즈니스 하기에 가장 좋은 나라다. 미국은 직원들을 고용하는데 유럽이나 동양의 어떤 나라보다도 합리적이다. 서방 세계 어느 나라보다 고객에게 친절하고 고용주를 존중하는 직원들이 많은 나라다.

젊은 창업가들, 앞으로 더 나아가려는 사업가들은 미국을 어려워하지 말고 두려워하지도 말고 전 세계 발판이 될 사업을 미국에서 성공시키는 꿈을 꾸기 바란다.

농담처럼 유치하게 〈가면라이더〉의 쇼커나 〈바벨 2세〉의 요미의 만화 캐릭터를 흉내 내어 세계정복이 꿈이라는 젊은이들이 가끔 있다. 진짜 세계정복을 하고 싶다면 미국부터 정복하라. 그러면 이미 55% 정복한 것이다.

조 단위의 사업 목표를 말하는 허풍스러운 젊은이들은 허풍이 아님을 증명하려면 미국부터 정복하라. 기본이 1조다. 내가 도시락으로 1조 매출을 목표하고 성공할 수 있던 것은 미국에서 사업을 했기 때문이다. 이제 여러분의 꿈이 현실이 되기를 바란다.

085
한 가족이 가난에서 벗어나는 데 걸리는 시간

1990년대 이후부터 전 세계적으로 소득 불평등이 심화되면서 사회적 소득 상향이동성이 정체되고 있다. 소득 상향이동성이란 개인이나 한 가구가 시간이 지남에 따라 상위 그룹으로 소득이 이동할 수 있는 능력을 말한다.

어떤 사람들은 시간이 지나며 소득이 증가를 의미하는 상향 소득이동성을 경험할 수 있다. 반면 어떤 사람들은 시간이 지나며 소득 감소를 의미하는 하향 소득이동성을 경험할 수 있다. 소득 이동기간은 국가마다 다를 수 있으며 국가의 경제정책, 소득불평등 수준, 교육 및 취업 기회의 가용성, 전반적인 경제발전 수준과 같은 다양한 요인의 영향을 받는다. 소득 이동기간은 국가마다 크게 다르다.

OECD는 조사를 통해 현재 수준의 불평등과 세대 간 소득 상향 이동성을 감안했을 때, 가난한 가정의 자녀가 OECD 국가 평균 소득에 도달하려면 최소 5세대, 또는 150년이 걸릴 수 있다고 밝혔다.

너무 많은 사람이 자신은 뒤처지고 있다고 생각하고 있으며 자녀들이 출세할 기회가 점점 축소되고 있다고 생각한다. 상대적으로 소득이 낮은 국가는 이런 세대 간 이동성이 더욱 희박하다. 북유럽 국가는 비교적 더 높은 기회가 있으나 라틴 아메리카 국가와 일부 신흥 경제국은 계층 간 이동이 더더욱 어렵다.

이런 소득 상향이동성은 1955년에서 1975년 사이의 저학력 부모에게서 태어난 많은 사람에게 현실이 되었지만 1975년 이후에 태어난 사람들에게는 거의 정체되어 있다. 이 보고서에 따르면 관찰된 4년 동안 약 60%의 사람들이 하위 20% 소득 계층에 머물렀고, 동시에 전체 중산층 가구의 7분의 1, 저소득층 가구의 5분의 1이 하위 20%로, 오히려 소득 하향이동성이 발생했다.

각 나라별로 살펴보면 덴마크의 경우에는 한 세대가 부자가 되려면 2세대 정도가 필요한 것으로 조사됐다. 그러나 헝가리, 인도, 중국 같은 경우에는 7세대가 지나야 하며, 브라질이나 남아프리카, 콜롬비아 같은 나라는 9세대 이상이 필요하다. 한국은 포르투갈, 영국, 이탈리아, 미국, 스위스와 같이 5세대 이상이 필요한 나라로 조사됐다. OECD 평균이 4.5세대임을 감안하면 한국은 평균에 가까운 나라다.

그러나 이 조사에서 흥미로운 점은 한국이 평균적인 나라라는 점이 아니라, 현시대에서 한 가정이 하위층에서 중산층으로, 중산층에서 부자로 넘어가는 데에 5세대나 필요하다는 점이다. 나는 5세대 앞의 조상이 누구인지 이름도 모르고, 내 5세대 이후의 자손들을 만나보지도 못할 것이다. 부자가 되기도 힘들지만 세대 중의 한 명이 부자가 돼도 5세대나 지키는 일은 쉬운 일이 아니다. 부를 사용, 관리하는 가치가 그 집안에 문화로 들어왔을 때나 가능한 일이기 때문이다.

대부분의 사업가는 자신이 그 집안에서 처음으로 사회적 소득 상향이동성을 실현한 사람일 것이다. 그 가문의 경제적 시조인 셈이다. 따라서 돈만 많이 버는 것으로 끝내지 말고 돈에 대한 철학과 가치가 그 집안에 살아남도록 할 책임이 동시에 있다. 당연히 본인 스스로 돈에 대한 철학과 노하우를 가져야 하고 이것을 자식에게 전달해야 한다. 유산은 전달되고 철학이 전달되지 않으면 5세대가 아니라 자식 세대에서 끝나고 말 것이다.

086
당신의 컬러는?

한국의 사업가들이 가장 많이 놓치고 있는 것 중 하나가 자기 회사의 컬러를 갖지 않는 것이다. 더 큰 문제는 이 문제에 대한 인식이다. 브랜딩에서 나를 남과 구분시키는 가장 좋은 도구가 컬러다. 그럼에도 컬러에 신경 쓰지 않는 사업가들이 많다. 대부분 로고나 이름에 더 관심을 두고 있다. 하지만 로고나 이름은 컬러만큼 쉽게 인지되지 않는다.

한국의 컬러 시장은 현재 빈 공터다. 한국의 대기업들은 이미 자신들의 고유색을 가지고 있지만 아직도 적극적으로 나타내 보이지 않는다. 그나마 삼성은 파란색을 적극적으로 나타내고 있어서 그룹의 모든 회사들, 심지어 야구단, 축구단 같은 스포츠뿐 아니라 홈페이지, 카탈로그 등 홍보물까지 일관되게 파란색을 사용한다. 그 덕에 같은 파란색 계통을 쓰지만 덜 적극적으로 사용하는 현대자동차, 현대중공업, 포스코는 쉽게 그 회사가 떠오르지 않는다. 파란 색깔 점유전에서 패한 것이다. 개별 회사들의 홈페이지만 둘러봐도 그들이 색에 대해 어떤 대우를 하는지 차이가 난다. 대한항공의 스카이블루, 에스오일의 노란색, 네이버의 초록색도 컬러를 잘 활용하는 대표적 회사다.

미국의 대표적 회사들은 모두 컬러 전쟁에서 이긴 회사들이다. 코

카콜라 하면 빨간색이 떠오른다. 상대적으로 여기에 경쟁하는 회사인 펩시는 딱히 식품 회사로는 선호도가 좋지 않은 파란색을 자신의 색깔로 가져가 버렸다. 주홍색하면 에르메스, 민트하면 티파니, 노란색하면 맥도날드, 파란색의 페이스북, 핑크색의 PINK, 녹색의 스타벅스, 브라운의 UPS가 생각나면 이미 성공한 것이다.

한국의 중소형 기업들도 컬러 점유 시장에 들어오기 시작했다. 민트색 오토바이를 보면 배민이 생각나고, 노란 간판을 보면 빽다방이 생각난다. 심지어 미 대학들도 모두 자신만의 고유 컬러를 갖고 있고 이를 적극적으로 사용한다. 그래서 보라색을 보면 뉴욕대학교가 생각나고, 자주색은 하버드, 콜롬비아 대학은 밝은 블루색을 상징 색으로 사용한다.

사업을 시작하는 사람은 자기 회사의 컬러를 가장 먼저 정해야 한다. 이 컬러를 팬톤PANTONE 컬러북에서 코드 넘버로 정확하게 기억하고 모든 회사 디자인 작업에 적용해야 한다. 오너가 이 일에 방심하거나 무관심하면 순식간에 회사 컬러는 여러 가지로 범벅이 돼서 결국 색을 갖지 못한 회사가 된다.

컬러는 기업의 가치와 철학을 전달하는 기본 도구다. 컬러에 비친 이미지를 통해 일관성 있는 모습을 보임으로써 기업 가치와 신용을 만들기 위한 것이다. 컬러는 같은 색이라도 미묘한 차이로 의미가 완전히 다르다. 예를 들어 보라색은 빨강과 파랑이 혼합된 색으로 고고함이나 세련된 이미지를 만들어 준다. 때문에 귀부인과 귀족들의 옷에 자주 사용되었다. 그러나 보라색은 그 밝음과 어두움 정도에 따라 완전히 대립되는 감정이 혼재된 색이다. 어두운 보라색은 우울함, 불행, 저주 같은 뜻을 담지만 밝은 보라색은 몸과 마음의 조화를 원할 때 끌리는 색이며 심신이 피로할 때 무의식적으로 찾게 돼 치유의 색이라고도 한다. 일부 병원에는 보라색 병실을 만들기도 한다. 연보라색은 절제, 신중함, 영성을 상징하기도 한다.

이렇듯 같은 색이라도 톤에 따라 전혀 다른 느낌을 주기에 자신들의 회사 정체성에 맞는 적당한 색을 골라야 한다. 노란색은 경쾌하고 맥도날드 빨강과 노랑은 멀리서도 잘 보이고 신나 보이는 색깔이다. 파란색은 신용, 패기, 젊음을 상징하고 노랑은 깨끗하고 맑음을, 황금색은 클래식함을 상징한다. 내 회사의 정체성과 회사 컬러가 동일한 경쟁자가 그 컬러를 먼저 가져가기 전에 적극적으로 사용하기를 바란다.

다만 너무 과용해서 파랑의 신용, 노랑의 순수, 빨강의 열정이라며 여러 컬러를 넣어 국기처럼 만들지 않기를 바란다. 하나면 충분하다.

087
흰색의 위대함

흰색은 눈으로 볼 수 있는 가장 밝은색이다. 흰색은 빛의 삼원색인 빨강 파랑 초록이 합쳐졌을 때 만들어진다. 흰색은 순수함, 천진난만함, 깨끗함과 관련된 색이다. 무색이며 단순함과 중립성을 나타내는 데 자주 사용된다. 백색광은 가시 스펙트럼의 모든 색상으로 구성되며 개방감과 선명도를 만드는 데 자주 사용된다. 디자인에서 흰색은 균형 감각을 만들고 특정 요소에 시선을 끌기 위해 자주 사용된다. 패션에서 흰색은 깨끗하고 산뜻한 느낌을 준다. 순결함과 천진난만함을 상징하기도 한다.

이런 흰색에 도취된 리처드 마이어는 미국의 유명 건축가다. 그는 그의 건축물을 시종일관 백색으로 건축한 것으로도 유명하다. 심지어 마이어가 LA의 게티 센터 미술관을 설계할 때, 건축주는 색깔 있는 박물관을 원했지만 그는 끝까지 흰색을 고집했다. 처음 그곳 박물관에 갔을 때 박물관 안의 작품들보다 건축물에 빠져 외벽을 따라 많은 사진을 찍었던 기억이 있다.

마이어는 흰색은 곧 모든 색이라고 말한다. '흰색은 모든 색'이라는 그의 말은 흰색 그릇의 크기를 대신할 색이 없다는 말처럼 들렸다. 그는 흰색의 건물이 시간과 태양광의 컨디션에 따라 다양한 색으로 보인다고 말했다.

우리나라는 아주 오래전부터 이 흰색을 사랑해 '백의민족'이라고 불렀다. 『삼국지』 동이전을 보면 고구려와 부여인들이 흰옷을 즐겨 입었다는 기록이 있다. 사실, '희다'라는 말이 중세 한국어로 해를 뜻 하는 단어로부터 나온 것으로 알려졌다. 흰색은 우리말로 태양의 밝 고 환한 빛을 상징한다. 구석기 시대 사람들은 때때로 배경을 그리기 위해, 또는 강조를 위해 흰색을 사용했다. 고대 이집트에서는 우리나 라와 비슷하게 흰색을 태양 빛과 비슷하다 생각했다. 그리고 18-19 세기에 들어서는 화려함을 선보이는 바로크와 로코코 양식이 유행할 때도 인테리어와 건물 외관에 있어 흰색의 배경을 사용해 화려함을 강조했다. 현대에 와서 흰색은 순수함, 천진난만함, 깨끗함이라는 전 통적 이미지와 더불어 조용함, 안락함, 청결이란 이미지도 더욱 강해 졌다. 때때로 흰색은 화려하고 경쾌하며 밝고 고상해 보이기도 한다. 이런 흰색이 21세기에 들어서서 모든 곳으로 달려 나가고 있다.

고급 비즈니스나 하이엔드High End 최고 품질이나 최고 성능을 갖춘 물건으로 가격보다는 품질을 강조하는 비즈니스를 하려는 사람은 흰 색을 이해하고 좋아하고 잘 다뤄야 한다. 흰색과 모던이 만나면 고급 이 된다. 현대 미국 주택의 모든 고가 주택은 모던 스타일에 흰색으로 만 지은 집들이 대부분이다. 전자제품의 애플과 가전제품의 뱅뮤다 도 흰색을 가장 잘 쓰는 회사 중 하나다. 현재 한국 소형 주택들도 흰색을 배경색으로 만들어 나가고 있다. 같은 집도 모던 스타일에 흰색을 가미하면 고급이 되어 버린다.

스노우폭스는 보라색을 쓰는 것으로 알려졌지만 실제로는 흰색을 배경으로 사용하고 있다. 스노우폭스 플라워는 모든 화분이 흰색 모던이다. 사업 초기에는 이런 화분을 구하기 어려웠지만 지금은 스노우폭스 플라워를 모방하는 매장이 전국에 수없이 늘면서 양재동의 모든 화분 도매상이 흰색의 모던 화분을 공급하고 있다. 그 이유는 상품을 돋보이게 만들고 고급스럽게 하기 때문이다. 꽃 담은 화분에 꽃을 그려넣던 시절은 지나간 것이다. 화분의 제일 큰 가치는 꽃을 아름답게 하려는 것인데 화분이 꽃보다 아름답게 분칠하려 한 형국이다. 마치 친구 결혼식에 신부보다 더 아름다운 드레스를 입고 나타나는 꼴이었다.

앞으로 흰색은 점점 더 번져가고 산업의 여러 곳에서 다른 색들을 다스리며 점령해 나갈 것으로 보인다. 흰색은 오랜 기간 가장 인기 있는 색이었으며 다양한 맥락에서 계속 사용될 가능성이 높다. 다양한 효과를 연출하는 데 사용할 수 있는 다재다능한 색상이며 모던 디자인 제품과는 결코 떨어질 수 없는 색깔이다. 지속적으로 디자이너와 패션 전문가에게 인기 있는 색상으로 남을 가능성이 높다.

이 분위기는 앞으로 10년이 지나도 변하지 않을 것으로 보인다. 이미 인류 문명사 시작부터 흰색은 배경처럼 지내 왔으나 이제 직접 주인공으로 경기장에 들어온 것이다.

088
모던 제품의 위력

모던 제품은 단순함에서 오는 고급스러움을 강조한 제품을 말한다. 대표적으로 애플 제품들을 들 수 있겠다. 이것을 두고 누군가는 '애플스럽다'라고 말한다. 이 애플스러움을 가전제품에 응용한 회사가 일본의 발뮤다이다. 중국의 샤오미 제품도 간결한 모던 디자인에서 오는 고급스러움을 잘 표현하고 있다.

중국이 생산한 제품이지만 다른 국가의 제품에 못지않거나 그 이상의 완성도와 성능, 디자인을 보일 때 '중국산이라서 기대하지 않았는데 의외로 좋은 제품이 나왔다'라고 말한다. 때론 '대륙의 실수'라고 칭찬 아닌 칭찬을 한다. 모던은 심플한 이미지를 통해 깨끗하고 도도한 이미지를 갖는 게 특징이다. 이런 특징 때문에 같은 성능을 가진 상품이라도 모던 스타일 제품이 고가 제품으로 인식된다. 이런 모던 제품의 영향력은 전화기나 가전제품을 넘어 모든 제품시장으로 번지고 있다. 심지어 건축이나 내부 인테리어도 모던 디자인의 확장성이 눈에 띄게 나타나고 있다. 상점들조차 모던한 디자인을 가진 매장에 젊은 현대인들이 더 몰려든다.

근대 디자인의 탄생이 2차 세계대전 이후 독일의 바우하우스로부터 시작된 것으로 봐야 한다면, 모던 디자인은 거의 백 년 전부터 시작했다고 볼 수 있다. 바우하우스는 전통적인 권위와 사고방식을 거부하고 주관과 감정을 배제한 상태에서 단순한 형태나 기능을 강조했다. 바우하우스의 가장 큰 목표는 독일 사회를 개혁해 발전시키는 것이었고, 이를 위해 상업적 목적에 부합하는 형태 안에서 아름다움을 찾았다. 산업과 결부되는 디자인을 처음 시도한 것이다. 지금도 바우하우스가 디자인 한 바이마르와 데사우 건물이나 바실리 의자, 바겐펠프 램프등은 단순 명료함에도 현대인의 눈으로 봐도 여전히 고급스럽다. 늙지 않는 디자인의 전형적인 형태를 볼 수 있는 것이다.

바우하우스에게 영감을 받은 디자이너 디터 람스는 독일의 소비재 제조 기업인 브라운을 통해 형태와 선의 아름다움, 제품 목적에 집중한 디자인, 단색을 통해 자연스럽고 변하지 않는 멋을 담아내며 산업 제품들을 예술품의 경지로 끌고 갔다. 스티브 잡스도 바우하우스에 영향을 받은 인물이다. 그는 디터 람스의 디자인을 애플에 이식하기 위해 각고의 노력을 다했다. 애플의 수석 디자이너 조나단 아이브가 '애플의 아이폰, 아이팟 디자인이 디터 람스의 디자인에서 영감을 받았다'고 고백한 바 있다.

모던 디자인 제품은 전통적인 디자인에 비해 몇 가지 잠재적 장점이 있다. 간결한 선과 단색 위주의 제품은 공간을 절약할 수 있다. 다른 제품들과 위화감 없이 어울리는 장점도 있다. 또한 전자적 기능과 효율성을 높이는 새로운 기술을 사용하기 편리하다. 단순한 형태에서 나오는 안정성이 내구성을 향상시켜 제품의 수명을 늘려주기도 한다.

이런 모던 디자인 제품의 장점들 때문에 현대 사회는 앞으로 절대로 모던 제품을 버리지 못한다. 앞으로 고급 시장은 모두 모던이 차지하게 될 것이다. 최소한 지금 살아 있는 사람들이 모두 죽기 전까지는 이런 모던 제품이 사라지지 않을 것이다. 오히려 모든 산업에서 모던은 더 적극적으로 나서게 될 것이다.

　모던을 이해하지 못하거나 좋아하지 않는 기업가들은 퇴보하거나 전진할 수 없을지도 모른다. 자신의 사업에 모던을 받아들이지 않는 것은 국교가 있는 나라에서 종교가 없거나 다른 종교를 믿는 사람과 같다. 그러므로 아직 모던을 이해하지 못하는 경영자는 빨리 모던으로 개종하길 바란다.

089
고객은 최고의 인테리어

　요즘 잘 갖춰진 식당 하나를 시내에 차리려면 인테리어 비용이 몇 억씩 들기도 한다. 인테리어야말로 제작에 가장 편차가 심한 지출이다. 커피숍 하나를 만들어도 천만 원에 만들 수도 있고 10억이 들어갈 수도 있다. 인테리어의 핵심은 사람을 불러들이고 가둬 둘 수 있도록 공간 안에 기氣를 넣는 작업이다. 또한 사람이 들어와 시각적으로, 환경적으로, 활기와 안정과 기쁨을 느끼도록 만드는 작업이다.

　그러나 아무리 많은 돈을 들여 멋지게 만들어도 고객이 없으면 인테리어는 아무런 빛을 발하지 못한다. 인간의 기가 가장 높기 때문에 인간이 없는 공간은 활기가 생기지 않는다. 그래서 인테리어의 핵심은 고객이라고 표현한다. 즉 인테리어의 정점은 고객이다. 고객이 많으면 좋은 인테리어라는 역설이 가능한 것이다.

　사업체는 하나의 생명체로 봐야 한다. 이 생명체에 기를 넣어주는 것이 고객이다. 그래서 처음 사업을 하는 사람들은 무슨 수를 내서라도 가게 안에 사람이 들락거리게 만들어 주는 것이 정말 중요하다. 처음부터 마진율에 너무 목매지 말고 무조건 사람이 많이 오게 하는 것이 핵심이다.

한 사람에게 70%의 마진을 보면서 하루에 물건 한 개를 파는 것보다, 7명에게 10%의 마진을 보는 것이 더 현명하다. 실제로는 10%씩 이익을 보며 여러 고객을 맞이하는 데 상대적으로 비용이 증가할 수 있다. 어쩌면 직원이 더 필요할 수도 있고 포장지나 기타 소모품, 청소, 심지어 보험료도 증가할 수 있다.

그런데 그것보다 중요한 것은 기氣다. 매장 안에는 기가 흘러야 한다. 활기가 있어야 한다. 활기가 나중에 모든 것을 이긴다. 마진이 아무리 높아도 활기가 없으면 마진은 죽어 버린다. 그러나 반대로 활기가 있으면 결국엔 볼륨Volume이 생기면서 원가율이 줄어들고 결국 이익이 증가하게 된다. 이 활기가 즉 고객이다. 심지어 직원들도 많아진 고객 때문에 힘든 것보다 더 힘든 일이 손님 없는 가게에서 일하는 것이다. 어차피 일하러 왔는데 딱히 할 일이 없다는 것보다 지치게 하는 게 없다. 그렇다고 쉬는 게 아니기 때문이다. 그래서 고객 한 명을 한 명으로 보면 안 된다.

예전에 내 매장에 고객 한 명을 데려오는 데 드는 비용을 계산해 보니 2만 8천 원 정도 들었다. 고객 한 명이 매장 안으로 발만 집어넣어도 2만 8천 원을 버는 셈이다. 그런데 보통 한 명의 고객 등 뒤에는 20명 정도의 잠재 고객이 매달려 있다. 그래서 고객 한 명을 만족 시키면 560만 원을 벌 수 있는 것이고, 두 번째 고객까지 만족 시키면 1,120만 원의 이익이 창출되는 것이다.

처음 창업하는 사람들이 가장 많이 하는 실수가 자신에게 이익이 되지 않는 고객들을 냉정하게 자르거나, 자신의 상품이나 서비스에 가치를 너무 높게 책정해서 사람들이 오지 못하게 만드는 경우다. 사업은 사람이다. 사업은 상품이나 서비스가 아니다. 사업에서 사람을 배제하는 순간, 그 지점이 어디든 그곳이 그 사업체의 내리막길이 되고 만다. 당신에게 오는 한 명의 고객을 매번 단체 손님 맞듯이 반갑게 맞이해야 하는 이유다.

090
이익률과 이익

나는 예전에 미국의 판다 익스프레스 회장 앤드류에게 우리 상품의 이익률이 높다고 자랑했다가 혼난 적이 있다. 회사가 효율적으로 돌아간다는 것을 자랑하기 위한 말이었지만 상품 원가율도 낮다는 것을 알고 주의를 받은 적이 있었다.

상품 원가율이란 상품 판매액 대비 상품 제조원가 비율이다. 이 비율이 낮다는 것은 상품 이익률이 높다는 뜻과 같다. 예를 들어 1불짜리 상품의 원가가 20센트라고 하면 원가율은 20%고 이익률은 80%라는 뜻이다. 즉 원가율이 낮거나 이익률이 높다는 것은 이익이 증가한다는 뜻이다. 그러나 이런 상관관계가 좋은 것만은 아니다. 여기에 회전율이라는 개념이 들어가면 이익률이 낮아도 이익은 높을 수 있기 때문이다. 이익률이 낮아도 수익이 높다는 뜻은 박리다매 형태로 사업을 한다는 뜻이다. 반대로 이익률이 높고 이익도 높다는 뜻은 경쟁자가 없는 독점 상태란 뜻이다.

아마 사업가로서 가장 환상적인 상태는 독점사업을 하는 경우일 것이다. 그러나 이 세상에 독점사업은 손에 꼽을 정도다. 더 많다고 느끼는 사람도 있겠지만 현재 독점 상태일 뿐이지, 영구적인 독점 사업은 거의 없다. 독점적 사업을 하려면 독점기술이 있거나 지역적 독점, 혹은 자격 독점이어야 한다.

최근 역사에서 찾아볼 수 있는 거의 독점에 가까웠던 사업의 예는 세계에서 가장 잘 알려진 다이아몬드 채굴, 생산 및 소매 회사인 드비어스 그룹De Beers Group이다. 거의 한 세기 동안 드비어스는 다이아몬드 산업을 독점했다. 그러나 시장과 그 밖의 규제 요인으로 1980년대 후반 약 85%에서 2020년 말, 약 23%로 시장 점유율이 감소했다. 이밖에도 진입장벽이 너무 높아 경쟁업체가 업계에 진입할 수 없는 자연적 독점도 존재한다.

하지만 결국, 일반 사업에서는 이런 독점을 통한 높은 이익률을 장기적으로 확보하기란 불가능하다고 볼 수 있다. 따라서 현재 높은 이익을 내고 있는 사업가들은 이 독점 시장에서 독점을 할 수 있는 또 다른 방법을 사용하고 있다.

이 방법은 이익을 줄이고 상품 원가율을 높여 더 높은 고품질의 상품을 같은 가격에 제공하거나 이익률을 낮추는 대신 상품 가격을 내리는 것이다. 이런 방법으로 새롭게 시장에 진입하려는 경쟁자들이 도저히 수익을 낼 수 없는 상황을 만들어 내는 것이다. 이런 방식도 독점적 사업의 다른 모습이다.

따라서 현재 자신의 사업에 아직 경쟁자가 없고 이익률이 높다면 지금부터라도 경쟁자가 진입하기 전에 미리 상품에 대한 품질을 더 올리려고 노력하거나, 가격을 내려서 다른 경쟁자들이 아예 시장으로 들어오지 못하게 만드는 전략을 고민하기 바란다.

나는 미국에서 사업을 하면서 늘 경쟁자들보다 앞서고 있었지만 2~3년이면 누군가에게 따라 잡힐 것을 염두에 두고 매년 새롭게 개선할 곳을 찾아 우위를 지켜갔다. 경쟁자가 배달할 때 현장에서 직접 만들었고, 경쟁자가 현장에서 만들 때 독립 스토어에 주력했다. 그 역시 따라왔을 때 이미 외국에 매장을 만들었고, 로드샵을 만들거나 합병 하는 등 매순간 경쟁자가 따라올 것을 예측하고 몇 년씩 앞서 나가는 고민을 끊임없이 하면서 사업을 키웠다. 지금 사업을 잘하고 있는 분들도 나와 같은 고민을 미리 하기를 바란다. 사업가들은 언제나 현재 자신의 회사가 미래의 자신의 회사와 경쟁하고 있다고 생각해야 한다.

5장

자신만의 철학을 세워라

"몸과 마음, 모든 면의 균형이 중요한 때가 된 것 같습니다"

091
사장의 사춘기

경영자는, 특히 성공한 경영자는 사회에서 어른 대접을 받는다. 나이와 상관없이 무엇을 성공시켰다는 이유로 득도한 스님이나 성직자에게 묻는 모든 것에 답을 가졌으리라 생각한다. 그래서 강의를 다니다 보면 자녀 교육에 관해 묻거나 부부 문제, 혹은 실제로 종교적인 문제까지 질문하는 것을 보게 된다. 갈수록 경영자에 대한 사회 기대가 높아지고 있다. 그래서 성공한 경영자는 미래를 보는 혜안, 리더십, 도덕적 윤리 의식, 품성, 심지어 유머 감각까지 모두 겸비하기를 바라고 있고 성공한 경영자는 당연히 그러하리라고 기대한다.

상황이 이러니 경영자는 완벽해야 한다. 아파도 안 되고 지쳐도 안 된다. 자기관리, 목표 의식, 전략수립, 재무, 인사는 물론이고 영업이나 마케팅에서 식견을 갖추고 있어야 한다. 문화와 가치관과 나이와 교육이 모두 다른, 수많은 직원을 이끌고 목표도 이뤄야 한다. 동시에 경쟁자도 막아야 하니 그 안의 스트레스는 일반인들이 상상하는 것 이상이다.

최종 책임자라는 압박감은 아무리 능숙한 경영자라도 무거울 수밖에 없다. 이러니 정작 자기 자신을 돌볼 시간이 없다. 본인은 아파도 안 되고 힘들어해도 안 되는 사람이다. 이런 상황을 표현하는 것조차 불경스럽고 회사나 조직에 피해가 가기 때문이다. 자신의 어깨에 기대 있는 사람들을 실망시킬 수 없기 때문이다. 이해관계가 모두 달라서 함부로 마음을 열고 상의를 할 친구를 구하는 일도 어렵다.

그런데 경영자도 역시 사람이다. 때때로 아프고 엄살도 피우고 싶고 누군가의 품에서 위로도 필요하다. 자신을 혼내거나 안아 줄 어른도 필요하고 그냥 골방에서 하루 종일 설명 없이 쉬어야 할 때가 있기 마련이다.

그래서 경영자들은 결국 한 번씩 크게 앓는다. 보통은 큰일을 마치고 난 후에 증세가 시작된다. 매각, 상장, 합병, 시장안착 등 한창 성공을 맛볼 달콤한 시기인데 막상 당사자는 그동안 살피지 못한 나를 그제야 돌아보게 된다. 그러니 이미 우울증, 조울증, 대인기피증, 공황장애에 노출돼 있기 마련이다. 약점 노출을 극도로 조심해 왔고 완벽주의와 과도한 업무량을 유지하던 버릇 때문이다. 이를 병으로 인지하기까지 오래 걸리고 치료나 도움을 받는데도 익숙하지 않다.

일부 언론사의 조사에서는 무려 70%에 달하는 CEO들이 가끔 혹은 자주 자살을 생각한다고 답했다. 어떤 직업군보다도 높은 비율이다. 일본이 경제 침체기를 겪으며 한 해 자살자 3만 명 중 절반 이상이 경영자라는 조사 결과도 있었다.

현재 이런 병을 가진 사장들은 이것이 나만의 문제가 아니라 직업병이라고 생각해야 한다. 당연히 전문가나 가족에게 도움을 요청하고 치료받아야 한다. 경영자의 건강은 회사의 건강과도 직결된다. 자신에 대한 경영도 회사 경영 못지않게 신경을 쓰고 배려해 주어야 한다. 회사를 위해 나를 희생하는 것이 아니라 나의 삶의 가치를 위해 회사가 존재한다는 것을 항상 인지해야 한다.

사장의 사춘기는 누구나 온다. 이 마음의 사춘기를 잘 견뎌내지 못하면 회사나 개인은 사라질 것이고 어쩌면 둘 다 사라진다. 만약 성취 뒤에 오는 공허함이라면 새로운 취미를 가져 다시 무엇으로라도 처음으로 돌아가 보는 것이 좋다.

나는 목공을 한다. 배울 것이 너무 많고 공구도 종류가 많다. 실력에 따라 가구가 달라지는 것을 보는 것은 새로 창업해서 회사를 키워나가는 재미와 비슷하다. 이제는 솜씨가 늘어 판매할 정도까지는 못돼도 내가 집에서 사용하는 것은 무리 없을 정도다. 이렇게 새로운 것을 배우면 공허함이 조금씩 사라진다. 우울증이나, 공황장애 같은 병은 의사를 찾아가서 상의해야 한다. 약한 모습을 보이기 싫다는 핑계가 이런 경우에는 적용되지 않는다. 취미활동, 명상, 봉사활동 무엇이든 시작하기를 권한다.

절대로 회사 일처럼 내가 혼자서 알아서 하겠다고 고집부리지 않기를 바란다. 자기가 목숨을 다해 지키려 했던 것들을 지키기 위해서라도 도움을 요청하는 것을 부끄러워하지 않아야 한다. 그 아픈 마음의 상처를 갖고 오히려 일에 더 중독되는 것처럼 위험한 것은 없다. 책임감이란 자신에게 휴가를 주는 일도 포함된다. 지금 쉴 시간이 없다고 말하는 경영자야말로 가장 휴가가 필요한 상태다. 그러다 어느 순간 갑자기 세상이 무의미해지고 고통을 끝내겠다는 극단적 마음이 들 수 있기 때문이다.

경영자들은, 특히 잘나가는 경영자는 아무도 이런 자기 고민을 말하지 않는다. 그래서 나만 힘들고 내가 못나서 그런가 생각하며 자책을 가질 수 있다. 당신만의 문제가 아니라 모든 경영자의 문제이니 부끄러워 말고 문을 열고 나오기를 바란다.

092
착한 사장이 실패하는 7가지 이유

　법륜 스님은 '가장 나쁜 아내는, 착한 아내'라는 말씀을 하신 적 있다. 착한 사람은 착하다는 평가를 계속 들어서 자신이 하는 행동이 항상 옳다는 믿음이 있어서 나중에는 고집 센 여자가 되어 함께 살기 힘들다는 의미로 하신 말씀이다.

　회사에서도 사장이 착하면 모두가 고생이다. 사장의 착함은 선택적이어야 한다. 다음 예시 7가지를 통해 내가 착한 사장인지 확인해보고 해당되는 것이 있다면 그 문제점의 개선 방안을 살펴보기 바란다.

　첫째, 누구에게나 좋은 사람이고 싶어 한다.

　그러나 누구에게나 좋은 사람이 될 수는 없다. 누구에게나 좋은 사람이란 누구에게나 나쁜 사람일 수 있다. 때때로 냉정하고 단호하게 대처하고 싸워야 한다. 단호해야 할 때 단호하지 못하고, 냉정해야 할 때 냉정하지 못하고, 싸워야 할 때 물러선다면 가장 가까운 가족, 친구, 직원들이 그 피해를 본다. 누구에게나 좋은 사람으로 남고 싶다면 사업할 것이 아니라 산장 주인을 해야 한다.

　둘째, 거절하지 못한다.

하지만 거절해도 별일이 일어나지 않는다. 착한 사람은 자신이 거절하면 상대가 모욕을 느끼거나 실망할 거라고 믿는다. 그러나 대부분의 정중한 요청은 거절을 받아들일 준비를 하고 있으며, 욕심이 섞인 부탁들은 들어줘도 비웃거나 심지어 뒤로 돌아서서 욕을 한다. 거절에도 연습이 필요하다. 막상 해보면 별것 아니다. 오히려 적절한 거절은 당신의 가치를 높인다.

셋째, 쉽게 양보한다.

사업에서 양보는 파산이다. 양보는 명분이 있을 때만 해야 한다. 명분 없는 양보가 이어지면 아무나 함부로 대할 것이고 당당히 양보를 요구하는 사람마저 나타난다.

넷째, 혼내지 못한다.

아랫사람을 혼내고 지시하는 데 망설이면 혼자 모든 일을 해야 하며 직원이 사장의 당연한 권리마저 지적하고 나선다. 심지어 나는 일하는데 당신은 왜 가만히 있냐고 말하는 직원도 나타난다.

다섯째, 지나치게 염려한다.

걱정은 상황을 더 악화시킨다. 미리 하는 걱정은 걱정대로 이뤄진다. 지나친 염려는 위로도 안심도 되지 않는다. 회사 분위기를 항상 우울하게 만들고 주변 모두가 짜증을 부리거나 신경질적인 사람들로 가득하게 한다.

여섯째, 항상 웃는다.

항상 웃으면 아무도 어려워하는 사람이 없어진다. 사장은 인자함 보다 위엄이 필요할 때가 많다. 웃음은 좋으나 역시 과유불급이다. 지나친 웃음은 위엄이 사라지고 명령을 무시하게 된다.

일곱째, 도움 청하는 것을 힘들어한다.

세상에 혼자 할 수 있는 일은 극히 드물다. 손이 엉덩이에 닿는 것은 화장실 정도는 혼자 가라는 뜻이다. 그 외에 모든 일들은 함께하고 같이 해야 한다. 도움을 청하기 힘들어하는 품성은 직원을 두는 어떤 비즈니스도 불가능하다. 그러니 혼자 일하는 1인 기업을 해야 한다.

사장은 결정하고 지시하고 확인하는 업무를 일상적으로 진행해야 한다. 그러니 착하기만 한 사람은 사업을 원활히 할 수 없다. 착한 것은 항상 좋은 것이 아니다. 착한 것은 세상이 다 착할 때만 좋은 것이다. 그러나 세상은 단 한 번도 다 같이 착해 본 적이 없으니 두려움 없이 착함을 조금 버리기를 바란다. 그래야 내 가족을 포함한 주변에 있는 사람에게라도 착함을 유지할 여력이 생겨나는 것이다.

093
가족 안에서 가장 성공한 사람의 처신

전작『돈의 속성』에서 가족 안에서 가장 부자가 됐을 때 어떻게 처신하면 좋을지 자세히 제시했다. 가족 안에서 가장 부자가 됐을 경우에는 그 재산의 규모에 따라 자신이 책임져야 할 가족의 범위를 넓혀가는 것이 옳다. 그러나 다음 두 가지 경우에는 그 사람이 부모나 자식이라도 책임지지 않아도 된다.

첫째는 당신에게 순전히 기대 사는 의존적인 사람이다. '난 너밖에 없다.'라는 말로 감사해 하긴 해도 노력도 개선도 하지 않는 가족은 재정적 도움을 주지 말아야 한다. 그것은 서로에게 해가 될 뿐이다.
두 번째는 '당연히 그 정도는 해야지'라며 당신의 책임감에 짐을 얹는 지배적인 사람이다. 이런 지배적인 가족은 무언가를 계속 요구하고 도와줘도 고마움을 모르며 심지어 욕을 하거나 요구하는 것을 당연히 여긴다.

이렇게 의존적이고 지배적인 가족은 인연이 끊겨도 헤어져야 한다. 서로에게 절대 도움이 되지 않으며 나를 더 아끼는 더 가까운 가족에게 상처가 되기 때문이다. 당신의 노력이나 당신의 재산, 당신의 시간을 함부로 생각하는 사람은 가족이 아니다. 진정한 가족이라면 그런 행동을 하지 않을 것이기 때문이다. 가족은 가장 고결한 생활 공동체이고 인간의 기본 사회 구조이기에 내치기가 쉽지 않다. 그리고 그 대상이 부모나 자식이라면 더더욱 안타까운 일이다. 그러나 세상은 원래 선악이 한 쌍으로 붙어있기 마련이다. 가장 사랑했던 사람과 이혼하면 원수가 되기도 한다. 똑같은 성행위도 사랑하는 사람과는 최고의 행복이지만 강제로 당하는 것은 가장 모멸적인 행위가 된다. 가족은 가장 가까운 사람이지만 가장 큰 상처를 주는 사람이기도 하다. 가족이기 때문에 내가 책임지는 것이 아니고, 사랑하는 사람이기 때문에 책임지는 것이다. 그러므로 나의 시간과 재산의 가치를 이용만 하려는 사람은 가족 범위에서 물려야 하는 것이다.

잉여 자산이 많아지면 가족을 위해 재정적으로 하려는 것과 하지 말아야 될 자신의 기준을 세우고 이를 알려야 한다. 가족의 모든 문제를 해결하려 들거나 대신하려는 의무감을 느끼지 말아야 한다. 가족과 자산 사용에 개방적이고 정직한 의사소통이 필요하며 재정적 목표와 사용 방식에 대한 기준을 정하고 우려하는 부분을 상의해야 한다. 이런 과정을 통해 가족과 친지 안에서 자기 삶의 가치 편차를 줄여나가야 한다. 참고로 전작에서 재산 형성 과정에 따라 가족과 친지를 살피는 기준으로 제시했던 것을 옮기면 다음과 같다. 돈을 버는 규모와 결혼 유무에 따라 조금씩 변화가 있지만 내가 실수했던 것과 잘한 것들을 수정해서 기록한 것이다.

1) 재산 규모가 10억 원 안쪽일 때

이때까지 하지 말아야 할 일은 다음과 같다.

형제들 창업자금을 빌려주는 일, 부모님 집이나 차를 바꿔주는 일.

해야 할 일은 다음과 같다.

부모님을 모시는 올케언니나 형수님에게 명품 가방 사주기, 조카들 대학 입학 때 노트북 사주기, 가족 단체 식사 값 혼자서 내기, 부모님께 일정한 생활비를 정기적으로 드리기.

이런 정도라면 가난을 벗어나 막 부자가 된 경우다. 가족 안에서 눈에 띄지 않게 고생하는 여자들이나 조카들을 챙기는 시기다. 가족 안에서도 은근히 질투와 시기가 일어날 수 있기에 고생하거나 소외받는 가족들을 챙겨줘야 한다. 무리하게 사업 자금이나 차를 바꿔주는 정도의 일은 아직 이르다. 자신의 자산이 뿌리를 내리기 전에는 목돈이 들어가는 일을 만들지 말고 부모님 생활비 외에는 어떤 비용도 정기적 비용으로 만들면 안 된다.

부모님 생활비는 마치 급여처럼 정해진 날에 반드시 늦지 않게 자동으로 결제되도록 만들어봐야 한다. 부모들은 하루라도 늦으면 사업이 잘 안되는지, 혹은 자신들이 뭘 잘못했는지 걱정을 만들어서라도 할 것이다. 항상 같은 날 일정하게 보내고 사업이 커지면 조금씩 금액을 올려야 한다. 용어도 생활비가 아니라 투자 배당액이라고 바꾸라. 생활비 주는 자식 눈치 보시지 않게 해야 한다. 자식에게 젊어서 투자한 노력과 가치에 대한 배당이익이라고 설명 드리고 당당하

고 편하게 받으시도록 한다. 또한 생활비를 모으지 않도록 독려해야
한다. 생활비가 일정하게 오지 않으면 불안해서 쓰지 않으신다. 사정
이 어려운 다른 자식들이나 손자, 손녀를 돕는다고 쓰지 않고 모으는
일 없도록 직불카드를 만들어 드리고 잔고가 남으면 남은 만큼 빼고
드리면 된다. 그러면 월마다 택시 타시고 커피 사드시고 꽃 사러 다니
신 흔적이 통장에 보일 것이다.

형제들의 투자 요청, 주택자금 지원, 생활비 지원 등은 절대 하면
안 된다. 아직 물에서 미처 나오지도 않았는데 발목을 잡아 모두 함께
다시 가난으로 빠져들어갈 수 있는 시기다. 혹시 그런 일로 형제간 인
연이 끊겨도 안 된다. 아직 당신 자녀와 배우자를 형제나 부모보다 먼
저 챙겨야 되는 시기다. 그 돈으로 차라리 형수, 제수, 어머니, 여동생,
누나들에게 고급 가방 하나씩 선물해 주는 것이 훨씬 효과적이다. 이
시기는 가족을 지원하는 시기가 아니라 가족을 흩어지지 않게 하는
시기다.

2) 재산 규모가 50억 원 안쪽일 때

이때는 부모님 집을 사주거나, 차를 사주는 시기다. 부모님 용돈 정
도가 아니라 생활비 전체를 책임져야 할 시기다. 조카들 학비를 내주
는 시기도 됐다. 형제들이 질투하던 시기가 지나 인정하는 시기가 왔
다. 이때는 큰돈을 써도 행세한다는 소리를 듣지 않는다. 조카들을 챙
겨주는 이유는 두 가지다. 조카들을 챙기면 사촌들이 친척이라는 가
족 공동체 개념이 명확해진다. 사촌들끼리 잘 어울리고 자주 만나게

된다. 다른 좋은 점은 형제자매들이 어려운 부탁을 덜 하게 된다. 자기 자녀들 학비를 내주고, 여행을 보내주고, 입학 때마다 노트북을 바꿔주는 부자 형제에게 터무니없는 부탁을 하지 못한다. 조카들에게 쓰는 비용이 형제들 사업 자금이나 보증, 주택자금 지원 등으로 쓰는 돈보다 훨씬 싸고 현명한 지출이다. 이 시기에도 형제들에 대한 지원은 여전히 조심해야 한다.

3) 재산 규모가 100억 원 이상 넘어갈 때

이때부터는 형제 중에 가난한 사람이 있으면 안 된다. 그들이 가난에서 벗어나도록 적극적으로 도와줘야 한다. 그들의 가난은 이제 당신의 책임이다. 형제자매 중에 사업가 기질이 있는 사람에게 사업체를 만들어 주고 직책을 주는 시기다. 당신뿐만 아니라 가문이 부자가 되도록 만들어야 한다. 이미 재산 규모가 100억 대를 넘었다면 자산이 자산을 만드는 시기다. 부모님을 해마다 여행 보내드리고 부모님의 친한 친구들도 함께 보내드려서 자식 자랑을 부모 친구들이 하게 만들 시기다. 가족과 친척 사이의 봉이 아니라 보험이 되어야 한다. 친지들의 경조사를 지원하고 병원비 들어갈 일이 생기면 당신이 자가 보험사가 돼준다.

그리고 이 일을 모두 배우자를 통해서 해야 한다. 그래야 배우자가 가족 안에서 대우받고 함께 보람을 느낀다. 배우자가 아닌 본인이 나서서 하면 모든 일에 생색이 나올 수 있고 배우자가 가족 안에서 당신과 같은 대우를 받지 못하게 될 것이다. 반드시 배우자를 통해 이런 모든 일을 돕도록 한다.

094
중심은 가운데 있지 않다

사장이란 그 회사의 중심이다. 모든 것이 사장을 중심으로 돌아간다. 그래서 사장은 가운데서 중심을 잡는 것이 자기 일이라고 생각한다. 직원을 혼내기도 하고 보상하기도 하고 투자를 집행하기도 하지만 자본을 축적하기도 한다. 지극히 조심스러운 투자도 하지만 무모한 투자를 진행하기도 한다. 이런 상반되는 일이 수없이 일어난다. 그래서 사장은 자신의 임무는 시소의 중간에 앉아서 균형을 잡는 일이라고 생각할 수 있다. 하지만 지금의 사업은 내 업종만의 경쟁자도 아니고 불과 내년 경기를 예측하기 힘들 만큼 빨리 돌아간다.

그러므로 중간에 서는 순간 무너지고 만다. 따라서 사장은 시소의 중간이 아니라 곡예사가 돌리는 접시 위에 올라가 있다고 생각해야 한다. 접시는 좌우 앞뒤를 흔들거리며 돈다. 이런 흔들리는 원반 접시가 넘어지지 않게 중심을 잡으려면 한쪽 끝에서 다른 쪽 끝까지 매번 달리듯 다니면서 전체 무게의 중심을 바꿔줘야 한다. 이제 중심이란 의미는 2차원적인 '시소'가 아니라 3차원의 '접시'이기 때문이다. 그래서 경영자는 사업에서는 철저한 합리주의자이고 사생활에서는 인간미 넘치고 공적으로는 정의로울 수 있어야 하며 이를 균형 있게 갖추는 것이 중심을 잡는 것이다. 날카롭게 혼내고 질책하고 손해를 끼치거나 무능한 직원의 해고를 서슴지 않아야 하지만 동시에 직원들에게 너그럽고 부드러워야 한다. 사장이 한결같이 좋은 사람이라는 평판은 결국 원반의 한가운데에 앉아 있다는 말이다. 그 원반은 곧 무너지게 돼 있다. 이런 이율배반적인 행동이 나 자신 스스로를 무너지게 해서는 안 된다. 훌륭한 경영자는 원래 밖에서 바라보면 이율배반적인 사람으로 보인다. 접시의 양극단을 가로질러 갈 수 있는 사람이야말로 최고의 경영자요, 리더다.

중국 위衛나라 출신 장군 오기吳起는 종기 난 병사를 위해 고름을 빨아 주기도 했지만 수만 명의 군인을 사지로 몰아넣기도 했다. 한 사람이 대담하기도 하고 섬세하기도 하고 차갑기도 하고 따듯하기도 하며 이를 필요에 따라 적절하게 사용할 줄 안다는 것은, 나쁜 일이 아니라 능력 있는 것이다. 내게 이런 양극단의 능력이 없다면 억지로라도 만들어내야 한다. 우리는 이런 것을 능숙하게 사용하는 경쟁자를 언젠가 만날 것이기 때문이다.

이렇게 양극을 달려 다닌 후에도 스스로 모멸감이나 죄책감이 없어야 한다. 이 세상의 모든 위대한 리더는 언제나 그래왔다. 세상은 오래전에도 시소가 아니라 접시 위였고, 앞으로도 접시 위일 것이기 때문이다.

095
실패와 친해져라

　이 책을 읽고 사업을 하고 싶어 하는 젊은이들이나 현재 사업을 시작한 사람들은 실패를 두려워하거나 창피해하지 말아야 한다. 이 책을 읽는다고 사업에 성공하는 것도 아니고 실패를 막아주지도 않는다. 당신은 실패할 것이다. 실패는 여러 번 올 것이고 성공은 단 한 번 올 것이다. 그러니 실패해도 두려워하거나 창피해 하지도 말 것을 권한다.

　실패란 삶의 일부라는 사실을 인식해야 한다. 모든 사람은 실수와 실패를 한다. 실패가 삶의 한 부분이라는 것을 받아들이면 오히려 실패를 딛고 일어나는 것이 자연스러워진다. 실패했다고 자신을 너무 가혹하게 대하지 말고 자책하지 말기 바란다.

　오히려 실패를 축하하고 실패에서 긍정적 요소를 찾아보고 무엇을 배웠는지 살펴보는 것이 중요하다. 실패한 당신을 비난하는 사람과 멀리하고 당신의 실패를 응원하는 사람과 함께 하라. 당신의 실패와 당신을 동일시하지 않는 사람들로 당신 주변을 채워라. 그러면 회복하는 데 도움이 되고 이 또한 하나의 능력이 된다.

　무엇보다 절대로 포기하지 마라. 끈기와 인내는 결국 모든 실패를 이익으로 돌려놓는다. 무엇이 실패로 이어졌는지 스스로 평가해 동일한 실수를 하지 않도록 하면 그 실패는 이미 가치를 가진 것이다. 다시 도전하는 것을 두려워하지 말고 이전의 실패 때문에 새로운 목표를 만드는 데 주저하지 마라. 실패는 학습 과정의 자연스러운 부분임을 기억하면 언제든 다시 도전하게 된다.

실패는 인격 형성에도 큰 도움이 된다. 다른 실패한 사람에 대한 비난을 멈추게 되고 자신이 성공해도 실패한 사람에 대한 연민을 가질 수 있다. 실패 없이 성공한 사람은 자만하고 거만한 사람이 될 수 있다. 실패를 통해 인간은 완벽하지 않으며 자신이 개선할 것들이 있다는 것을 배우면서 겸손하고 개방적인 사람이 될 수 있다.

성공은 힘든 여정이다. 성공한 것 같았는데 실패가 문 앞에 서 있는 경우를 여러 번 만날 것이다. 더 이상 당신의 실수에 자책하고 슬퍼하지 마라. 당신이 실패했다는 이야기는 도전했다는 뜻이고 거듭 실패했다는 이야기는 그럼에도 또 도전했다는 이야기다.

어쩌다 보면 포기해야겠다고 생각이 들 때가 올 것이다. 바로 그때다. 그때가 바로 당신이 다른 인생을 살 기회의 순간이 온 것이다. 실패는 도전에 견디지 못한다. 성공한 후에는 당신의 모든 실패는 자랑이 될 것이다. 인간에게 도전이 없었다면 인류는 이미 개에게도 잡아먹혀 없어졌을 것이다.

096
성공한 사업가들의 8가지 공통점

나는 여러 업종에서 여러 유형의 성공한 사업가를 만났다. 그들 개개인은 매우 다양한 경영방식을 갖고 있었다. 하지만 모두 비슷한 공통점을 갖고 있다는 걸 확인했다.

성공적인 기업가는 자기 일에 열정을 갖고 차이를 만들거나 문제를 해결해 나간다. 특히 환경 변화에 적극적으로 적응하고 방향을 바꾸는데 능숙한 사람들이다. 기술자가 아님에도 문제에 대한 혁신적인 솔루션을 제시하며 자원과 인맥을 최대한 활용한다. 또한 다른 사람들에게 영감을 주고 동기를 부여할 수 있는 강력한 매력이 있으며, 자신의 아이디어와 비전을 명확하게 표현할 수 있는 숙련된 의사 소통자였다. 무엇보다 높은 수준의 회복 탄력성을 갖고 있으며 좌절과 실패로부터 곧바로 회복할 수 있는 사람이었다. 이런 사람들에게서 배운 일상의 교훈을 기록해본다.

1. 비난이나 칭찬에 의연하다.

   비난을 받는다고 의기소침 하지도 않으며 칭찬 받는다고 흥분하지도 않는다. 언젠가 비난은 사라지고, 열성 지지자는 한순간에 가장 반대편 앞에 선다는 것을 알기 때문이다.

2. 열심히 하기보다 영리하게 한다.

　　열심히 하는 사람은 그 일을 좋아하는 사람을 따라오지 못하며, 그 일을 좋아하는 사람은 그 일을 즐기는 사람을 이길 수 없다. 그러나 즐기는 사람조차 영리하게 일하는 사람을 이길 방법은 없다.

3. 작은 일에는 세세히 관심을 갖지만 큰 사고에는 무심하다.

　　사실, 큰 사고에 무심한 것은 무심한 척하는 것이다. 이것은 뿌리가 흔들리면 줄기와 가지는 기절한다는 것을 본능적으로 알기 때문이다. 그러므로 큰 사고에 무심한 듯 냉정함을 유지함으로써 사고를 해결하고 작은 일은 그 작은 일이 큰 사고로 이어질 수 있기에 세세히 관심을 기울인다.

4. 미워해도 좋아한다.

　　이 말은 리더가 돼 본 사람이어야 이해할 수 있다. 성공한 사업가는 미워하면서도 좋아하는 사람들이 있고, 싫어해도 좋아하는 취미를 가지고 있다. 그리고 그것을 절대 남에게 알리지 않는다.

5. 모르는 것을 알고 있는 척하지 않는다.

　　장사와 사업은 차이가 있다. 장사란 본인이 모든 업무를 제일 잘 알아서 각 직원들에게 가르쳐주는 경우다. 그러나 직원들이 사장보다 각각의 업무를 더 잘할 때가 되면 진짜 사업이 시작된다.

그 업무를 모른다고 해서 부끄러워하지 않으며 그 일을 잘할 사람을 독려해 각각 회사 내의 전문가로 만들어낸다.

6. 작은 돈은 아끼고 큰돈은 아낌없이 쓴다.

대부분의 작은 돈들은 관성에 의해 사용되는 것들이라 절약이 가능하지만 큰돈의 지출은 반드시 필요한 일이라는 것을 이해하고 있다.

7. 휴일을 즐긴다. 걱정 없이 즐긴다.

밤낮으로 회사에서 일에 몰두하는 업무로는 작은 사업은 성공시켜도 큰 사업은 만들 수 없음을 잘 알고 있다. 인생은 미래에 보상을 바라고 사는 것이 아니라 지금도 내 인생이라는 것을 알기에 휴일을 즐기고 쉴 줄 안다. 그리고 그것이 결국 더욱 큰 성공을 이룬다는 것을 알고 있다.

8. 경쟁자를 죽이려 하지 않는다.

경쟁자는 다른 한편으로는 동업자다. 경쟁자를 죽이면 다른 경쟁자가 나오기에 경쟁자보다 잘하려고 할 뿐, 죽이고 가리려는 마음을 버린다.

물론 이런 공통점이 완벽히 모두에게 일치하는 것은 아니다. 그러나 경영자로 삶을 살아가는 사람들은 자신이 완벽하지 않다는 것을 잘 알고 모든 것을 혼자 하려 하지 않는다.

이 세상에서 가장 강한 사람은 높은 자리에 있거나 재산이 많은 사람이 아니다. 곁에서 도와주는 사람이 많은 사람, 쓰러지기를 바라지 않는 사람이 많은 사람, 사람들의 마음을 가장 많이 가진 사람이 가장 강한 사람이다. 그들이 저 위치에 있는 것은 행운만이 아닌 것은 확실하다.

097
주변 설득을 위한 전체 과정

사장은 그 회사의 최종 결정자와 최고 권력자이며 모든 직원의 운명을 바꿀 수 있는 사람이다. 사장의 지시나 생각은 외부적으로 유일하게 '회사의 뜻'이라는 타이틀을 달고 나온다. 이런 사장의 힘도 실제로 사용할 때 그렇게 마음먹는 대로 모두 되지 않는다. 마치 한 나라의 대통령도, 법이 보장한 권한이 있어도 그 권한을 함부로 사용하지 못하게 하는 다른 법이 존재하는 것과 같다. 이 법은 여론이다.

여론은 권한보다 강한 힘이다. 여론은 생물과 같다. 수시로 변하고 자라고 사라지기도 하고 나타나기도 한다. 이런 여론과 친해지는 것이 위정자들에게는 일상이요, 목숨이요, 운명이다. 그래서 이 여론을 길들이고 달래고 바꾸기 위해 온갖 수고를 마다하지 않는다.

사내에도 여론이 있다. 특히 회사의 방침이나 방향 혹은 새로운 시스템이 들어오는 순간, 보이지 않던 여론이 조용히 고개를 든다. 하지만 사장들은 이 작은 조직 안의 여론을 그다지 중요하게 생각하지 않는다. 자신의 지시가 이런 상황을 가볍게 넘어설 거라고 생각하기 때문이다. 그러나 구성원의 규합된 힘을 아는 사람이라면 여론을 내 편으로 만들기 위해 노력해야 한다.

새로운 계획이나 아이디어가 가져올 이익을 자세히 설명하고 마치 외부인을 설득하듯 시각적 자료나 예시를 준비해야 한다. 그리고 이 계획이 회사, 직원과 고객을 위해 어떻게 가치를 창출하는지 설명할 수 있어야 한다. 이 아이디어를 개선하거나 덧붙이는 사람이 생기면 환영하고 의사 결정 과정에 참여하도록 응원한다. 이를 통해 아이디어 지지자들과 동맹자들을 규합해서 결국 전체의 목표가 되도록 만들어야 한다.

또한 우려 사항이나 이의를 제기하는 직원들에게는 관심을 표현해 준 것에 감사를 전하고 아이디어가 바르게 정착할 수 있도록 지지를 요청하면 된다. 직원들의 우려 사항이나 이의 제기를 예상하고 조율해 나가야 한다. 악평보다 무서운 것이 무반응이다. 문제 제기도 참여의 한 방식이라고 생각해야 한다. 열린 마음으로 그들의 피드백을 듣고 그들의 우려 사항을 해결할 방법을 찾아라. 내 회사이고 내 직원들이라고 일방적으로 지시하지 말고, 특별히 큰 변화나 대형 프로젝트는 꼭 이런 방식을 통해 전체의 꿈의 방향을 바꿔 줘야 성공할 수 있다. 즉 전체 여론을 바꿀 때는 사장이라도 눈치를 보고 협조와 협력을 구하라는 뜻이다.

일반적으로 인간은 변화를 싫어한다. 변화는 무섭고 귀찮다. 변화한다는 것은 엄청난 에너지를 소모하는 일이다. 가치관이 다르거나 충성도가 약한 조직 구성원은 이런 변화에 저항하기 마련이다. 변화에 쓰는 에너지보다 저항에 쓰는 에너지가 적게 들기 때문이다. 그래서 변화를 필요로 하고 변화에 호의적인 사람들을 먼저 설득하는 것이 순서다.

그 변화를 받아들인 사람들이 성과를 만들거나 방향성이 명확해지면 나머지는 따르게 돼 있다. 그러므로 새로운 사업으로 들어가거나 회사의 명운이 걸린 판단을 했다면 회사 직원 전체의 지지를 얻기 위해 최측근들부터 설득하고 이해시켜야 한다. 내 주변의 동조자들을 가까운 곳부터 만들어서 이것이 여론이 돼야 한다. 거시적 판단도 이해하지 못하거나 반대하는 측근에게는 마음의 결정을 내보이고 나를 믿고 따라와 달라고 설득해야 한다.

소수 몇 사람을 설득하는 일은 전체를 설득하는 것보다 훨씬 수월하고 효과도 좋다. 일방적 지시를 내렸는데 측근들부터 반대가 심하면 회사라도 사장의 지시가 힘을 갖지 못하고 결국 흐지부지 사라지게 될 것이다. 사실 사장의 지시 중에 얼마나 많은 것들이 소리 없이 소멸되었는가 생각해 보면 사내 여론이 생각보다 힘이 세다는 것을 느낄 수 있다. 다행히 사장은 측근 몇몇만 잘 설득하면 언제든 사내 여론을 얼마든지 다시 만들어 낼 수 있다. 사장의 힘은 이렇게 사용하는 것이다.

결국 결과를 만드는 사장이 가장 힘이 센 사람이다. 사장도 측근에게 도움을 청하고 여론을 이용하는 것을 어려워하거나 부끄러워하지 말아야 한다.

098
옆문 정책의 가치

현재 사장을 하는 사람은 자신이 깨닫지 못했어도 자신이 가장 잘하는 게 하나 있다. 그것은 다른 사람이 안 된다고 말하는 것에 저항하고 이겨내는 일이다.

세상은 이미 성취한 사람들에 의해 수많은 법이 만들어진다. 그래서 세상은 이것을 멋지게 포장해서 문을 만들어 놓고 이 문 앞에 정문이라고 써 놓았다.

그런데 이 정문은 아무나 들어갈 수 없다. 규칙과 규정이 있고 심지어 들고나는 시간도 정해 놨다. 이미 그 안에 들어가 있는 기득권들이 정해 놓은 규칙이다. 이 문 안에 들어가기 위해서는, 자본이나 시간이나 아이디어를 그들에게 내줘야 한다. 아무것도 내줄 게 없는 사람은 당연히 문을 통과하지 못한다.

매우 흥미로운 점은 이 문을 지키는 사람들과 이 문을 만든 사람들 중에, 실제로 이 문을 통과해서 안으로 들어간 사람이 생각보다 많지 않다는 점이다. 이 사람들은 어떻게 이 문을 통과했을까? 답은 옆문에 있다.

세상에 알려지지 않은 비밀 중의 하나가 바로 이 세상의 모든 문에는 옆문이 있다는 것이다. 그것이 무엇이든지 알려진 정문이 있으면 반드시 옆문이 존재한다. 이런 옆문 정책은 일반적으로 불공평하고 비윤리적인 방식으로 특정 개인이나 그룹에 특권이나 호의를 부여하는 것과 관련 있기 때문에 잘 알려지지 않았다. 연줄이나 영향이 있는 사람들이 다른 사람을 희생시켜 부당하게 이익을 얻을 수 있도록 허용하므로 부패와 족벌주의 문화를 조장할 수 있다. 따라서 보편적 사업 세계에서는 의사 결정 과정의 공정성과 투명성을 보장하기 위해 정해진 규칙과 절차를 따를 것을 권장하고 있다.

그러나 어디에도 옆문은 존재한다. 그리고 존재할 수밖에 없다. 이 옆문은 불법에 관련된 옆문이 아니라 정문으로 들어올 수 없는 약자를 위한 옆문이다. 이런 옆문이 존재하는 가장 큰 이유는 정문만 열어 놓으면 정해진 규정안에서 생겨날 수 없는 창의성, 역동성, 진보성을 놓치기 때문이다. 그렇다면 애초에 정문만 있다고 말하는 이유는 무엇일까? 그 이유는 가치는 있지만 현실적 자격이 없는 사람들을 선별해 입장시키는 방법으로 구조와 가치 둘 모두를 얻으려는 조직의 특성 때문이다.

- 테네시 주 채터누가에 있는 굿이어Goodyear 매장은 Goodyear 간판 두 개를 붙이고 싶었다. 그러나 현지 법률은 한 개만 붙일 수 있도록 규정했다. 매장 매니저는 당황하지 않고 화단의 금잔화로 Goodyear를 철자화했다. 시 조사관은 이것을 위반행위로 간주했지만 고객이 매장을 지지했기 때문에 시 정부는 물러났다.

- 인터내셔널 하베스터International Harvester. 중장비 트럭 제조사는 트럭 운전사 노조 파업으로 일리노이주 멜로즈 파크에 있는 공장에 강철을 공급할 수 없었다. 고속도로에서 총을 든 강성 노조원들 때문에 비노조 노동력을 사용할 수 없었다. 그러나 회사는 통학 버스를 빌려 운전기사를 수녀로 분장시키고 버스에 강철을 싣고 배달했다. 수녀가 운전하는 통학 버스에 총을 쏘는 사람은 없었다.

- 마이크는 공항 게이트에 늦게 도착했다. 이미 비행기가 게이트를 떠나고 있었다. 하지만 그는 포기하지 않았다. 조종사를 향해 애원하는 댄스를 추기 시작했다. 조종사는 웃음을 참으며 비행기를 다시 게이트로 돌렸다. 마이크는 비행기를 되돌릴 권한을 조종사가 갖고 있다는 것을 알고 있었다.

이런 것들이 바로 옆문이다. 세상의 모든 일에 옆문이 있다는 것을 아는 순간, 당신은 옆문을 여는 키가 무엇인지 찾을 것이다. 이 키의 핵심은 정문의 근본 가치 위에 이것을 넘어서는 가치를 찾아내는 것이다. 정문이 가진 프레임을 감쌀 프레임을 찾아 도전하라. 찾으면 그때까지 보이지 않던 옆문이 보인다. 이때 조심할 것은 예의다. 키를 찾았으니 당연히 문을 열라고 발로 차면 안 된다. 정중히 부탁하고 조용히 들어간다. 자격 없는 다른 사람들을 끌고 들어가려 하지 말고 조용히 혼자 들어가야 한다. 이제 당신을 막을 문은 없다는 것은 배웠다. 자신의 매너 없음과 자만만이 나를 막을 것이다.

099
성공한 사람과 크게 성공한 사람의 13가지 차이점

풋내기 사장과 노련한 사장의 차이, 막 성공을 거둔 자와 성공을 지속하고 있는 자의 차이, 10억 부자와 100억, 1,000억 부자 사이에는 분명한 차이가 있다. 이런 차이는 성공이라도 같은 성공이 아니며 자신이 얼마만큼 더 나아갈 수 있는지를 알 수 있는 평가 기준이 된다.

1. 처음 성공을 이루면 자기의 능력이라고 생각하지만, 크게 성공을 이룬 사람은 그 성공을 행운이라고 생각한다. 크게 성공한 사람들은 자신의 성공이 반복적이지 않을 거라는 사실을 알기 때문에 한번의 성공에도 자만하지 않고 신중하게 된다. 반면 처음 성공을 이룬 자는 즉시 두 번째 성공을 위해 무리한 투자와 모험을 강행하다 쉽게 자멸하고 만다.

   해설_나도 나의 성공을 내 능력이라고 생각했던 시절이 있었다. 그러나 성공 이후에도 몇몇 비즈니스에서 실패를 맛보다 보니, 큰 성공은 운이 함께 와야 가능하다는 것을 알게 되었다. 돈으로도 안 되는 비즈니스가 있고 돈이 있어서 더 안 된 비즈니스도 있었다. 능력이라고 말하기에는 신규 창업자와 비교해서 큰 차이가 없었다. 단지 조금 더 작게 망할 뿐이었다.

2. 성공한 자는 회사를 키워 팔려고 하지만 크게 성공하는 자는 죽

을 때까지 회사를 갖고 있으려 한다. 크게 성공한 자는 회사를 팔아서 남긴 돈으로 다른 더 좋은 사업을 찾는 일이 쉽지 않다는 것을 안다. 그래서 자신의 지금 사업을 평생 유지하는 데 전력을 기울인다. 매각한 재산으로 자신의 회사만 한 이익을 발생시킬 만한 투자처를 찾을 수 없기 때문이다.

해설_영구 존속할 사업을 찾는 것은 사업가의 꿈이다. 그런데 어쩌나? 그런 사업이 그렇게 많지 않다. 팔고 나가야 할 고민을 한다는 것은 아직도 사업이 자리를 잡지 못했다는 뜻이다.

3. 성공한 자는 하루에 20시간씩 일하고 크게 성공한 자는 하루에 8시간만 일한다. 많은 시간을 일한다는 것은 자신의 인건비를 벌고 있다는 뜻이다. 저녁 늦게까지 일을 할수록 직원들의 인건비를 줄일 수 있다고 생각한다. 그러나 크게 성공한 자는 시간당 수입이 아닌 사업당 수입으로 자신의 인건비를 계산하는 방법을 알기에 가정과 개인 생활과 직장 일의 균형을 맞춘다. 따라서 아침 일찍 일하고 일찍 마무리한다.

해설_평생 사업을 한다면 20시간씩 일하는 것은 몇 년 정도나 가능하다. 빨리 정상적인 삶의 패턴을 찾아야 오래 사업 할 수 있다. 경영자의 건강은 사업의 전부일 수 있다.

4. 성공한 자는 규정과 규칙을 통해 성장을 유지하려 하고 크게 성공한 자는 규정과 규칙을 넘어서서 성공한다. 규모가 커지면 다양한 직원들이 조직에 합류하며 이들을 통솔할 규정이 필요하

다. 그러나 이런 규정들은 조직과 사고에 경직을 불러일으켜 양날을 가진 칼처럼 해가 되기도 한다. 그래서 더 큰 성공을 이루는 자들은 규정과 규칙이 만들어진 원래 목적을 잘 이해하고 이를 통제한다.

해설_칼로 흥한 자 칼로 무너지고, 힘으로 흥한 자 힘으로 무너진다. 아이디어로 흥한 자 아이디어로 무너지고 자본으로 밀어낸 자, 자본에 밀려 나간다. 규칙 때문에 큰 사람은 규칙 때문에 무너진다. 언제나 어느 곳에 맞는 규칙은 세상에 존재하지 않는다. 규칙이 변한다는 사실을 받아들이지 않으면, 규칙이 내 목을 조르는 날이 온다.

5. 성공한 자는 선배에게 배우려 하고, 크게 성공한 자는 후배에게 배우려 한다. 선배들의 성공담이 동일하게 적용되는 세상은 없다. 그리고 후배들은 새로운 시각을 준다.

해설_사업을 만드는 것은 미래에서 배우고, 사업을 지키는 것은 과거에서 배운다. 그러니 후배에게도, 선배에게 배우듯 배워야 한다.

6. 성공한 자는 회사를 바라보나 더 큰 성공을 하려는 자는 산업을 바라본다. 회사란 한 산업의 가지나 잎사귀와 같다. 사업체 유지나 성장에만 급급한 사이에 나무에 가뭄이 드는 것을 보지 못할 수 있다.

해설_경쟁자를 이기기 위해 산업을 죽이는 사람도 있다. 경쟁자는 경쟁자이자 동업자다. 그가 사라지면 다른 경쟁자가 생겨날 뿐이다.

7. 성공한 자는 조사와 기획을 좋아하고 크게 성공한 자는 직감과 통

찰을 믿는다. 시장조사는 생각보다 무의미하다. 소비자가 뭘 원하는지 소비자도 모르기 때문이다. 기획과 조사가 사업을 일으킨다면 사업도 수학 공식처럼 공식화됐을 것이다. 아직 공식이 없다는 것은 직감과 통찰이 여전히 큰 힘을 발휘하고 있다는 뜻이다.

해설_아무리 좋은 기획도 통찰을 이기지 못한다. 통찰은 인과관계가 없는 여러 경우가 갑자기 연결되는 일이다. 이런 일은 찰나의 깨우침이라 종이에 나타날 수 없다. 걷고 묵상하고 머리를 비울 때 간혹 나타난다.

8. 성공한 자는 경쟁자를 이기는 것에 몰두하고, 크게 성공한 자는 자신을 이기는 것에 힘을 쓴다. 이 세상의 가장 큰 경쟁자는 자신이다. 다이어트를 해보면 우리 자신을 이기는 데 얼마나 많은 노력이 필요한지 곧장 알게 된다. 그리고 우리 자신이 얼마나 무서운 경쟁자인지도 알게 된다.

해설_남을 이긴 자는 한 명을 이긴 것이지만, 나를 이긴 자는 과거의 모든 나를 이긴 사람이다. 이를 통해 미래의 모든 나도 이길 수 있다.

9. 성공한 자는 내 울타리 안의 경쟁자들과 싸우느라 정신없지만 크게 성공한 자는 울타리를 뚫고 들어오려는 경쟁자도 경계한다. 자동차 산업이 구글의 눈치를 보게 되고 애플의 견제에 놀라게 될 줄 그 누가 알았을까? 현대 산업은 울타리를 넘어오는 정도가 아니라 울타리를 날아 들어온다.

해설_거시적 시각은 생각만 키우는 것이 아니라 사람도 키운다. 거인이란 이런 사람을 말한다.

10. 성공한 자는 기억력에 의존하나 더 크게 성공한 자는 메모와 기록을 믿는다. 기억은 사실이 아니다. 기억은 조작되고 변형되고 잊힌다. 기록만이 사실을 유지한다.

해설_기억은 언제든 왜곡된다. 기억은 언제든 사라진다. 기억은 언제든 조작된다. 기록한 일만 잊지 않고 기억하면 기록이 항상 옳다.

11. 성공한 자는 물품을 갖고 더 크게 성공한 자는 현금을 갖는다. 성공한 자는 감가상각비로 사라지는 보석, 집, 자동차, 명품 등을 사 모으나 크게 성공한 자는 부동산, 회사 지분 등 수익이 발생하는 물품들을 사 모은다.

해설_저절로 가치가 떨어지는 것과 저절로 가치가 상승하는 것이 있다면 무엇을 가질까?

12. 성공한 자는 아끼는 데 관심이 많고 크게 성공한 자는 버는 데 관심이 많다. 작은 것을 아끼기 위해 어떤 일을 관리, 감독하는 데 드는 비용이 아끼는 비용보다 더 들어가는 경우가 흔하다. 그래서 크게 성공한 자들은 차라리 그 시간에 더 벌 궁리를 한다.

해설_아껴서 돈을 번다는 생각은 하수다. 많이 벌면 아끼는 것으로 부의 간격이 넓혀지지 않는다. 아무리 써도 없어지지 않을 자산을 모아라. 사치와 허풍만 조심하면 된다.

13. 성공한 자는 자기 능력보다 높여 살고 더 크게 성공한 사람은 자기 능력보다 낮춰 산다. 성공한 자는 자신의 성공을 자

랑하기 위해 증거를 만들고 싶어 한다. 크게 성공한 사람은 그러다가 작은 실수로 모든 것이 날아갈 수 있다는 것을 알기 때문에 자신이 할 수 있는 가장 최대치에서 훨씬 여유 있게 생활을 구성한다.

해설_항상 어느 자리에 있어도 겸손해야 한다. 특히 지식이나 지혜가 아니라 자산을 가진 경영자들은 겸손하지 않으면 사람이 먼저 떠나고 재산이 뒤를 따른다. 언제나 겸손하라.

100
공은 버리고 실을 얻는 법

버락 오바마 미국 대통령, 앙겔라 메르켈 독일 총리, 저신다 아던 뉴질랜드 총리, 저스틴 트뤼도 캐나다 총리의 공통점은 한 나라를 대표했던 사람이다. 하지만 이들 모두는 다른 사람의 공헌을 인정하는 능력이 뛰어났던 사람들이다. 오바마 대통령은 종종 공개적으로 직원들의 공로를 인정하고 칭찬했으며, 메르켈과 아던 총리 역시 다른 사람을 칭찬하고 공감대를 형성하며 협력하는 능력으로 유명하다. 캐나다 총리인 저스틴 트뤼도는 특히 토착민과 소외된 공동체의 일과 관련해 다른 사람들의 공헌을 인정하고 공로를 인정하는 능력으로 유명하다.

이들 정치인들은 다른 사람을 인정하고 공로를 인정하는 것이 리더쉽의 중요한 측면이며 팀과 조직 내에서 신뢰와 협력을 구축하는데 도움이 될 수 있음을 보여주었다.

프로레슬링 선수이자 영화배우인 드웨인 존슨은 동료, 특히 연예 분야에서 그들의 노고와 헌신을 인정하기 위해 소셜 미디어를 통해 종종 공개적으로 그들의 공로를 인정하는 것으로 유명하다. 가수이자 연기자인 비욘세는 그녀의 스태프, 댄서, 밴드 멤버들의 공헌을 인정하는 발언을 자주 한다. 미디어 거물인 오프라 윈프리, 토크쇼 진행자이자 코미디언인 엘렌 드제너러스도 스태프와 게스트에게 항상 자신의 성공에 있어 그들이 얼마나 중요한 사람인지를 자주 말한다.

심지어 많은 성공한 기업가들 중에서도 자신의 업적을 다른 사람의 공로로 인정하는 능력으로 유명한 사람들이 많다. 스페이스, 테슬라의 CEO 일론 머스크는 직원들의 기여를 인정하는 능력으로 잘 알려져 있으며, 종종 트위터를 통해 공개적으로 팀의 성과를 인정하고 치하한다. 메타의 CEO인 마크 주커버그, 버진 그룹의 설립자인 리처드 브랜슨, 마이크로 소프트의 공동 설립자이자 자선가인 빌 게이츠 같은 거물급 경영인들도 공개적으로 팀과 직원들의 공헌을 인정하고 공로를 치하하는 것으로 유명하다.

사실 회사의 모든 공은 사장에게 모인다. 그러나 사장의 자리는 그런 공을 취하는 자리가 아니다. 심지어 모든 직원의 실수와 실패와 손해를 감당할지라도 공은 직원들에게 돌려야 하는 자리다. 사장은 공을 버림으로써 공과 실을 얻는 사람이다. 따라서 다른 사람을 인정하고 격려하고 감사를 표하는 방법을 잘 알고 있어야 한다.

설령 내 아이디어에, 내가 방향성을 잡아주고 내 자본을 모두 들였어도, 공은 아랫사람들이 가져가게 만들어 줘야 한다. 아무리 작은 것이라도 다른 사람의 성취를 인정하는 것은 그들의 작업에 대한 감사와 지원을 표시하는 중요한 방법이다. 이것은 생산적인 작업 환경을 조성하는 데에도 큰 도움이 된다. 사장은 다음과 같은 여러 방식으로 직원들이나 팀의 업적을 인정해 줄 수 있다.

팀 회의나 회사 전체 이메일을 통한 공개적 칭찬을 할 수 있다. 상황에 따라 큰 업적을 인정하기 위해 수여할 수 있는 특정한 상이나 표창이 있을 수 있다. 간단한 방법은 일대일 회의나 팀 회의에서 그들의 작업에 대해 직접 구두로 칭찬하는 방법도 효과적이다. 또 다른 방법은 감사 편지, 축하 점심, 사장 업무 차량 사용권, 주차장 우대권, 가족 초대, 강의 요청 등과 같은 방법을 통해서 공개적으로 인정해 주고 공로를 치하할 수 있다.

다만 성과가 발생하는 즉시 시기적절하게 활용하는 것이 아주 중요하다. 공로를 인정받는 것은 때때로 현금 보상보다 더 큰 힘이 될 수 있다. 급여는 시간에 대한 보상이지만 인정은 그 사람의 가치를 확인해 주는 행위다. 이런 인정을 받은 사람이 사장 개인에 대한 충성심과 회사에 대한 애사심이 늘어나는 것은 당연한 일이다.

이런 방식을 통해 사장은 공을 버리고 실을 취함으로 결국은 공까지 취하는 사람이 될 수 있다. 노자 48장에 무위이무불위無爲而無不爲란 말이 있다. 보통 '하지 않으나 하지 못함이 없다'라고 번역되지만 '아무것도 취하지 않음으로 모든 것을 취한다.'라고 번역해도 어울린다. 이것이 사장의 멋이다.

6장

사장이 되기로 결심한 그대

"꼭 사장으로 성공하고 싶습니다"

101
돈이 없어 사업을 못 한다는 사람에게

돈이 있어야 사업을 할 수 있다고 생각하는 사람은 돈이 있어도 사업에 성공하지 못한다. 사업은 돈이 없어도 할 수 있고 돈이 없어야 더 잘할 수 있기도 하다.

나는 수천 명의 사업가 제자들을 만났지만 그들 중에 많은 돈을 갖고 창업해 사업에 성공한 사람을 아직 만나보지 못했다. 돈으로 사업을 하려는 사람은 항상 돈으로 해결되는 계획만 생긴다. 그러나 돈이 없으면 아이디어로 사업을 할 수밖에 없고 몸과 시간으로 이를 막아낸다. 돈으로 사업하는 사람은 계속 더 많은 돈이 필요하지만, 아이디어로 사업 하려는 사람은 아이디어가 먹히면 더 이상 돈이 필요하지 않으며 오히려 돈이 들어오기 시작한다. 사업을 하려는 사람이 돈은 있는데 아이디어가 없는 것과, 아이디어는 있는데 돈이 없는 경우라면 후자가 훨씬 유리하다.

특히 초기부터 투자받거나 자금을 빌리는 것은 사업을 오히려 망치는 일 중 하나다. 사업이란 불규칙적이고 비상식적인 일의 연속을 풀어나가는 일이다 변수가 너무 많다는 뜻이다. 이런 변수에 갇아야 할 돈이라도 있으면 발목에 쇠구슬을 달고 다니는 것과 같다. 날고 싶어도 날 수가 없다. 남의 돈은 날개가 절대 아니다.

사업을 꿈꾸는 젊은이들이 가장 오해하는 부분이 창업하려면 돈이 필요하다고 생각하는 것이다. 틀렸다. 돈은 필수 항목이 아니라 옵션이다. 돈보다 더 중요한 것은 자기가 하려는 사업에 대한 이해와 열정이다. 사업을 하려면 그 사업에 관한 집요한 공부와 분석과 이해를 바탕으로 끊임없는 열정을 퍼부으면 된다.

시장은 결코 당신에게 너그럽게 자리를 내주지 않는다. 경쟁자는 당신보다 자본도 더 많고 공부도 열심히 하고 있고 당신 같은 경쟁자를 방어하기 위해 지금도 무한 노력을 하고 있기 때문이다. 그러니 그 시장의 귀퉁이 하나라도 얻으려면 학교 공부의 열 배, 스무 배 노력하고 기존의 경쟁자보다 더 열심히 해야 한다. 이 열정이 자본보다 훨씬 효과적이고 강하다. 자본은 그 열정에 맞춰 따라올 뿐이다.

그러나 여기서 짚을 게 하나 있다. 이미 성공한 사람들이 '열정이 있으면 성공할 수 있다'고 하는 말이다. 이 말은 거짓말이다. 단순한 열정만으로 성공한다면 미국에 수많은 멕시코계 이민자들이 여전히 정원 잔디를 깎고 있지는 않을 것이기 때문이다. 여기서 말하는 열정은 '그냥 성실하게 열심히'라는 뜻이 아니다. 효율이 있는 열정을 말한다.

효율이란 부지런함의 순도를 높이는 일이다. 당신의 경쟁자도 부지런할 것이기에 부지런한 열정으로는 성공을 기대하지 못한다. 심지어 효율을 잘 적용하면 부지런하지 않아도 성공할 수 있다. 그러므로 이 열정은 몸의 열정뿐만 아니라 지적인 현명함이 동반된 열정이다.

그러니 창업을 원하면 해당 사업 영역을 주제로 공부하고, 공부하고, 또 공부하되, 그 공부를 멈추지 말라. 그래서 그 분야의 최고 전문가가 돼라. 그렇게 그 사업의 영역에서 대가가 되면 당신이 이미 사업을 하고 있게 될 것이다. 그때가 되면 돈이 왜 필요 없었는지 저절로 알게 될 것이다.

102
창업하기에 가장 좋은 나이는?

은퇴를 앞둔 50대분들이 창업해도 좋겠는지 물을 때가 있다. 나는 50대이고 첫 창업이라면 권하지 않는다. 특히 그 나이에 창업을 해야 할지, 말지를 고민하고 남에게 묻는 사람이라면 창업하지 않을 것을 권한다.

하지만 50대라도 창업하겠다고 마음먹은 사람을 말리지 않는다. 단지, 할까 말까 하는 사람은 하지 않는 것이 좋다고 생각한다. 죽기 살기로 덤벼도 모자랄 판에 결정조차 못 해서 묻고 다니는 사람이라면 실패할 확률이 높기 때문이다. 그런 사람은 창업보다는 있는 돈을 잘 관리하는 능력을 키우는 것이 더 현명하다.

40대라면 다르다. 40대는 창업하기 좋은 나이다. 능력, 자본, 인맥도 완숙한 단계라 이 나이에 창업하면 성공 확률이 높다. 40대 창업자들 가운데 초대형 기업가들이 많이 배출되는 이유다. 망해도 앞으로 한두 번 정도의 기회가 더 있다. 그리고 이 나이는 사업에서 생기는 이익을 관리하는 능력이 저절로 생긴다. 아무래도 노후를 준비해야하니 이익 전체를 재투자하지 않고 분산 투자하려는 의지가 저절로 생기기 때문이다. 그래서 40대에 버는 돈은 평생 유지되는 돈이다.

30대 창업은 혁신적인 사업이라면 해볼만 하다. 사업가로서는 몸과 마음이 가장 조화로울 때라서 빠른 생각으로 힘차게 일할 수 있는 시기다. 단, 벌어들이는 모든 이익을 자기 사업에 100% 재투자할 것이 확실한 나이다. 자기 사업에 투자하는 것이 가장 좋은 투자라고 생각하기에 전력 질주의 시기다.

그러니 해마다 수익의 20% 정도만 따로 모아 부동산이나 주식 등, 자기 회사가 아닌 다른 곳에 투자해 놓는 버릇을 반드시 가져야 한다. 이 나이에 창업하는 사람은 평생 사업을 할 수밖에 없기에 종자돈을 죽이지 말고 간직해야 하기 때문이다.

20대 창업은 대부분 실패한다. 하지만 실패해도 시간과 재정 손실이 적기에 적은 비용으로 위대한 경험을 쌓을 수 있다. 20대 창업이야말로 평생 사업가로 사는데 가장 큰 경험을 준다. 이때는 친구들과 동업을 해도 좋다. 아마 실패하고 헤어질 것이다. 그러나 성공하면 더 위험하다. 아직 사업관리나 인사관리, 자본관리를 배우지 못한 상태에서 회사가 크면 직원으로 나이가 많은 사람들이 필요하다. 이들을 리드하려다 보면 어른 노릇하고 속은 뻥튀기처럼 비었는데 부피만 커진 어른이 된다. 누군가는 작은 실수에도 부서져 버린다.

젊어서 많은 돈을 벌면 건실한 청년도 사치나 허세를 부리며 어른 노릇하기 마련이다. 그래서 20대 창업은 대부분 경험을 얻는 것으로 끝이 난다. 다행히 이들이 10년 이상 버텨내며 30대에도 사업을 하고 있다면 무섭게 성장할 수 있다. 새로운 기술과 전략을 배울 시간이 충분했기 때문이다. 또한 사업가 나이에서 5년 혹은 10년 일찍 성공할 수 있다면 사업의 복리 특성으로 동년배 사업가들보다 몇 배 이상 큰 기업을 운영하고 있을 확률이 높다. 결과적으로 일찍 시작한 경험치가 녹아들어 가장 큰 사업가로 성장할 것이다.

사실 어느 나이라도 창업해도 된다. 농장에서 일하다 보면 1월에 피는 꽃도 있고 2월에 피는 꽃도 있다. 그러다 9월, 10월쯤 뒤늦게 피는 꽃도 있다. 심지어 날 좋은 11월에도 꽃이 핀다. 나이보다 중요한 것이 욕망이다. 이 욕망만 있으면 나이는 상관없다. 다만 나이가 들면 욕망이 사라지고 몸이 욕망을 죽이기에 걱정할 뿐이다.

103
새로운 사업은 어떻게 찾는가?

사람들은 이미 현재의 세상이 완벽에 가깝다고 생각한다. 그중에서도 특히 사업 세계는 빈틈없이 많은 사업체가 자리 잡고 있어서 바늘 하나 들어갈 틈이 없어 보인다. '10년만 일찍 사업했으면 나도 할 만한 게 많았는데 아쉽다' 생각하는 게 보통이다. 그러나 그런 사람은 10년 뒤로 돌아가도 같은 생각을 할 것이다. 지금 새로운 사업이 보이지 않는다면 과거로 돌아가도 보이지 않기 마련이다.

세상은 언제나 새로운 것이 필요하고 지금도 변하고 있고 늘 부족한 것을 채우려는 힘으로 가득하다. 변하지 않은 것은 아무것도 없다. 모든 것은 변한다는 사실만 변하지 않을 뿐이다.

변한다는 것 자체는 새로운 사업을 끊임없이 만들어 내고 있다는 것이다. 세상이 존재하는 한 새로운 사업은 끊임없이 나타날 수밖에 없다. 살면서 한 번도 불편함을 느끼지 않고 살아 온 사람은 없다. 그런 의미에서 당신이 살면서 느꼈던 불편한 무엇이 하나라도 있다면 당신은 사업가가 될 수 있다. 불편함을 개선하는 모든 것이 사업이다. 우리는 이것을 진보라고 부른다. 남들이 만들어 놓은 것에 내 아이디어를 더해 더 나은 것으로 개선하는 일이다. 또한 누군가에게 불편함을 인지시켜주는 것도 사업이다. 우리는 이것을 혁신이라고 말한다. 불편하기 전에 더 빨리 알아내서 불편하지 않게 만드는 일이다.

개선과 혁신, 이 두 가지가 새로운 사업을 만들어 내는 것이다. 사업은 획기적인 아이디어를 가져야 되는 것도 아니고 자본이 반드시 있어야 되는 것도 아니다. 혁신적인 아이디어와 창의적인 생각만으로도 얼마든지 자본은 움직이게 돼 있다. 이것을 남에게 설득해 나가는 창업자의 노력이 가진 자본보다 더 중요하다.

이렇게 예를 들어도 사업이 보이지 않는 사람은 다른 나라에 생기고 있는 사업을 살펴보기를 바란다. 세상 곳곳에서 하루에도 수없이 많은 사업들이 새로 생겨나고 있다. 의외로 신문에서 이런 정보를 빠르게 볼 수 있다. 심지어 이미 상장한 사업을 다른 어느 나라는 시도조차 하지 않는 사업도 많다.

한국의 코트라(대한무역투자진흥공사(통상, 해외진출, 외국인투자유치 등 사업 및 전시 정보 안내)에서는 각 나라 현지에서 보내온 창업 정보를 소개하는 『6개국 KOTRA 주재원들이 바라본 KOTRA 리포트』라는 책도 있다. 매년 『한국이 열광할 세계 트렌드』라는 책도 발행한다. 이런 책들에 소개되는 각국의 산업 동향을 읽는 것으로도 새로운 사업 아이디어를 찾아낼 수 있다. 또한 국제 박람회는 여전히 아주 좋은 신사업 아이디어 창고다. 이미 남들이 도전했다가 실패한 사업을 다시 찾아보는 것도 매우 흥미로운 접근법이다.

어떤 사업이 실패한 이유는 그 사업이 문제가 아니라 그 사업을 하는 주체가 문제일 가능성이 많다. 성공한 이유는 모두 같아 보이지만 실패한 이유는 100개도 넘기 때문이다. 그러니 실패의 이유를 분석하고 수정할 수 있다면 훌륭한 사업으로 재창업이 가능하다. 다른 사람의 실패를 교훈 삼아 자신의 실패를 막을 수 있기에 이미 실패한 사업의 성공률은 새로운 사업에 비해 높을 수밖에 없다.

바둑 대국이 끝나면 바둑돌을 둔 순서대로 처음부터 놓아본다. 이것을 복기라 한다. 바둑 기사들은 이런 복기를 통해 잘한 것과 실수를 배우며 자신의 실력을 늘려간다. 내가 오늘 하루 종일 쓴 돈을 저녁마다 복기해 보는 것도 사업을 찾는 데 큰 도움이 된다. 오늘 내가 아침에 편의점에 왜 갔는지, 왜 꼭 그 지점을 갔는지, 왜 헛개수 음료를 샀는지, '알지도 보지도 듣지도 못했던 헛개수 음료가 모든 편의점에서 팔리는 이유는 뭘까? 어떻게 했을까? 헛개수 음료와 같은 기능이 있는 다른 약재는 어떤 게 있을까? 유사한 옥수수수염차, 보리차 같은 음료는 어느 연령대가 구매할까?'

이렇게 꼬리를 물고 생각을 이어보는 습관을 들이면 모든 사업에서 빈틈이나 개선점이 보인다. 커피 한 잔을 사도 원가 구성을 알아보고 운영비를 산정해 보고 영수증에 찍힌 고객 번호를 기준으로 오후에 한잔 더 사서 하루 고객 숫자를 예측해 보는 것이다. 내가 낸 커피 한잔 4,000원 중 오너가 실제로 가져가는 돈이 얼마인지 추측하고 알아내는 것이 신사업을 만드는 시작이다.

잘 알려진 사업가 후배와 코엑스에 새로 오픈한 핫한 커피숍에 들렸을 때 둘이 주고받은 대화는 이렇다.

'이 매장의 흰색은 미색이 좀 들어간 흰색이라 조금 더 고급스럽게 보인다. 조명이 따뜻하고 밝은 아이보리에 가까운 것으로 보아 주백색 4000K 조명이 들어간 것 같다. 시그니처 메뉴에 쓰는 원두를 4가지로 브랜딩했군. 원두를 모두 고소한 맛에 집중해서 혼합한 것 같다. 이 회사는 아시아 나라마다 한두 개씩 매장이 이미 들어갔는데 이런 식으로 매장을 구성하는 이유는 뭘까? 직원들이 유니폼을 입지 않았는데도 유니폼을 입고 있는 듯한 균일한 느낌은 뭘까? 원색 옷을 입지 못하게 하는 규정이 있나?'

이런 식의 대화를 아침부터 점심이 다 될 때까지 하고 있었다. 그냥 버릇이다. 평생 버릇이다. 우리 둘 다 당장 커피숍을 할 생각도 없는데 분석은 끝도 없다.

새로운 사업은 거의 모든 변화에서 나타난다. 변화란 꼼짝도 하지 않던 돌덩이가 폭우나 지진 같은 상황이 오면 틈새가 벌어져 움직이는 것과 같다. 과학문명 발달, 정권교체, 문화의 변화, 대중의 인식변화, 미미하게는 불경기와 직접적으로는 전쟁 같은 일이 수많은 새로운 사업을 만든다.

사업은 자본에서 시작하는 것이 아니다. 새로운 사업은 머리에서 나와서 열정으로 태어난다. 자본이 있어야 사업을 한다는 사람은 이 세상의 모든 사업이 어디에서 시작했는지 알지 못한다. 당신 안에 이미 수십억, 수백억짜리 사업체가 들어있음을 잊지 말기 바란다.

104
성공할 사업과 실패할 사업 구분법 중 한 가지

새로운 사업 아이디어를 공개하고 주변에 의견을 물을 때 이건 너무 좋은 의견이라며 다들 찬성하는 사업은 오히려 성공확률이 높지 않을 수 있다. 반대로 주변에서 적극 말리거나 사업성이 없다고 하는 사업은 성공할 가능성이 높다. 사업성이 없다는 사업들은 아직 아무도 생각해보지 않은 것이라서 시장이 비어 있다는 뜻이기 때문이다.

일단 사업성이 없다고 말하는 사람 대부분이 사업을 해보지 않은 사람들이고 어떤 근거로 안 된다는 것이 아니라 그냥 자기 생각에 어렵다고 느껴져서거나, 관심이 없는 상태를 '사업성 없다'고 말하는 경우가 대부분이다.

많은 사람이 시장으로 인지하지 못할 때 그 시장을 장악해 나가는 것은 경쟁자 없이 하나의 영역을 선점하는 일이다. 보통 환영받는 창업 아이디어들은 곧바로 경쟁자들이 들어온다. 등장한 지 얼마 되지도 않았는데 갑자기 많아진 것은 비슷한 아이디어로 같은 생각을 하는 사람이 많이 숨어 있었다는 뜻이다. 그러나 환영받지 못한 아이디어는 기존 고객이 경험하지 못한 것을 제공하는 일이라 타이밍이 결정한다. 시장 참여자들과의 경쟁이 아닌 소비자 욕구 타이밍과 경쟁하게 된다. 그런데 세상에 이런 상품이 필요할지도 모른다는 내 생각 자체가 그 타이밍의 시작일 가능성이 높다. 이 이유가 실제 확률이 높은 이유다.

사실 사업은 대부분 실패한다. 여러분이 창업한 회사는 5년 생존율이 30%가 안 된다. 70%의 사업이 망한다는 뜻이다. 70%가 망한다는 통계에 절망하는 사람이 있는 반면, 30% 성공확률에 환호하는 사람도 있다. 세 번에 한번은 성공한다는 뜻이니 당신의 환영 받지 못한 아이디어도 세 번만 내면 되기 때문이다.

그래서 나는 새 아이디어에 부정적 반응이 많으면 좀 더 긍정적으로 생각한다. 세상의 모든 새 사업은 부정적 판단을 뚫고 나온 것들이지, 결코 환호와 박수를 받으며 태어난 새 사업이 아니기 때문이다. 만약 시장이라는 대중의 의견에 따라 자신의 관점을 바꾸면 한 번도 실패하지 않을 수 있을 수 있겠지만 한 번도 성공을 맛보지 못할 것이다. 자신을 믿는다면 남들의 의견을 무시하고 곧장 앞으로 나아가는 것을 배워야 한다. 이것은 사장의 제1태도다. 기억해야 할 것은 아이디어에 대한 부정적 의견은 무시했어도 성공적인 비즈니스 사업 모델들은 다음의 몇 가지 요소를 가지고 있다는 점이다. 창업자가 해결하고 시작해야 하는 특징들이다.

먼저, 창업은 고객이 가진 기존의 문제들을 해결하거나 요구를 충족시키고 고유한 혜택을 증가시킬 수 있어야 한다. 즉 새로운 비즈니스가 세상에 존재할 만한 이유가 있어야 한다. 모델은 수익 창출을 위한 명확하고 실행 가능한 계획을 가져야 한다. 어떤 방식으로 수입을 만들고 출구 전략을 가질 수 있는지 그 실행 방법이 있어야 한다. 그리고 이를 위해 비용을 마련하고 수익이 나올 때까지 지탱할 계획이 마련돼 있어야 한다. 또한 이런 새로운 모델을 운영하고 시험하기 위해 적절한 인재나 기술이 확보돼야 한다. 전략적 파트너십이 있다면 더욱 효과적일 수 있다. 이제 이런 현실적인 대안이 마련되었으면 창업의 깃발을 들어도 좋다.

105
사회적기업을 꿈꾸는 젊은이들의 오해

사업을 통해 세상을 변화시키고 이타적 행동으로 삶의 보람을 찾으려는 젊은이들이 세상에 많다는 것은 참 다행이다. 그들은 한결 같이 사회적 기업을 꿈꾸고 실제로 그 바람을 이루기 위해 주변에 사람들을 모으고 이끈다. 그러나 이들의 99.9%는 성공하지 못한다.

첫째는 한배에 탄 동료들이 배가 출발하자마자 서로의 목적지가 다르기 때문이고, 둘째는 그들의 사업이 자신의 욕망과 가족을 위해 일하는 경쟁자들을 결코 이기지 못하기 때문이다. 공적으로 일하는 사람은 사적으로 일하는 경쟁자가 얼마나 무서운지 모른다. 이들을 이길 수 있는 유일한 것이 명분인데 이 명분도 구성원이 많아지면 각기 다른 욕망이 있기에 하나의 집중된 욕망을 가진 개인을 이기지 못하는 것이다.

사회적기업은 기업의 주요 목적이 사회적이익을 추구하는 기업을 의미한다. 이런 기업은 일반적인 기업과 달리 이익 추구뿐 아니라 지역 커뮤니티와 환경, 사회, 인권, 인재 재생 같은 사회적 영향을 생각하고 운영할 수밖에 없다. 당연히 사회적기업은 지속 가능한 사회발전을 위해 일하기 때문에 일반 기업에 비해 비용이 증가하고 이익 추구에 집중할 수 있는 시간과 자원이 제한된다. 이런 요소는 사회적 기업의 성장과 발전에 제약을 줄 수 있다. 또한 일반 기업들과 달리 사회적기업은 자체 운영수익이 아닌 정부의 지원과 재정지원을 받기도 한다. 따라서 정부의 정책 변화에 따라 재정 지원이 줄어들거나 중단될 수 있기에 사회적 기업의 재정 안정성에 큰 영향을 미친다.

사회적기업이란 것 자체가 영리기업과 비영리 기업의 중간 형태로, 사회적 목적을 우선적으로 추구하다 보니 아무래도 경쟁에서 견뎌 내기가 힘들다. 취약계층에게 지역주민의 삶의 질을 높이는 사회적 목적을 추구하면서 동시에 기업으로 살아남으려면 결국 세금이나 저임금 구조를 안고 갈 수밖에 없다. 영리기업이 주주나 소유자를 위해 극한의 노력과 극대화된 이윤추구를 통해 시장을 장악해 나가는데 반해, 사회적 기업은 사회 서비스를 제공하고 취약계층에게 일자리를 창출하는 등 사회적 목적이 우선하고 있기에 효율을 가질 수 없다. 이것이 사회적 기업이 크게 성공하지 못하는 이유다.

물론 장점도 있다. 사회적 기업은 일반 사기업에 비해, 지역 커뮤니티와 상호 작용이 원활해지고 그 덕분에 신뢰성과 인기가 상승할 수 있다. 이것은 기업 이미지 개선과 상품, 서비스 판매 유도에 상당히 유리한 측면이다. 또한 사회적 기업은 일반 기업들과 달리 자신의 이익 추구가 아닌 사회적 이익을 추구하기 때문에 가치관과 업무태도가 자발적인 직원들이 많고 상호 존중적일 수 있다.

누군가 진정으로 사회적 기업을 꿈꾸고 있다면 순서를 바꾸는 것이 좋다. 먼저 사적인 목적으로 사업에 성공하고 난 다음, 생겨난 잉여 자산으로 사회적 일을 하는 것이다. 실제로 가장 큰 사회적 기업이란 국가의 세금을 축내지 않고 오히려 세금을 많이 내고 직원을 한 명이라도 더 고용해서 급여를 밀리지 않고 줄 수 있는 사업체를 만드는 일이다. 그것은 이미 사회적 기업을 만든 것이다. 사회적 기업을 하겠다는 마음에는 국가도 미처 손 대지 못하는 취약계층이나 공공의 이익을 목적으로 삶을 살겠다는 것이다. 기업도 고용을 창출하고, 국가 세금에 기대지 않고 자립해 살아간다면 이는 이미 사회적 기업의 목적을 하는 것과같다.

그러므로 사회적 기업을 하겠다는 젊은이 중에 특별히 어떤 특정 영역의 사람들의 삶에 지금 관여할 만한 것이 없다면 그냥 기업을 키우는 데 집중하기 바란다. 좋은 사적 회사를 만들어 자신과 자신의 가족을 부양하고 세금을 내기만 해도 사회적 기업이다. 더불어 열 명, 스무 명, 혹은 백 명의 직원을 고용하면 이미 위대한 사회적 기업의 모습이다. 좋은 회사를 만들어 복지에 조금 더 힘 쓰고 정규직의 좋은 일자리를 만들어 내는 것이야말로 취약계층과 지역 사회에 공헌하는 일이다. 그렇게 회사를 운영하면서 잉여자산을 만들어 그 자산이 자산을 만드는 시기가 오면 그때 사회적인 일을 해도 늦지 않다.

그러니 사회적 기업을 꿈꾸는 젊은이들은 이 꿈을 이루기 위해 괜히 가족과 주변을 힘들게 만들지 말고 오히려 내 가족과 주변 사람들에게 가장 좋은 것을 먼저 만들어 주고 그래도 자산이 남으면 그때 비로소 그 경계를 넓혀가도 늦지 않으니 욕망의 방향을 좀 바꿔도 좋다.

106
왜 사장을 해야 하는가?

사장이라는 직업은 내 인생을 나에게 통째로 선물해 줄 수 있는 유일한 직업이다. 경영자가 되는 순간 자신이 자신을 고용하는 사람이 되어 그 모든 이익을 가져갈 수 있다. 그러나 실패하면 모든 것을 잃을 수 있고 심지어 가족과 헤어질 수도 있다.

그럼에도 사장을 하는 이유는 내 삶의 주도권을 내가 갖고 살아갈 수 있기 때문이다. 급여라는 안전망을 얻자고 평생 남의 사업체 안에 살다가 집 한 채 겨우 얻고 육십 넘어 약수터나 다니는 삶을 결코 받아들일 수 없기 때문이다.

사장이란 일은 특별한 재능이나 환경에 있는 사람들의 전유물이 아니다. 누구나 사장이 될 수 있다. 소심한 성격이나 내향적인 사람, 나서기 싫어하는 사람, 다소곳한 성품의 여자, 학력이 뛰어나지 않는 사람, 이민자 그 누구든 사장을 할 수 있다. 이런 모든 단점을 일시에 무력화하는 도전, 믿음, 희망을 가진 모든 사람은 사장이 될 수 있다.

창업 한다는 것은 돈 버는 방식 이상의 삶의 의미를 지닌다. 월급을 포기하고 창업을 하겠다는 것은 목줄을 풀고 내 마음대로 달리겠다는 의지의 표현이다. 무서워할 것 없다. 아름답고 행복하고 즐거운 일이다. 하루에 20시간씩 일주일에 140시간씩, 일 년에 365일 일 해도 즐겁고 행복한 일이 사장의 일이다. 자기가 하고 싶은 일을 하기 때문이다.

자기 삶의 주권을 가지는 것은 아름다운 도전이다. 자기에게 주어진 단 한 번의 인생에, 어떻게 한 번도 자기 삶을 살기 위한 도전을 하지 않을 수 있는가? 이 도전에서 성공하면 하고 싶은 것을 할 수 있는 자유와 하고 싶지 않은 것을 하지 않을 자유를 얻는다. 경제적 자유를 얻고 노동에서 자유로운 삶을 살 수 있다. 이보다 조금 더 성공하면 언제 어디든지 누구와도 갈 수 있는 자유를 얻는다. 시간과 공간에서 자유를 얻을 수 있다. 그보다 더 성공하면 어떤 권위에도 굴복 당하지 않을 권위를 가질 수 있으며 때때로 명예까지도 얻는다.

자산에서 얻은 자유가 내 인생을 나에게 선물해 주며 내가 사랑하는 사람을 끝까지 보호해 줄 수 있고 내 스스로 독립된 인격체를 유지하도록 돕는다.

자기 삶의 주인이 되는 방법은 다양하다. 하지만 모두가 연예인이 되거나 스포츠인, 혹은 예술가가 될 수 없다. 그러나 사장은 누구나 될 수 있으니 이런 삶을 살기 위해서는 사장이 되는 수밖에 없다.

107
이런 사람은 결국 사장이 답이다

해마다 미국 내 2,800만 소기업을 위한 National Small Business Week 행사가 있다. 이 연례행사에서 Cox Business상업 고객을 위한 음성, 비디오 및 데이터 솔루션 제공업체는 소기업 창업자들을 대상으로 진행된 SBWSurvey의 결과를 발표했다. 이 발표에서 놀랍게도 8%의 창업자만이 돈을 위해 사업을 시작했고 대부분은 자유와 열정 때문에 사업을 시작했다고 대답한 것이다. 응답자의 거의 2/3가 자신이 직접 상사가 되어 스스로 자신만의 무언가를 위해 사업을 시작했다고 말했다. 또한 조사 대상 소기업의 43%가 폐점을 고려한 적 없다는 점에서, 이들이 어려운 가운데에서도 얼마나 열정이 가득한지를 알 수 있었다.

나는 한국의 창업가들 역시 사업의 직접적 동기가 돈보다 다른 이유가 더 있을 것이라고 생각한다. 나는 돈을 보상 체계의 일부로 본다. 만약 당신이 아래 열거한 12가지 특징에 많이 해당되는 사람이라면 창업을 해야 하고 사장으로 평생 살아야 할 운명이다. 이런 사람에게 다른 방법은 없다.

1. 자신이 주도적으로 일을 하는 것이 편하다.

   남에게 지시받은 일을 하는 것이 불편하고 나의 창의적인 아이디어를 살리기 위한 노력을 내 방식대로 해야 마음이 편하다.

2. 위험을 감수하며 위험을 감수할 자신이 있다.

   내 결정에 책임지는 것을 당연히 받아들인다. 실패에 대한 두려움이 없다.

3. 근무 시간을 스스로 정하고 싶다.

   일할 만큼 일하고, 쉴 만큼 쉬고, 밤에 일하는 스타일이면 한밤에 하고, 새벽에 일하는 것을 좋아하면 새벽에 한다. 내가 원하는 만큼, 할 수 있는 만큼, 마음대로 일 하고 싶다.

4. 내 직업에 관한 스스로의 가치를 갖고 있다.

   남이 좋아하는 직업, 돈 버는 직업, 돋보이는 일보다 내가 좋아하고 내가 가치를 느끼는 일을 직업으로 만들고 싶다.

5. 가족을 부양하고 집안을 일으켜 세우기 위해 사업한다.

   급여 생활자로는 한계가 있다고 느끼며 내 노력을 무한대로 발휘해 막대한 부를 쌓은 부자로 살고 싶다.

6. 내 열정과 아이디어가 언젠가 보상받을 것을 기대한다.

그때가 올 때까지 기다리고 노력할 자신있다. 나는 기다리는 것을 잘한다.

7. 내 회사를 통해 나와 다른 사람의 삶을 개선하고 싶다.

사업은 나의 이상을 실현하는 하나의 도구다. 사업적 성공을 통해 세상을 변화 시키려는 열정이 있다. 이를 통해 나의 존재감을 느껴보고 싶다.

8. 남에게 피해를 주고 싶지 않다.

나는 남의 도움을 받는 것을 부끄럽게 생각하고 빚을 지거나 호의를 받으면 반드시 돌려줘야 하는 사람이다. 스스로 누구에게도 의지하지 않고 살고 싶다.

9. 지루한 것을 절대 못 참는다.

반복된 일을 하는 것을 너무너무 어려워하고 그런 일에서 의미를 찾지 못한다. 사업체를 운영하면 같은 날을 두 번 경험하는 경우가 거의 없다.

10. 사회의 뛰어난 사람들과 사귀고 싶다.

사업적으로 성공하는 것은 이런 사회적 리더들과 친분과 우정을 나눌 위치를 확보해 준다.

11. 함께 일할 사람을 내가 선택하고 싶다.

내 마음에 들고 나에게 힘이 되고 나의 성장을 바라는 사람들로 주변을 가득 채우기를 희망한다. 내가 마음에 들지 않으면 내 마음대로 내보낼 수 있다는 것도 중요하다.

12. 내 도전을 내가 결정하고 싶다.

그래서 어떤 고통도 재밌고 견딜만하다. 장애물이 나오면 이것을 어떻게 해결해 나갈지 궁금해하고 위축되지 않는다.

108
동업을 잘하기 위한 두 가지 조건

웬만한 남자도 두 남자를 상대로 싸우는 것은 쉽지 않다. 마찬가지로 동업으로 힘을 합치면 경쟁 시장에서 우위에 설 수 있고 사업 기간을 단축 시킬 수 있다. 나는 이 챕터에서 동업을 실무적으로 설명하려 하지 않겠다. 동업이란 동업의 형식이나 법률적 지식만큼 '동업에 대한 이해'가 더 중요한 문제이기 때문이다.

그래서 동업하려는 사업가들은 동업하기에 앞서 두 가지를 반드시 이해하고 있어야 한다. 나 역시 동업의 요청을 받거나 동업자를 선정할 때면 이 두 가지를 동업 비율이나 아이디어보다 선행해 지켜본다. 이 두 가지는 동업의 필수조건으로 다른 조건이 아무리 좋아도 이 두 가지가 부족하면 동업은 하지 않는다.

첫 번째 동업자의 품성이고, 둘째는 동업에 대한 두 사람의 이해정도다. 이 두 가지는 사업 아이디어, 시장 규모의 확대, 시장 장악, 이익 극대화, 재무 개선, 인력 보강 등 동업에서 얻을 수 있는 모든 이익보다 우선시해야 한다. 왜냐하면 이 두 가지가 부족하면 모든 혜택은 무용지물이 되기 때문이다. 이것이 모자란 상태로 사업이 잘되면 소송으로 끝나고 못 되면 원한을 품고 끝나기 때문이다.

사업 동업자에게 가장 좋은 품성이란 결국 신용이다. 사업가로서 신용이란 시간 약속을 지키는 것을 시작으로 계약서의 내용을 준수하고 법률적 책임을 받아들인다는 뜻이다. 아무리 동업 조건이 좋아도 이런 품격이 검증되지 않은 사람과의 동업은 시간과 재산을 낭비하게 된다. 그래서 동업 전에는 반드시 이 점을 확인하기 위해 그의 평판이나 과거 이력을 조사해보고 필요하면 주변인들의 의견이나 추천서를 받아야 한다. 이미 친분이 있거나 오래전부터 알고 지낸 사람이라도 그의 개인적 태도와 사업적 태도가 다를 수 있다. 실패하면 책임을 지는 사람이고 성공하면 보상을 나눌 준비가 돼있는 사람인지를 판단하는 것이 최우선이다.

동업에 대한 이해도는 생각보다 훨씬 중요하다. 동업자의 품성이 아무리 좋아도 동업에 대한 이해가 없으면 자금이 투자돼도 이 돈이 투자금인지, 빌려준 돈인지, 신주인수권부사채인지, 전환사채인지, 구별하기 어려워하고, 결국 나중에는 큰 갈등을 야기할 수 있다.

또한 이사회의 구성, 배당, 증자, 지분 희석, 회계지식 등에 대한 이해가 부족하거나 공부가 돼 있지 않다면 투자나 동업을 받을 만한 자격 자체가 없다고 봐야 한다. 간혹 젊은 사업가들이 멋진 아이디어로 무장한 사업 계획서를 내게 보여주며 투자 요청을 하는 경우가 있다.

"5억만 투자해주시면 열심히 회사를 키워서 반드시 갚겠습니다." 라고 말하는 사람도 있었다. 이 사람의 머릿속에는 자기 회사에 대한 올바른 가격과 가치 평가도 없고 본인이 요청한 투자 자금의 성격도 이해하지 못하고 있으며 심지어는 무엇이 투자자 혹은 동업자에 대한 올바른 태도인지도 모르는 상황이다.

이런 사람과 동업하면 자신의 급여 기준도 없고 회사돈과 개인돈을 구분하지 못할 것이며 재정 보고서를 제때 보여주지 않을 것이다. 사업이 현재 어떻게 진행되는지도 보고받지 못할 것이 뻔하다. 그래서 동업을 하려는 사람들은 같은 수준의 투자에 관한 이해력을 가져야 한다. 이를 위해 함께 변호사나 회계사에게 동시에 교육을 받아야 할 필요가 있을 수 있다. 특히 친구들이나 가족이 모여 동업하는 사람은 전문가를 만나 동업에 관한 기초 교육을 반드시 받아야 한다. 동업 주체들이 이처럼 동업에 대한 지적 수준이 동일해야 동업 관계에서 얻는 혜택과 가치를 누릴 수 있다.

만약 위의 조건이 모두 충족된 상태에서 그래도 동업하고 싶다면, 지분, 직책, 급여, 경영권, 수익금 배분 방식, 책임의 한계, 주식 양도 시 동의권, 재투자 비율, 계약 파기 조건, 증자조항 등의 세부적인 항목을 명확하게 기록하여 문서화하고, 이 문서를 공증까지 완료한다면 동업해도 좋다. 그런데 이게 도대체 무슨 소리인지도 모르겠고 '이걸 꼭 할 필요가 있나' 싶다면, 동업하지 마라. 아직 동업할 수준이 안 된다.

이런 사람은 사업에서 받는 스트레스보다 동업에서 받는 스트레스가 더 커질 것이고, 사업에만 전력투구해도 성공할까 말까인데 동업자 스트레스까지 더해지면서 결국 무너지고 말 것이기 때문이다.

109
회사의 이름을 짓는 방법

어떤 이름이 좋은 이름인지는 잘 모른다. 어떤 이름도 성공하기 전까지는 좋은 이름이라고 생각하지 못하기 때문이다. 그러나 회사 이름을 선택할 때는 비즈니스와 관련 있는 이름이어야 한다. 회사의 고유한 성질이나 특성이 나타나야 하고 듣고 나서 쉽게 기억할 수 있어야 한다. 이름 안에 회사가 어떤 일을 하는지 정확하게 반영해야 하며 대상 고객이 브랜드 이미지에 공감할 수 있는 이름이어야 한다.

간단하고 발음하기 쉬운 이름은 고객이 기억하고 사용할 가능성이 더 크다. 당연히 경쟁업체와 차별화되고 다른 회사에서 사용하지 않는 이름을 선택해야 한다. 기존 경쟁자를 카피한 것처럼 들리는 이름은 '제2의 XX'라는 소리를 듣게 된다.

자신의 비즈니스가 성장하고 발전함에 따라 회사의 이름이 여전히 내 사업과 관련성 있고 적절한지 고심해야 한다. 지극히 제한적인 이름들은 이름 때문에 사업 영역의 확장을 막을 수도 있다. 그리고 마음에 드는 이름이 나왔으면 같은 이름을 쓰는 회사가 있는지 찾아보고 해당 도메인을 사용할 수 있는지 반드시 확인해야 한다.

그러나 일단 유명해지고 브랜드가 되면 대부분의 이름은 멋진 이름처럼 들린다. 그래서 회사 이름을 지을 때는 나쁜 이름을 우선 조심해야 한다. 가장 나쁜 이름의 첫 번째 예는 들어도 기억나지 않는 이름이다. 너무 특이한 프랑스어, 이탈리아어 혹은 라틴어 같은 이름을 짓는 사람이 많다. 꽃집 이름이나 커피숍 이름 중에 독특한 프랑스어를 쓰는 경우가 있다. 일단 발음이 어렵고 철자와 발음이 같지 않으면 상호명을 부를 수 조차 없으니 주춤거리게 만드는 이름은 모두 좋지 않다.

만약 내 회사를 전국 혹은 전 세계적으로 키울 욕심이면 어려운 발음은 무조건 제외해야 한다. 특히 한국인 경우에는 R, F, V, th 발음이 들어간 이름들은 사용하지 않는 것이 좋다. 이런 맥락에서 위드미 With me와 같은 상호는 대중적 상호로 부적당한 이름에 속한다. 파리바게트가 초기 한국 시장에서 제빵 사업을 할 때 뭔가 이색적인 고급 브랜드로 안착되는 데 좋은 이름이었을지 몰라도 현재 미국 매장에 PARIS BAGUETTE라는 이름은 적절하지 않다. 미국 소비자들이 이름만 보고 프랑스 빵을 파는 곳인 줄 알고 들어가면 동양식 디저트 빵만 잔뜩 있기 때문이다. 한국의 BBQ비비큐 역시 마찬가지다. 이 약자는 서양에서는 바베큐로 읽기 때문이다.

회사명에 자신의 이름을 붙이는 것도 조심해야 한다. 만약 이 사업을 매각하지 않고 평생 할 생각이라면 모를까, 모든 사업은 매각을 고려할 일이 반드시 생기는데 이런 경우 자신의 이름이 다른 사람에게 팔려 나가거나 심지어 이름 때문에 오히려 매각이 어려운 일이 발생할 수도 있기 때문이다. 당신의 이름이 당신의 사업보다 대단하다고 생각하면 함부로 회사명에 이름을 쓰지 않을 것이다. 사업은 여전히 내 삶의 도구이지 내 삶의 목적이 아니기 때문이다. 만약 당신의 사업이 당신 삶의 목적이라면 본인 이름을 붙여도 상관없지만 평생 팔 생각이 없는 비즈니스여야 할 것이다.

나는 사업체를 만들거나 상품명을 만들 때 가장 많은 시간을 쓴다. 독서나 여행 또는 누군가의 대화에서 좋은 이름이 될 만한 단어가 들리면 이들을 따로 모아 놓는다. 어떤 이름이 언제 사용될지는 몰라도 마냥 모아 놓는다. 이렇게 쌓여 있는 단어들이 수십 가지다. 이들을 모으는 데 십 년 이상 걸렸다. 천문학책이나 물리학책에서 얻는 단어, 페인트 가게에서 색깔 이름들을 둘러보다 얻은 이름, 영화나 노래에서 나온 단어나 시집이나 심지어 민요 가사 중에도 느낌이 오는 단어들을 모두 모아 놓는다. 이렇게 모아 놓은 단어들을 실제로 사업체 이름으로 쓰고 있는 것이 상당하고, 주변에 제자들이나 다른 사업가들이 필요로 하면 마치 보물 주머니에서 물건 꺼내듯 하나씩 전해주고 있다.

이름이란 갑자기 생각하면 막상 잘 떠오르지 않아서 이렇게 평소 주변에서 좋은 단어를 만나면 미리 적어 놓는 것이다. 참고로 내가 적어 놓은 단어들 일부를 공개하면 다음과 같다.

Prism토론, 공부 모임 /Gazebo부동산 회사 /So what!튀김전문매장 /여백출판사, 강연회사 /Mirsa학원 /아라와마루유기농 매장 /Sisay화원, 꽃집 /pomona과수원 /Ariadne꽃집 /아카트 Acat 문신 전문점 /그럴然티 하우스 /blue stone 커피샵 /금성약국음료매장 /꼬마앙마남자어른 장난감매장 /넥스트 스테이지교육, 출판사 /Twilight커피숍 /Black gold커피숍 /Sweet pain체육관, 마사지 샵 / Timefield 부동산관리업 /The blue hour라운지 사업 /Oort Cloud 오르트 구름의류 /가믈현玄전통찻집 /제5복음서음악산업 /에루화한복점 /케렌시아 Querencia휴양지, 리조트업 /Angel's Trumpet 식음료사업

이것을 공개하는 이유는 이런 종류의 이름을 모아 왔고 어떤 단어들에 끌렸는지 알려주기 위해서다. 이들 중 일부는 이미 사업체 이름으로 사용했으며 일부는 어디에라도 쓸 것 같아 아직 갖고 있다. 결국 내 사업체에 가장 좋은 이름은 부르기 쉽고, 들은 후에 쉽게 기억나며, 나의 인생 스토리와 연결돼 있는 이름이 최고다. 이름이 좋으면 사업은 마치 발에 꼭 맞는 신발을 신은 듯 세상에 나아가기 편하고 자신이 생겨난다.

110
지우와 승우가 산타를 믿는 이유

지우는 이제 열한 살이다. 아직 산타를 믿는다. 그러나 친구들 사이에 산타의 존재를 믿지 않는 친구가 많다는 것을 안다. 승우는 열 살이다. 산타가 없다고 생각했다가 선물을 받을 수 없을지 모른다는 생각에 나흘 만에 믿음을 회복하고 산타에게 자신의 불경스러움을 반성하는 편지를 썼다.

지우나 승우가 언제까지 산타에게 선물을 받을지 어른들은 안다. 지우의 친구들 중에 한 명씩 선물을 받는 사람이 줄어들겠지만 지우와 승우가 산타를 믿는 동안만은 언제나 산타는 선물을 놓고 갈 것이다. 심지어 믿지 않는 순간이 와도 계속 믿는다고 말만 하면 산타는 계속 선물을 놓고 갈 것이다.

믿는 것과 믿지 않는 것의 차이가 이렇다. 사업도 유사하다. 어떤 가능성을 믿지 않는 사람은 어차피 시도조차 하지 않는다. 당연히 자신의 믿음대로 된다. 그러나 그 가능성을 믿는 사람은 끝까지 성공하기 위해 노력한다. 결국 자신의 믿음대로 된다. 믿는 방향에 따라 믿든 믿지 않든, 결국 자신의 믿음대로 되는 것이다.

운전석 옆에 앉은 지우에게 '산타가 있다고 생각 하는지' 물었더니 지우가 묻는다.

"아저씨! 왜 웃어요? 산타가 없어요?"

"지우야~ 있고 없고는 중요하지 않아. 네가 믿느냐 안 믿느냐가 중요해. 심지어 네가 믿지 않아도 믿어야 해. 네가 믿는 대로 될 거야"

결국 지우와 승우는 믿는 대로 산타에게 선물을 받았다. 작년과 달리 12시가 되기를 기다리며 방문을 슬며시 열어놓고 산타 뒷모습을 보려고 하지는 않았다. 그냥 일찍 문 닫고 잠자리에 들어갔을 뿐이다. 여러분도 여러분의 산타를 믿기 바란다. 믿는 대로 이뤄진다.

111
잎사귀가 아닌 가지를 꺾어라

나의 어린 시절 기억이다. 어느 해인가 땔감이 부족했던지, 어른들은 동네 사내아이들을 산으로 보내 나뭇가지를 주워 오게 하곤 했다. 몇 명의 남자아이들이 산 입구에 올라가서 잔가지 몇 개를 뭉쳐 가슴에 안고 이리저리 비틀거리며 내려오고 있었다. 그때 한 친구가 어른 키만한 나뭇가지 한 개를 끌고 오는 게 보였다. 끌고 내려오기 벅차서 내려놓는 줄 알았더니 다시 몇 걸음 올라가서 같은 크기의 나뭇가지를 하나 더 끌고 왔다. 그 친구는 결국 두 개를 교대로 끌며 제집으로 돌아갔다. 우리가 주운 나뭇가지들은 잎사귀 몇 개 붙은 잔가지들이어서 불쏘시개나 하게 생겼지만 그 친구가 가져간 나무는 제법 굵어서 이틀 넘게 저녁밥을 지을 정도였다. 우리는 애초에 장작을 손에 들고 온다는 생각만 했다. 당연히 품 안에 넣을 정도만 가져왔다. 그 친구는 처음부터 끌고 내려올 생각을 했으니 당연히 굵은 가지도 가져갈 수 있던 것이다.

이렇게 사람은 같은 상황에서도 잎사귀를 줍는 사람이 있는가 하면 가지를 끊어내는 사람이 있다. 사업도 마찬가지다. 같은 돈을 들이고 같은 시간을 쓰고 같은 노력을 하는데 어떤 사람은 매장 하나를 겨우 갖게 되지만 어떤 사람은 수백 개의 매장을 갖는다. 그 차이는 자본의 차이가 아니라 관점의 차이다.

나는 이왕 사업을 하려면 그 나뭇가지 하나는 차지하라고 가르친다. 사업을 시작하면 이 사업이 어디까지 성장할 수 있는지 먼저 상상해보고 사업의 종착점을 그려 보게 한다. 하루 매출 백만 원짜리 떡볶이집을 상상하는 것이 아니라 '어떻게 이 매장으로 전국의 매운 떡볶이 시장 전체를 장악할 수 있을까'를 고민해야 한다. 내 사업이 지금은 비록 직원 몇 명에 작은 공유 오피스에서 시작하지만 한국 시장을 장악하고 전 세계로 나갈 수 있을지를 확인하고 시작해야 한다.

왜 같은 노력, 같은 자본, 같은 열정으로 작은 시장에 머물까?

결국 상상력이 모자라고 자신의 크기를 짐작하지 못하기 때문이다. 상상력은 새로운 아이디어나 전략을 생각해 내거나 기존의 아이디어, 전략을 재구축하는 능력을 심어준다. 이런 능력은 어떤 규모의 사업이라도 중요한 요소다. 자기 상상력의 가치를 의심하지 마라. 상상력은 사업의 성공에 중요한 요소 중 하나다. 상상력은 아이디어 창출과 전략 수립, 새로운 시장과 소비자 접근, 상품과 서비스 개발 같은 모든 사업 기회를 찾고 성공적으로 실현할 수 있도록 돕는다. 좋은 상상은 상상만으로도 그 사람의 가치를 자라게 할 수 있다.

상상력이 부족하면 용기가 생기지 않고 작은 용기는 자기 능력을 줄여버린다. 그래서 그에 맞는 작은 시장에 머물게 된다. 하지만 작은 시장에 머물면 시간이 지날수록 더 힘들어진다. 상상력은 더욱더 축소된다. 아무래도 노동의 굴레를 벗어나지 못하기 때문이다. 한 손으로 책 몇 권을 쥐고 몇 시간을 다닐 수는 있어도, 무게가 거의 없는 신문지 사이즈의 포스터 용지를 엄지와 검지로 구겨지지 않게 들고 다니는 것이 훨씬 더 힘든 것과 같은 이치다.

부지런함은 모든 것을 이기지만 영리함을 이기지 못한다. 사업의 세계는 부지런함만으로는 부족하다. 부지런함 정도는 이미 갖고 있기 때문이다. 부지런함에 상상력이 더해지면 영리함이 나올 수 있다. 부지런함은 단순히 상황과 임무를 적극적으로 행동하는 것을 의미한다. 그러나 영리함은 자신이 하는 일이나 활동에서 이익이나 수익을 창출할 수 있는 상태다. 따라서 적극적이고 성실한 자세를 취하는 부지런함은 영리함의 도움을 받아야 하고 영리함은 상상력의 도움을 받아야 결실이 생기는 것이다.

따라서 이왕에 일을 하려면 크게 하자. 크게 하는 것을 상상하자. 그래서 나무에서 잎사귀 하나가 아닌 가지를 꺾어내는 사람이 되자.

112
술 담배 하지 않고 사업할 수 있을까?

산업 문화에 따라 술, 담배를 하지 않는 사람에게 불리한 점이 있을 수 있다. 일부 산업에서는 네트워크 이벤트 및 사교 모임에 술이 포함될 수 있으며 술을 마시지 않는 사람은 관계를 구축하고 연결하는 데 어려움을 겪을 수 있다. 일부 문화권에서는 음주와 흡연을 사교 활동과 업무 수행의 정상적인 부분으로 간주하며 이런 활동에 참여하지 않는 사람은 비정통적이거나 의심스러운 사람으로 간주하기도 한다.

특정 업계 문화에서 음주와 흡연을 사교 활동의 일환으로 소비하는 경우, 그런 활동에 참여하지 않는 사람은 업계의 규범과 기대치를 완전히 이해하지 못하는 사람으로 인식돼 차별받을 수 있다. 따라서 고객 또는 비즈니스 파트너와 사교 활동에 참여하는 것이 더 어려워져 관계 구축 능력에 영향을 줄 수 있다.

그러나 이런 단점을 전혀 극복할 수 없는 것은 아니다. 내 경우 사업 초기에는 종교적인 이유로, 이후에는 개인적인 취향으로 술이나 담배를 평생 하지 않고 사업을 키웠다. 평생 사업 때문에 술자리에 가본 적도 없고 심지어 저녁 자리에 간 적도 없다. 물론 미국 문화에서는 각자의 취향을 존중받기에 가능한 점도 있었다. 그러나 내가 술이나 담배없이 사업을 키운 유일한 사람은 아니다. 나처럼 술과 담배를 하지 않는 사업가들을 많이 만났기 때문이다. 이런 분들과 커피나 차를 마시고 술 없는 식사를 해도 사업하는 데는 아무런 문제가 없었다. 오히려 현대 사회에서는 술과 담배를 하지 않는 사업가가 사업에 성공할 확률이 높다. 떠들썩한 술자리 우정은 사업의 무게에 비해 너무 가볍다. 누가 술을 마시는지, 담배를 피우는지는 비즈니스를 효과적으로 운영하는 능력과 직접적인 관련이 없다. 성공적인 비즈니스 리더들과 기업가 중에는 술이나 담배를 일절 하지 않는 사람이 많다. 그러니 술이나 담배가 사업 운영 능력을 방해하지 않는다는 걸 확인할 수 있다. 오히려 절제된 정신력은 강한 결단력, 올바른 의사결정, 효과적인 의사소통과 위험감수 능력을 높여 비즈니스를 더욱 더 성공적으로 이끈다.

자신이 술이나 담배를 하지 않는다면 비즈니스를 핑계로 술이나 담배를 배우지 말라. 요컨대, 사업을 하기 위해 술이나 담배를 하는 것은 전제조건이 아니라 성공하기 위한 개인의 능력과 마음가짐에 관한 것일 뿐이다. 그러니 오히려 술과 담배를 끊길 바란다. 많은 회사에서 술과 흡연에 대해 무관용 정책을 펴고 있다. 공공연히 술과 담배가 흔한 사내 문화는 직장 내 사고와 비용 증가로 이어지기 때문이다.

너는 술, 담배를 하는 사람과 하지 않는 사람이 있다면 하지 않는 사람을 더 신용하고 좋아할 것이다. 그들에게는 몇 가지 잠재적인 이

점이 있다. 술을 마시거나 담배를 피우지 않는 사람은 더 많은 에너지와 집중력을 얻을 수 있어 생산성이 향상된다. 건강 문제나 숙취 문제 가능성이 작다. 이들은 술로 인해 충동적인 결정을 내리거나 술이나 약물의 영향 아래서 행동할 가능성이 작아 비즈니스에서 더 나은 의사 결정을 내릴 수 있다. 직원을 고용한다면 당연히 술을 피하고 담배를 피우지 않는 사람들을 더 고용하려고 할 것이다. 직원의 업무 능력에 상당한 영향을 미칠 수 있는 건강 문제가 발생할 가능성이 적어지기 때문이다.

거래처 사장이 술을 즐기지 않고 담배를 피우지 않는 것을 알게 되면 책임감이나 전문성의 긍정적인 신호로 읽게 된다. 그가 고객이나 파트너, 투자자와의 신뢰를 구축하는 데 도움이 되는 자기 통제가 가능한 사람으로 보인다는 뜻이다.

다만 술을 마시거나 담배를 피우지 않는다고 반드시 더 나은 사업가가 되는 것은 아니다. 사업은 개인의 능력, 사고방식과 의사 결정 능력, 자본에 따라 다르기 때문이다. 그럼에도 조건이 같다면 금주, 금연은 더 좋은 경영자와 더 훌륭한 사업장 문화를 만들어내며 오랫동안 지속해 건강하게 사업을 유지할 수 있는 현명한 일이다.

113
사업가 혹은 유명인과 소통하는 법

업계의 리더들을 만나볼 수 있는 곳은 대학, 언론기관, 협회 등이 주관하는 교육 프로그램이 있다. 흔히 최고경영자CEO과정이라 부르는 것들이다. 일부 폐해가 있음에도 여전히 상당히 좋은 교육을 받고 인맥 활용에도 도움될 수 있다. 이런 곳을 통해 훌륭한 선배들과 동기, 동문이 될 수 있는 기회가 생긴다. 대표적으로 건대의 부동산대학원 최고경영자과정, 고려대 교육대학원 교육경영 최고위과정, 서울대 인문대학 최고지도자 인문학과정, 동국대 문화예술대학원 최고위과정, 연세대 상남경영원 프랜차이즈CEO과정 등이 유명하다.

최종학력과 상관없이 입학 조건이 다양하니 참여해 보면 업계나 사회의 의젓한 선배들을 많이 만날 수 있다. 외식업에 관련된 교육은 연세대 프랜차이즈CEO 과정 이외에도 중앙대, 대구가톨릭대, 한국프랜차이즈 산업협회가 주관하는 K-프랜차이즈 과정도 있으며 한국외식정보교육원에서도 다양한 전문 과정이 개설돼 있다.

일부 교육 과정에서는 교육 자체보다 인맥을 쌓는 데 더 관심이 많은 것도 사실이나 잘 활용하면 단번에 업계의 거물들과 교류가 가능해진다. 각종 동호회 활동, 독서 모임도 유명인과 직접 소통이 가능한 곳이다. 임원으로 활동하게 되면 유명인들을 명분 있게 초대할 수 있고 연락할 수 있는 루트가 생겨난다.

유명인들은 한 개인이 그 개인의 문제로 상의하거나 연락하는 것에 답변하는 것을 꺼린다. 간혹 특정한 사안에 대해 연락을 주고받을 수 있으나 그런 일조차도 알려질 것을 고려해 제한된 한도 안에서 밖에 할 수 없다. 실질적으로 유명인과 소통하려면 본인이 독특한 매력이 있거나, 유명인이 당신과 연락을 주고받을 만한 가치를 줘야 한다. 그것이 아이디어, 능력 혹은 정보이든 동등하게 이야기를 주고받을 만한 가치가 아니면 연락을 주고받기 힘들다.

유명인들이 가장 걱정하는 것은 스토킹이다. 그런데 이 스토킹의 범위가 생각보다 넓다. 따라다니거나, 찾아오거나, 집 밖에 서 있거나 하는 일반적인 스토킹 이외에도 원하지 않는 선물을 반복적으로 보내거나, 좋은 이야기라도 자주 문자를 보내거나 심지어 매일 보내는 행위 혹은 일반적으로 상대방이 불편함을 느끼게 하는 행동 모두 당사자에겐 스토킹으로 느껴진다.

유명인과 친구가 되고 싶다면 그들이 안전하지 않다고 느끼는 그 어떤 것도 하지 말아야 한다. 안전거리를 유지하고 과도한 주의를 기울이면 안 된다. 그래서 유명인들은 자신이 연락하거나 답변할 만한 상황에서조차 연락하지 않는다. 이유는 반복해서 다시 연락이 올까 봐 걱정이 되기 때문이다. 한 번의 답변이 주기적으로, 반복적으로 연락 가능하다는 메시지를 줄 수 있기 때문이다.

그래서 유명인에게 연락받을 확률을 높이려면 최소한 세 가지가 준비돼야 한다. 첫째, 자기소개가 정중하고 명확해야 한다. 나는 무슨 일을 하는 몇 살 누구라는 지극히 기본적인 소개를 먼저 해야 하고 연락하는 이유와 목적을 밝혀야 한다. 이 당연한 과정을 빠트리고 연락하려는 사람들이 너무 많다. 단순한 질문이라면 말문을 떼기 위한 질문이 아니라 진짜 질문을 해야 한다.

둘째, 이 연락에 유명인이 연락을 할 만한 명분이 있어야 한다. 지극히 개인적인 일에 개인적인 도움을 구하는 일에 명분이 있을 리 없다. 손자의 생일 선물로 저자의 친필서명이 들어있는 사소한 물건이라도 하나 보내 달라는 할아버지의 부탁은 들어줄 만하지만, 무작정 만나 달라는 부탁을 들어 줄 리 있을까?

셋째는, 스토리가 될 만한 일이어야 한다. 이 만남이나 연락이 스토리가 될 가능성이 있으면 가능성이 커진다. 여고 우등생이 학교를 자퇴하고 도넛 매장을 열었는데 선생님의 응원과 코치가 필요하다면 이것은 스토리가 된다.

유명한 사람과 친구가 되면 여러 가지 이점이 있을 수 있다. 유명한 사람들은 종종 일반 대중이 이용할 수 없는 이벤트, 파티나 여러 경험에 접근할 수 있다. 친구로서 이런 이벤트에 함께 참여할 수 있다. 유명한 친구들은 당신의 가시성을 높이고 새로운 기회를 열 수 있게 만든다. 예를 들어 당신이 작가이고 당신의 친구가 유명한 배우라면 그들은 당신이 더 많은 사람 앞에서 당신의 작품을 알릴 수 있도록 돕거나 당신을 업게 전문가에게 소개할 수 있다. 성공하고 잘 알려진 사람과 친구가 되는 것은 좋은 학습 기회가 될 수 있다. 그들의 경험과 통찰에서 배울 수 있으며 그들의 귀중한 멘토링과 지침을 삶에 적용할 수 있다.

마지막으로 단순히 유명한 사람과 친구가 되는 것만으로 매우 재밌을 수 있다. 일반인의 삶과 다른 라이프스타일을 들여다볼 수 있는 기회가 생기는 것이다. 이것으로 좋은 점과 나쁜 점을 볼 수 있고 내 삶을 어떤 방향으로 이끌어 갈 것인가를 판단할 수 있는 기회도 된다.

그러나 여러분이 만약 유명인과 친구가 된다면 유명인도 다른 친구와 동일한 존중과 대우를 받아야 한다는 점을 기억해야 한다. 특히 유명인은 사생활과 개인공간을 침해당하지 않게 정보를 공개하지 않고 사적 비밀을 지켜줘야 한다. 관계를 자랑하기 위해 사생활에 대한 이야기 혹은 정보를 노출하는 것은 친구 관계를 한 번에 무너트릴 수 있다. 사적으로 함께 찍은 사진이나 문자를 공개하는 일은 진정한 친구라면 할 수 없는 일이다. 또한 유명인이라는 이유만으로 특별한 대우나 호의를 기대하지 말고 건강하고 균형 잡힌 우정을 유지하는 것이 중요하다. 유명인과 친구가 되면 언론과 대중의 많은 관심과 감시를 받을 수도 있다. 이에 대비하고 우정에 영향을 주지 않도록 노력해야 한다.

결국에는 유명인의 명성이나 지위 때문이 아니라 진정으로 그 유명인과 개인적 친구가 되어야 한다. 의도적인 접근은 결국은 파국에 이르기 마련이다. 무엇보다 그 사람이 당신을 친구로 삼고 기뻐할 만한 충분한 가치를 지닌 사람이 되어야 한다. 그와 찍은 사진을 내가 자랑하는 게 아니라 그가 나를 자랑스러워하도록 걸맞는 품격을 가져라.

114
성공한 사람의 인생은 성공한 이후에 포장되어 평범한 사람의 인생을 망친다

위의 주제는 출처가 알려져 있지 않지만 이 말은 한 사람은 아마도 성공한 사람이 아닐 것이다. '성공한 누군가를 따라 했다가 인생을 망쳐 본 경험 있는 사람이 쓴 글이 아닐까' 짐작된다. 이 말은 성공을 꿈꾸고 있는 사람에게 가장 필요한 말 중 하나다. 성공한 사람은 자신이 성공했다는 이유로 성공이 신화가 되고 규칙이 된다. 그리고 그 규칙을 해석하는 사람도 나타난다.

내게도 나를 따라 한다며 나도 하지 않은 행동을 매일 하면서 나에게 숙제처럼 보내는 사람이 한둘이 아니다. 나의 성공 노하우는 이미 효용가치가 없다. 그 가치는 내가 사용하고 난 후에 사라져 버렸다. 남은 거라고는 그런 방식으로 성공했다는 스토리만 남아 있는 것이다. 따라 한다고 될 일이 아니다. 나의 성공 노하우는 그때, 그 시절에, 그 환경에서, 유용했을지 모르나 지금은 완전히 반대로 해야 성공할 수도 있다는 걸 알아야 한다.

성공한 사람들이 하는 가장 큰 실수는 자신도 어찌어찌하다 보니 성공의 자리까지 온 것인데 그렇게 말하기 민망해서 독서와 자기계발, 혹은 개인의 경영철학을 바탕으로 성공했다는, 성공 후 사후 해석을 만들어 내는 것이다. 이거야말로 자신을 속이고 남도 속이는 일이다. 그런 성공 규칙이 실제로 존재한다면 이 세상은 누구나 성공할 것이고 그 규칙은 이미 신앙의 자리에 자리 잡고 있을 것이다.

조금 더 극단적으로 표현하면 나는 거의 모든 성공이 운이라고 생각한다. 피나는 노력을 한 운동선수조차 부모의 관심, 훌륭한 코치를 만나는 행운이 없었다면 그 자리에 없을 사람이 많다. 심지어 1~3월에 태어난 아이들은 10월에서 12월 사이에 태어난 아이들보다 운동선수로 성공할 확률이 3배 높다. 어려서 덩치가 큰 아이들은 최고의 코치가 가르치게 될 확률이 높다. '상대적 성숙 효과' 때문이다.

연초에 출생한 아이들이 프로 선수가 될 확률은 연말에 태어난 아이들에 비해 63% : 37%로 두 배 가까이 높다. 이들이 연초에 태어난 것은 단순히 운이다. 피나는 노력, 남다른 판단력, 불굴의 의지 등은 성공의 필수 요인이 아니다. 그렇게 노력하는 사람이 한둘이 아니기 때문이다.

여기서 나는 성공한 사람들의 노력과 열정을 폄하할 생각이 없다. 그러나 그들의 성공이 자기 능력이라고 말한다면 그 말은 틀렸다고 말할 수 있다. 사업은 더더욱 운이 많이 적용되는 곳이다. 사업은 시장의 흐름에 들어가는 사람이 성공한다. 시장의 흐름은 돈의 길이다. 1,700억에 매각한 유명 의류 쇼핑몰은 네이버 블로그 시절에서 인스타로 넘어가는 전환에 빠르게 편승해서 성공한 것이다. 인스타가 늦게 발현됐다면 그런 성공이 보장될 리 없다.

배를 만드는 것은 나의 노력이지만 바람이 부는 것은 내가 어쩔 수 없는 일이다. 배도 없는 사람은 어차피 성공하지 못하겠지만 배를 가진 사람이 모두 성공하지도 못한다. 그런데 세상에는 수많은 성공 공식이 존재한다. 심지어 여러 성공한 사람들의 성공 비결을 물리학자, 컴퓨터 과학자들이 수년 동안 산더미 같은 데이터를 확보한 후 '계량적 과학 도구로 이것을 분석했다'고 주장하는 공식도 있다.

모든 색에 존재하는 공통된 색이 있다고 주장하는 것 같지만 모든 색을 모으는 순간, 검게 변할 뿐이다. 규칙이란 존재하지 않으니 운에 맡기라는 말을 하려는 것이 아니다. 성공한 사람들이 하는 말에서 내가 간직할 만한 가치를 찾아 나만의 성공 방식을 따로 만들어내야 한다고 주장하는 것이다.

이미 심마니가 지나간 산길을 따라 올라가면 산삼은 찾기 어렵다. 그를 따라가되 나의 길을 따로 만들어서 가야 한다. 이것이 죽은 지식에서 산 가치를 얻는 방법이다.

115
경영자들은 왜 늘 독서를 할까?

내가 가장 무서워하는 경쟁자는 책 읽는 사람이다. 내가 제일 존경하는 사람도 책을 읽는 사람이다. 내가 제일 조심스러운 사람도 평소에 책을 자주 읽는 사람들이다. 내가 제일 좋아하는 사람도 책을 읽는 사람들이다. 내가 절대로 함부로 하지 않는 사람은 책을 읽는 사람들이다. 책을 읽는 사람들은 무섭고, 존경스럽고, 멋지다. 나는 나보다 사업이 더 큰 사람이나 더 큰 힘을 가진 권력자에게 두려움이나 존경 혹은 애착을 느껴본 적이 없다. 그러나 누가 지식이 높고 식견이 깊으면 그가 무슨 책을 읽는지 궁금해하고 그를 어려워한다.

많은 사장이 내가 무슨 책을 읽는지 궁금해하며 책을 추천해 달라고 한다. 사실 책이란 추천할 필요가 없는 일이다. 나에게 맞는 옷이 남에게 맞을 수 없듯, 자신에게 맞는 책이면 그게 무엇이든 좋은 책이다. 반대로 나에게 좋은 책이라고 해서 다른 사람에게 반드시 좋은 책일 리 없다. 그 사람의 필요와 바람에 따라 당장 필요한 책이 있기 때문이다. 그래서 당신에게 가장 좋은 책은 당신의 질문에 답을 주거나 당신에게 질문을 만들어 내는 책이다.

다만 이때 관점이 다른 여러 책을 다양하게 읽기를 바란다. 세상에서 제일 어리석은 사람은 책을 한 번도 읽지 않은 사람이 아니라 책을 한 권만 읽은 사람이다.

책을 읽는 몇 가지 효과적인 방법이 있다. 독서에 구체적인 목표를 설정하는 것이다. 책을 읽으면서 얻으려는 것이 무엇인지 명확하게 이해하면 집중해서 읽게 된다. 읽기 일정을 만들어 매일 또는 매주 특정한 시간을 정해서 독서하고 가능한 그 시간에 충실 하는 것이다. 나는 주로 오전 식사 전에 책을 읽는다. 필기구를 옆에 두고 읽으면서 흥미롭거나 유용하다고 생각되는 요점, 인용문이나 아이디어를 적는다. 이렇게 하면 나중에 정보를 기억하고 실제로 적용하는 데 도움이 된다. 또한 읽은 내용은 요약한다. 한 장이나 섹션을 마친 후에 몇 분 동안은 읽은 내용을 자기 말로 요약하면 더욱 좋다. 그리고 다른 사람들과 독서 모임을 통해 읽은 책을 토론하며 이야기하면 새로운 관점과 통찰력을 얻는 데 도움이 된다. 독서 모임은 해당 분야의 다른 전문가와 네트워크를 형성하는 좋은 방법이 될 수 있다.

책을 읽으면서 생기는 질문들을 모두 적어 두면 좋다. 긍정하는 것, 부정하는 것, 혹은 읽은 문장을 보다가 변형된 생각들을 모두 책에 적는 것이다. 나는 새 책이라도 글을 읽으면서 드는 모든 생각을 책의 빈 곳에 적어 넣는다. 공감하거나 멋진 식견엔 스티커를 붙여 놓고 다음에 언제든 찾을 수 있도록 표기한다. 무엇보다 가장 좋은 것은 그 책이나 문장을 읽고 느낀 생각을 나도 저자처럼 정리해 보는 것이다.

글쓰기는 내 머릿속 가장 깊은 곳에 숨어있던 멋진 생각들을 꺼내

오는 도구다. 글을 정리해 놓고 나중에 읽어보면 내가 이런 멋진 생각을 했다는 것이 믿어지지 않을 것이다. 이런 일은 오직 글을 직접 써 내려갈 때만 드러난다.

책을 읽는 것은 경영자에게 다음과 같은 많은 이점을 줄 수 있다. 급변하는 경제 상황에서 다양한 지식 발전 앞에 설 수 있다. 책은 경영자가 성과를 내고 목표를 달성하는 데 도움이 되는 새로운 아이디어, 개념 및 전략을 배울 수 있는 가장 좋은 도구다. 또한 해당 분야의 최신 동향과 모범 사례를 파악해 회사의 가치를 높일 수 있다. 물론 개인적인 성장이 가장 큰 장점이다. 책은 의사소통과 의사 결정 능력을 향상시키며 보다 효과적인 문제 해결자가 되도록 돕는다. 어떤 책들은 도전을 장려하고 목표를 달성할 수 있는 영감과 동기를 제공해 준다.

특정 업계에서 잘 알려진 책을 읽는 것도 해당 분야의 다른 경영자나 전문가와 나를 연결하고 대화를 시작하는 기회가 되기도 한다. 복잡한 문제를 해결하는 데 필수적인 비판적 사고기술을 개발하는 데에도 독서가 많은 도움이 된다. 무엇보다 책 읽는 경영자들은 직원들이 함부로 대하지 못하며 책 읽는 상사를 존중하게 된다.

조심할 것은 책을 읽고 말이 많아지면 안 되며, 묻기 전까지는 대답하지 말아야 한다. 지식은 자기가 자랑하면 안 되고 남이 자랑해 줄 때까지 참아야 돋보이는 것이다. 자신이 자랑하는 순간 그 지식의 가치는 전달되지 않음으로 사용 가치가 사라지기 때문이다.

우리에게는 공부하고 정보를 얻는 여러 경로가 있다. TV, 인터넷, 강연, 토론 등이다. 그러나 이런 모든 것은 책보다 못하다. 책은, 책이 가진 특이성 때문에 어떤 저자도 자신의 가장 진실한 모습을 담기 마련이다. 그러니 경영자들은 독서를 평생습관으로 받아들여야 한다. 직원이 당신보다 책을 많이 읽으면 당신을 넘어설 것이고, 경쟁자가 당신보다 책을 많이 읽으면 보이지 않는 곳까지 이미 앞서 있을 것이다. 당신을 꾸준히 가르쳐 주고 시대에 뒤처지지 않게 도울 수 있는 것은 오로지 책뿐이다. 항상 책을 가까이하고 새로운 것을 배우는데 게으르지 않기를 바란다.

116
어이없이 회사를 말아먹는 마진율 계산법 실수

질문1

천원에 물건을 가지고 와서 30% 이익을 남기려면 얼마에 팔아야 할까?

ⓐ 1,300원   ⓑ 1,428원

혹시 ⓐ번이라고 답했거나 답을 모르는 사람은 사업이 한번 망할 뻔 한 것을 막을 수 있는 글을 본 셈이다. 만약 이 계산을 이해하지 못하면 계속 망할 것이기 때문이다.

구매가 1,000원인 상품에서 30% 마진율을 얻고자 할 때 판매가를 1,300원으로 책정하는 사람이 많다. 이 경우 큰 문제가 생긴다. 자신이 30%의 마진을 내고 있다고 생각하고 매출의 30%를 쓸 수 있기 때문이다. 1,300원을 기준으로 매출의 30%는 390원(1,300 × 0.3)이다. 1,300원에서 390원을 빼면 910원이 남는다. 즉 1,000원인 원가에서 90원이 사라지며 적자가 된다. 계산의 편의를 위해 부가세는 포함하지 않음

따라서 계산은 다음과 같다.

(소비자 판매가격- 제품 원가) ÷ 소비자 판매가격 × 100% =마진율

(1,300원 - 1,000원)÷1,300원 × 100% = 23.07%

그러나 간단하게 마진율을 30% 붙이고 싶으면 제품 원가(1,000원) ÷ 0.7을 하면 된다. (1,000원 ÷ 0.7= 1,428원)

40% 마진을 보고 싶다면 구매 가격(1,000원) ÷ 0.6을 하는 식이다. (1,000원 ÷ 0.6 = 1,667원)

1000원짜리 제품 판매 가격을 1300원으로 팔면 실제 마진율은 30%가 아닌 약 23%가 나온다. 결국 마진율이란 구매한 가격에서 몇 %를 벌었다는 뜻이 아니라, 판매한 최종 금액 기준으로 몇 %를 벌었는가다. 하지만 대다수가 지금 확보된 매출에서 '내가 정한 마진율'이라는 숫자를 믿어 버리기 때문에 실제 수입이 과장된다. 따라서 흔한 실수로는 마진율 30%가 원가라 생각하고 만약 원가 재고 정리를 위해 30% 세일을 붙이기라도 하면, 내 구매 원가 이하로 물건을 팔게 되는 것이다. 혹은 30% 이익을 봤다고 생각하고 그에 맞춘 급여, 운영비, 보상을 지급한다면 곧 사업을 접게 될 것이다.

117
그래프 혹은 통계의 사기를 꿰뚫어 보는 사고

통계는 거짓말 하지 않지만 사기꾼들은 통계로 사기를 친다. 이들이 이용하는 것이 그래프다. 그래프는 객관적이고 과학적인 데이터를 이용해 자신들의 숨은 의도를 객관적 사실처럼 만드는 가장 좋은 도구다. 즉 거짓말을 진짜로 보이게 할 수 있다는 뜻이다.

예들 들어, 지방섭취와 암 발병률의 상관관계를 그래프로 그리면 정확하게 일치한다. 이런 데이터를 근거로 삼겹살을 먹지 않아야 한다고 전문가가 주장하면 반박하기 쉽지 않다. 그러나 설탕도, 소금도, 심지어 골프도 비슷한 상관관계가 있다는 사실을 알게 되면, 지방이 암을 유발한다는 근거는 힘을 잃는다.

맥도날드에 자주 가는 아이는 학업성적이 떨어진다는 통계도 있다. 이를 근거로 맥도날드 음식을 먹으면 공부를 못한다고 주장할 수 있다. 그러나 맥도날드가 아니라 버거킹이나 편의점 도시락을 자주 사 먹은 아이도 마찬가지일 것이다. 맥도날드 메뉴의 문제라기보다 혼자 그런 곳을 다니는 아이라면, 부모가 바쁘거나 방치하는 일 때문에 자녀 교육에 신경을 덜 쓸 수밖에 없는 상황에 있다는 추측이 더 정확하다.

자폐증 환자 판정 수와 유기농산물 판매량도 정확히 일치한다. 이런 이유를 근거로 유기농 사업을 제한해야 한다는 바보 같은 소리를 하는 사람도 있을 것이다. 어쩌면 사실은 그런 병이 많이 생기니 오히려 유기농 산업이 커지는 경우가 맞을 것이다. 이런 식으로 통계나 그래프는 어떤 정보를 왜곡하고 사실로 만드는 힘을 가진다.

미국의 저널리스트인 대럴 허프는 『통계로 거짓말하는 법How to lie with statistics』이라는 책을 썼다. 이 책에서 저자는 통계와 관련된 여러 거짓말을 소개하는데 이것을 정리해 두 가지 유형으로 구분했다. 첫 번째는 통계 자체로 거짓말 하는 경우다. 두 번째는 통계는 사실이지만 사람들이 악용해 거짓말을 하는 경우다. 통계와 그래프를 통한 거짓말은 속이기 가장 좋은 도구다.

예를 들어, 어느 대학이 자기 대학 졸업생의 평균 연봉이 5억이라고 떠벌렸다고 하자. 알고 보니 한 사람이 1,000억을 넘게 벌고 나머지는 일반 급여 생활자 수준이었다. 이것을 합해서 나눴을 때 5억이 나온 것이다. 평균 5억은 사실이지만 이 사실을 통해 전하고 싶은 거짓말은 자기네 대학을 나오면 연봉을 5억쯤 번다고 말하는 것이다.

통계는 변수에 따라 그 값이 크게 달라진다. 이 점을 활용해 의도를 품고 통계를 만들어 정보를 교란할 수도 있다. 〈런던타임즈〉는 '여성들이여, 그대들의 남편을 조심하라. 살해당한 모든 여성의 절반은 자기 남편이나 애인에 의해 희생당했다'라며 공포를 조장한 적이 있다. 영국에서 살해당한 여성들의 가해자를 통계자료로 분석한 결과 가해자 절반 이상이 자기 남편이나 애인이라는 수치를 인용한 보도다. 안타깝게도 이 통계는 대표적인 오류다. 남편이나 애인이 있는 여성들은 그들과 보내는 시간이 다른 사람과 보내는 시간보다 많고 다툼도 당연히 많을 것이다. 만나지 않은 사람과 다툼이 생길 이유는 없다. 살해당한 여자들을 표본으로 만든 통계라는 점, 그들과 시간을 많이 보낼 수밖에 없는 남편이나 애인이 가해자가 될 가능성도 크기 때문이다.

미국 도로교통안전국NHTSA이 연구한 보고 내용에 따르면 모든 자동차 사고의 약 52%는 집에서 반경 5마일 내에서 발생하고 모든 충돌의 69%는 집에서 반경 10마일 내에서 발생한다고 한다. 그래서 장거리 고속도로 운전은 안전하다는 논리다. 과연 맞을까?

아니다. 이 조사의 핵심은 운전자가 집 주변 5마일 안을 운전하고 다니는 확률이 52%이고 10마일 이내는 69%라는 뜻이다. 의외로 밤보다 낮에 교통사고가 더 많이 발생하니 낮 운전을 조심해야 한다고 하는 사람도 있다. 낮에 운전하는 사람들이 밤에 운전하는 사람들보다 많다는 점은 고려하지 않았나 보다.

국내 이혼율에서도 대표적인 통계의 오류를 찾을 수 있다. 한때 한국 이혼율이 47.4%를 기록했다는 통계자료가 발표된 적이 있다. 이 수치대로라면 국내 부부 두 쌍 중 한 쌍이 이혼한다는 뜻이다. 하지만 이것은 통계 오류다. 47.4%라는 수치는 이혼한 부부의 수를, 동일한 연도에 결혼한 부부의 수로 단순히 나눠서 나온 값이다. 이런 식이라면 특정 연도에는 결혼한 부부보다 이혼한 부부가 더 많을 수 있다.

언젠가 한국 청소년 성 경험 평균 나이가 13.6세라고 하는 방송 전문가들의 말에 놀란 적이 있다. 물론 질병관리청 자료에 따르면 한국 청소년들이 성관계를 시작하는 평균 나이는 13.6세로 명시돼 있다. 하지만 내용을 자세히 들여다보면 성관계 경험이 있는 청소년 약 5.7%에 대한 조사라는 것을 알 수 있다. 이것은 94%의 청소년이 성관계를 하지 않았다는 뜻이다. 전문가들의 입을 통해 통계는 이렇게 완전히 다른 사실로 알려질 수가 있다. 결국 이런 식으로 통계라는 위엄을 이용해 결과를 내 의도에 맞게 조작할 수 있는 것이다. 어떤 특정 정치세력이나 상업적 홍보에도 이렇게 교묘한 거짓말 아닌 거짓말이 언제나 넘친다.

나는 의도를 갖지 않는 통계나 그래프는 본 적이 없다. 누구라도 어떤 데이터로 상대를 설득할 때면 자신이 말하고 싶은 것은 과장하고 감추고 싶은 것은 축소할 것이다. 그러면서도 남들이 만들어 놓은 통계나 그래프는 의심을 미룬다.

이제 우리는 그래프의 크기, 길이, 폭으로도 거짓말할 수 있다는 것을 안다. 모든 통계나 그래프에는 우리를 속이려는 의도가 숨겨져 있다. 때문에 이제 우리는 통계를 볼 때 무엇을 말하는가가 아니라 무엇을 가리고 싶어 하는지를 찾아내야 한다. 그런 방식을 통해 사실에 가깝게 들어가는 습관을 들여야 한다.

118
소득이 발생하는 원리

소득은 흔히 경제 활동의 대가로 얻는 가치다. 직장인이라면 급여가 소득이다. 그러나 사업가의 소득은 다양한 방식으로 나타난다. 흔히 물건을 팔아 남긴 이익을 소득이라고 생각하기 쉽지만 규모가 작은 회사에서는 관리와 절세를 통해 대부분의 수입이 발생한다. 많은 노동과 많은 판매에서 추가 수입을 기대하지만 현실 사업에서는 관리와 절세에서 최종 수입이 결정된다. 사업체를 운영하며 장부나 물품을 부실하게 관리하거나 인원 관리를 소홀히 하거나 현금 흐름을 조정하지 못하는 것, 세금을 미리 확보하지 않는 버릇, 납부금을 미루는 일, 당연히 받을 세법상 권리를 이해하지 못하는 것들이 실제 수입을 확정한다.

그러므로 작은 사업체를 가졌을 때부터 이런 문제들을 면밀하게 관리하지 못하면 향후 더 큰 사업에 들어가도 같은 결과를 얻을 수밖에 없다. 사실 작은 사업체에서는 오너의 일의 양이 너무 많아 사사로이 관리하는 시간을 낼 수 없을 정도다. 그럼에도 이를 계속 방치하면 버는 돈보다 사라지는 돈이 많아져 결국 소득이 발생하지 않게 되거나 미미한 소득조차 세금으로 모두 날리게 되는 상황에 내몰릴 수 있다.

연간 매출이 최소 10억이 넘어가는 회사라면 부동산 변동에서 가장 큰 자산이 생겨날 수 있다. 사업체가 정상적으로 지속적 수입을 남기는 회사라면 자신이 사용하는 건물이나 토지를 확보해야 한다. 사업이 성장할수록 부동산의 영향을 받게 되고 사업이 커지면 커질수록 임대료의 상승 압력을 받게 될 수밖에 없다. 자신이 키운 사업체가 자신의 임대료를 상승시키게 된다.

이것을 해결하기 위해 부동산 확보를 우선 목표로 둬야 하며 그 이유는 두 가지다. 첫째는 임대료 상승 가치를 확보해 사업의 안정성을 유지해야 하며 둘째는 사업에서 얻는 이익보다 부동산 이익이 더 클 수 있기 때문이다.

연간 매출이 100억 넘는 회사라면 신용과 성장성을 기준으로 하는 PER에서 가장 큰 자산이 생긴다. 이때부터는 신용이 소득이기 때문이다. 금융적 가치가 오너의 실제 소득으로 환산되는 영역이다.

노동으로 돈을 버는 개인들은 급여와 보너스가 평생 동일한 소득이지만, 사업가들은 사업 규모에 따라 이렇게 각기 다른 수입 모델을 갖는다. 특히 사업체 운영을 하면서 특정 사업영역에서 업계의 리더가 되는 순간, 자신이 제공하는 서비스나 상품에 직접 가격을 결정할 수 있는 '가격 결정권'을 갖는다.

이 가격 결정권을 가진 자는 스스로 소득을 만들어 낼 수 있는 능력을 지니게 된다. 말 그대로 돈을 만들어 낼 수 있는 사람이 된다. 시장에서 우승한 사업가들이 얻는 영광이다.

119
전문가들이 사업을 키우지 못하는 이유

특정 기술과 특정 분야에 전문성을 갖춘 전문가라면 특정 산업이나 특정 비즈니스 유형에서 분명한 이점을 가질 수 있다. 사업의 성공은 탄탄한 사업계획, 시장상황에 적응할 수 있는 능력, 훌륭한 경영 역량과 리더십 능력 같은 여러 요소가 복합적으로 작용된다. 따라서 특정 분야 전문가는 전문 지식과 경험이 다른 사람보다 많을 수 있어도 어떤 부분은 오히려 사업을 키우는 데 취약한 부분일 때가 많다. 몇 가지 예는 다음과 같다.

첫째는 자기 과신이다. 전문가는 자기 능력이나 경험을 과대 평가하고 이것을 기준으로 무모한 결정을 내릴 수 있다. 둘째는 확증 편향이다. 전문가는 다른 관점을 고려하기보다 기존에 갖고 있던 믿음을 확인하는 방식으로 정보를 찾고 해석할 가능성이 더 높다. 또 다른 문제는 고정관념이다. 문제의 특정 부분에만 너무 집중한 나머지 다른 것을 오히려 보지 못하는 것이다.

때문에 해당 분야의 초보자가 전문가보다 더 넓고 새로운 시각으로 솔루션을 해석할 수 있는 능력을 갖출 수 있고 전문가는 큰 그림을 보는 데에 어려움을 겪을 수도 있는 것이다.

익숙한 것을 더 선호하는 것도 전문가들의 단점 중에 하나다. 더 나은 대안이 존재하는 경우에도 친숙한 방법과 접근 방식에 의존할 가능성이 더 높다.

그 외에 다른 문제는 Micro-Management 관리 방식이다. 자신이 전문가라서 너무 자세하고 상세한 지시나 관리를 하는 실수가 많다. 이것은 팀원 사이의 신뢰감이나 자신감 또는 자율성을 침해해 성과를 약화시킨다. 이런 실수는 전문가에게만 해당하는 것이 아니며 누구나 이런 실수를 할 수 있다. 하지만 전문가는 본인의 풍부한 경험과 지식으로 이런 함정에 빠지는 경향이 더 높다. 전문가들의 오류, 또는 전문가가 실수를 저질렀거나 틀렸다는 것이 드러난 경우는 셀 수 없이 많다. 특히 경제나 과학, 의학 분야에서 이런 일은 흔히 일어난다.

- 많은 전문가가 주식 시장이 '영원한 번영'상태에 있다고 믿었으나 1929년 주식 시장에 폭락이 발생했고 아무도 이것을 예측하지 못했다.

- 1989년 과학자들은 상온 핵융합을 관찰했다고 주장했지만 재현이 불가능했고 이후 과학적 근거가 없음이 밝혀졌다.

- 의료 전문가들은 1980년대까지 궤양은 스트레스와 생활 방식에 의해 발생한다고 믿었다. 그러나 두 명의 호주 의사 베리 마샬

과 로빈 워런은 대부분 궤양이 실제로 박테리아 감염으로 발생한다는 사실을 발견했다.

- 닷컴 버블 기간에 많은 전문가가 인터넷 회사가 비즈니스 수행 방식을 근본적으로 바꾸고 전례 없는 속도로 계속 성장할 거라고 믿었다.

- 화석 연료 산업에 종사하는 일부 전문가들은 인간 활동이 기후 변화를 유발한다는 증거가 분명했지만 압도적인 과학적 합의점에 이의를 제기했다.

이런 몇 가지 예들은 아무리 전문가라도 어느 부분에서는 그들의 견해가 옳지 않을 수 있다는 것을 보여준다. 특히 복잡하거나 불확실한 상황일수록 비판적으로 여러 관점을 고려하는 것이 매우 중요하다.

따라서 전문가를 고용하고 있거나 특히 전문가로서 직접 사업을 하고 있다면 자신의 위치가 사업에 크게 득이 되지 않을 수 있다는 점을 인지하는 태도가 필요하다. 때문에 때에 따라 과감히 비전문가의 입장에서 되돌아볼 필요가 있다. 즉 자기 경험이나 교육을 하나의 진리로 고착시키지 말고 무엇이든 변할 수 있고 개선된 방법이 나올 수 있다고 믿어야 한다. 비전문가의 의견도 무시하지 말아야 하며 고정관념을 버리고 새로운 관점과 시각을 수용할 수 있어야 한다.

따라서 본인이 의사, 변호사, 회계사, 건축가, 요리사, 교육자같이 어떤 분야의 전문가거나 전문가 자격을 갖춘 상태에서 사업하는 사람이라면, 전문가로서의 관점과 비전문가로의 관점 두 가지 모두 갖고 있어야 한다. 의사라면 의사 라이선스를 가진 경영자의 입장에서 병원을 운영해야 한다. 단순히 의사 입장에서만 경영하면 전문가의 실수를 범할 수도 있다는 것을 유념하고 있어야 한다.

요리사 역시 요리사 관점으로만 사업하면 맛있는 음식을 만드는 것에 치중하게 된다. 하지만 요리사 자격증을 가진 경영자가 되면 요리가 나오는 시간, 주문 순서에 맞추는 법, 원가 조정, 재료 수급 문제, 복제화 등 여러 요소를 고려하게 된다.

나는 한국에서 사업을 시작할 때 도시락 회사와 꽃집 비즈니스 사장 모두 비전문가를 사장으로 고용했다. 현재 업계 사업가들과 경쟁하는 모델이 아니고 소비자 입장에서 소비자를 설득하는 모델이라면 오히려 전문가의 고정관념은 방해가 되겠다고 생각했기 때문이다. 반대로 출판사는 경험 많은 전문가를 사장으로 선정했다. 출판 시장은 생각보다 시장 진입이 쉽지만 성공하기 어려운 곳이기 때문이다. 팔릴 출판물을 찾아내고 도서 판매망에 접근하는 일은 직관과 경험 모두 필요한 영역이기 때문이다.

이처럼 어떤 사업이냐에 따라서 전문가가 도움이 되기도 하고 독이 되기도 한다. 자신의 사업에서도 전문가들은 이런 모순을 잘 활용하길 바란다.

120
한국음식의 특수성과 서양 고객의 변화

현재 서양에서는 젊은 소비자들을 중심으로 동양의 특수한 요리들에 관심이 커졌다. 동양음식이라는 카테고리로 이런저런 음식을 팔던 때도 있었다. 하지만 이제는 중국음식, 인도음식, 태국음식, 일본음식, 한국음식으로 분류해 식당들이 생겼다. 급기야 하나의 메뉴로 특정한 음식을 파는 매장들이 인기를 얻는 현상이 벌어지고 있다.

현재 아시아 음식은 미국에서도 가장 **빠르게** 성장하는 요리다. 유로모니터Euromonitor 세계의 소비재 시장을 전문적으로 조사하는 리처치 회사 **보고서**에 따르면 아시아 식품판매는 지난 25년 동안 135% 이상 성장했으며 해당 카테고리는 2026년까지 연평균 11.8% 성장할 것으로 예상된다고 한다. COVID-19 대유행 기간에도 점점 더 모험적인 젊은 소비자들을 중심으로 흥미롭고 새로운 음식 경험에 대한 수요가 확대되고 있다. 서양과 판이하게 다른 아시안 음식들은 풍부한 맛과 이국적인 재료, 혁신적인 요리 기술 덕분에 이런 인기를 만들어 내고 있다.

많은 아시아 요리는 매운 것으로 악명 높다. 그럼에도 서양 소비자들은 이것을 즐기고 있다. 실제로 북미의 전체 핫 소스 시장은 현재 11억 3천만 달러가 넘고 2028년까지 연평균 성장률CAGR은 7.1%로 예상된다. 미국과 캐나다는 전 세계 칠리 핫 소스 시장의 40% 이상을 차지하며 인상적인 수요와 미래를 보여주고 있다. 소비자 취향이 점점 더 매운 메뉴 항목으로 이동함에 따라 매운 음식에 대한 수요가 점점 늘고 있다. 스리라차 소스나 한국 신라면을 구매하는 미국 일반 소비자 증가율은 놀라울 정도다.

다른 문화의 이해를 돕는 가장 힘 있는 주제가 음식이다. 그 음식을 좋아하면 그 나라와 문화를 좋아하게 된다. 물론 반대의 경우도 성립된다. 그 나라와 문화를 좋아하면 음식에 대한 거부감도 사라진다. 음식이 너무 맛없어서 그 나라가 싫어지는 경우는 드물다. 그러나 음식이 맛있으면 그 나라와 그 문화에 호감이 증가하기 마련이다.

동양의 음식은 서양에 비해 원재료가 화려하다. 마치 흑백 영화에서 칼라로 넘어온 것처럼 그 재료와 요리 방식이 다양하다. 육식을 주식으로 하는 서양과 달리 동양은 쌀을 주식으로 하는 농경문화 안에서 식문화가 발달돼 왔다. 당연히 발효법과 각종 채소와 과일, 기호식 등이 개발되며 끝없이 음식의 가짓수가 늘어나며 발전해 왔다.

반면에 서양은 육류 중심의 식생활이다 보니 건조나 훈제, 염장 정도에 후추 같은 향신료를 넣은 정도다. 따라서 동양처럼 종류의 다양성이 부족하다. 영어로 COOK이라는 단어가 두 가지 이상을 섞어 새것을 만든다는 뜻이다. 그러나 동양의 요리는 '헤아릴 료料'와 '다스릴 리理'가 합쳐져 '잘 헤아려 다스림'이라는 뜻으로 원재료를 이해하고 응용한다는 뜻이 들어 있다.

　이 동서양 음식의 다양성 차이가 현대사회로 넘어오면서 빠른 정보 교환과 여행에 대한 편의성 증가로 동양의 다양한 음식들이 서양 사람들 사이에서 폭넓은 호감을 갖게 된 것이다. 같은 이유로 그동안 중국, 일본, 태국 등 다른 동양 음식들에 비해 아직 상대적으로 덜 알려져 있던 한식에 대해 많은 사람이 관심을 갖게 됐다.

　다른 동양 음식과도 특별한 차이로 알려진 한식의 특성은 여러 장류가 발전돼 있다는 점이다. 매운 요리가 가장 발전한 음식 군이며, 고추장, 된장, 간장 등의 장류들과 이것을 혼합한 겹장, 막간장, 어간장, 막된장, 막장, 청국장, 쌈장, 기름장 등 변형 장류의 활용이 뛰어나다. 사계절의 변화가 뚜렷해서 나라 규모에 비해 다양한 계절 음식이 발달돼 있다. 이런 이유로 고기 요리만 해도 구이, 찜, 탕, 조림, 국, 볶음, 전, 회, 삭힘, 말림 같이 다양한 요리법이 있다. 서양은 소고기를 분류할 때 약 22가지 정도로 구분해 자른다. 이것에 비해 한국은 무려 120가지로 세분해 도축한다. 이것은 소고기 요리가 최소 120개가 있다는 뜻이다.

　현대 사회에서 이런 다양성은 메뉴 하나하나마다 독창적인 음식으로 발전돼 개별 메뉴 하나가 곧 하나의 외식 산업으로 자랄 토양을 갖는다. 한식은 그 요리 방법의 다양성에 힘입어 무한 분산되어 자라날 가능성이 가장 높은 음식 중 하나다. 외식 요리사 중 일부는 이미 이런 한식을 가져다가 자신들의 해석에 따라 다양한 메뉴들을 개발하고 있다. 앞으로 한국인이 아닌 요리사들이 한식 요리로 성공할 수도 있다. 외식 기업을 하려는 사람들은 앞으로 한식으로 전 세계인을 상대로 사업할 수 있는 문화가 만들어졌다는 사실을 인지해야 한다. 한식을 바탕으로 만든 치킨 회사가 KFC를 넘보고 떡갈비를 패티로 만든 햄버거 매장이 맥도날드를 위협하는 순간을 보고 싶다.

이 책의 내용은 저와 제자들이 함께 만든 책입니다. 이들의 좋은 질문이 없었다면 이 책은 세상에 나올 수 없었을 것입니다. 기업 운영의 한복판에서 현실로 벌어지는 일들에 관한 질문을 서로가 서로에게 던지는 과정에서, 답을 찾는 과정이 이 책에 들어 있습니다. 그래서 이 책의 모든 주제는 앞으로 사장을 하려는 사람이나 현재 사장인 모든 분이 마주칠 질문들입니다. 때문에 이 책을 마치게 된 것이 자랑스럽고 제 수업에 들어왔던 모든 사업가 제자 한 사람 한 사람에게 감사하게 됩니다.

처음 시작은 사장학수업에 형편이나 시간, 지역 때문에 오지 못하는 사람을 위해 쓰기 시작했습니다. 그러나 정작 사장학개론을 책으로 쓰고 있다고 알려지자 수업을 듣지 못한 사람보다 수업에 이미 참석한 사람이 더 큰 관심을 갖고 출간을 기다려 온 것이 사실입니다.

사장학개론 수업에 들어왔던 사장들에게 가장 많이 들었던 이야기 중 하나는, 자기 사업 규모에 따라 이전에 무심코 넘긴 부분이 하나하나 다시 보인다는 말이었습니다. 한 번이라도 수업에 들어온 사람은 다른 사람을 위해 재수강을 허락하지 않아서 배운 것 중 필요한 부분을 강의 필사본으로 만들어 서로 돌려 보거나 유튜브 영상을 찾아보는 상황이었습니다. 하지만 이번에 책이 나오면서 그런 상황에서 벗어날 수 있게 되었습니다. 또한 이미 목적한 의도대로 수업을 듣지 못한 분들도 책을 읽고 수업에 참석한 것처럼 학습할 수 있습니다. 제 수업은 사장의 시작부터 출구전략까지 다뤘고 범위가 넓고 다양한 내용을 담고 있습니다. 그러나 단단히 당부하고 싶은 것은 제가 알고 있는 모든 내용이 모두 정답이 아니기 때문에 이 책을 통해 더 나은 질문과 답을 스스로 찾아내기를 바랍니다.

이 책을 시작으로 〈사장학개론〉이라는 공부가 앞으로 더 좋은 질문과 더 좋은 해결책을 더하며 모든 사장에게 교과서가 되기를 바랍니다. 해가 지날수록 판본이 바뀌고 과거와 현재의 경영의 지혜가 축적되기를 바랍니다. 이 일로, 미래에 있을지 모를 누군가의 실패를 한 번이라도 막는다면 수없이 실패했던 한 사람으로서 더더욱 기쁨으로 삼겠습니다.

세상의 모든 사장을 응원합니다.

책을 출간하기 위해 노력해 준 출판사 관계자 여러분께 감사드리고 책의 시작부터 끝까지 함께 수고해 준 조카 지영 양에게도 감사를 전합니다.

사장학개론

초판 1쇄 인쇄 2023년 3월 22일
초판 80쇄 발행 2024년 12월 18일

펴낸곳　　　스노우폭스북스
발행인　　　서진

지은이　　　김승호

책임편집　　서진
마케팅　　　김정현, 이민우
영업　　　　이동진

표지　　　　강희연
본문　　　　양은경

주소　　　　경기도 파주시 회동길 527 스노우폭스북스 빌딩 3층
대표번호　　031-927-9965
팩스　　　　070-7589-0721
전자우편　　edit@sfbooks.co.kr
출판신고　　2015년 8월 7일 제406-2015-000159

ISBN　979-11-88331-88-8 03320
값　25,000원

스노우폭스북스는
"이 책을 읽게 될 단 한 명의 독자만을 바라보고 책을 만듭니다."